高等院校
**市场
营销**
新 形 态
系列教材

渠道管理

微课版 第3版

尹元元 朱艳春／**主编**

孔繁正 王骏／**副主编**

MARKETING
MANAGEMENT

人民邮电出版社

北 京

图书在版编目（ＣＩＰ）数据

渠道管理：微课版 / 尹元元，朱艳春主编. —— 3版
. —— 北京：人民邮电出版社，2024.8
高等院校市场营销新形态系列教材
ISBN 978-7-115-63981-3

Ⅰ．①渠… Ⅱ．①尹… ②朱… Ⅲ．①企业管理—销
售管理—高等学校—教材 Ⅳ．①F274

中国国家版本馆CIP数据核字(2024)第056111号

内 容 提 要

  本书共 5 篇，包括渠道概念篇、渠道设计篇、渠道管理篇、渠道控制篇和新型渠道篇。其中，渠道概念篇介绍了渠道的基本概念及渠道战略；渠道设计篇介绍了渠道结构、渠道设计、渠道模式；渠道管理篇介绍了渠道成员管理、渠道冲突管理、渠道激励管理；渠道控制篇介绍了渠道控制、渠道绩效评估；新型渠道篇介绍了线上渠道和全渠道模式。

  本书提供教学课件、书中思考题参考答案等配套资源，用书教师可登录人邮教育社区（www.ryjiaoyu.com）在本书页面下载获取。

  本书结构完整、案例丰富，适合作为本科、高职院校经济管理类专业相关课程的教材，也可供市场营销从业人员及对渠道管理感兴趣的人员参考阅读。

◆ 主　编　尹元元　朱艳春
  副 主 编　孔繁正　王　骏
  责任编辑　陆冠彤
  责任印制　胡　南

◆ 人民邮电出版社出版发行　　北京市丰台区成寿寺路 11 号
  邮编 100164　电子邮件 315@ptpress.com.cn
  网址 https://www.ptpress.com.cn
  北京市艺辉印刷有限公司印刷

◆ 开本：787×1092　1/16
  印张：13　　　　　　　　　2024 年 8 月第 3 版
  字数：351 千字　　　　　　2024 年 8 月北京第 1 次印刷

定价：49.80 元

读者服务热线：(010)81055256　印装质量热线：(010)81055316
反盗版热线：(010)81055315
广告经营许可证：京东市监广登字 20170147 号

前言

党的二十大报告指出，加快发展数字经济，促进数字经济和实体经济深度融合，打造具有国际竞争力的数字产业集群。

随着移动互联网的快速发展，是"终端制胜"还是"内容为王"成为渠道管理争论的焦点，但是不管怎样，线上渠道已经成为商品交易的重要载体之一，传统渠道正在受到移动互联网时代的新兴渠道如新零售、直播带货等的影响。因此，科学的渠道体系设计及完善的渠道管理和控制对企业来说，不仅是市场营销中的重要问题，更是企业战略性发展的关键一环。

在商业活动中，渠道策略主要面临两大选择——直接销售或者分销，两者各有优缺点，往往使生产企业难以抉择。生产企业非常关注自身产品的销售，但并不会特别关注产品是经由哪个渠道体系销售的；而分销商却非常关注消费者是否是通过自己的渠道购买产品的，在能够保证利润的前提下，分销商并不会特别重视某个特定品牌的产品销量。为此，生产企业与分销商经常会产生各种矛盾，这也是近年来生产企业实施渠道"扁平化"的重要动因之一。尤其是随着移动互联网技术的发展，微信、微博、QQ等线上渠道逐步得到应用和推广，进一步形成了线上线下相结合的新型渠道模式。全渠道的发展也给企业带来了各种矛盾和冲突，需要企业对渠道模式进行创新并适应市场需求。

在市场营销学中，渠道策略并非一个单独的组成部分，它与产品、品牌、价格、促销等因素密切相关。为了使营销决策者充分认识到渠道管理的意义与价值，并充分认识渠道设计、渠道管理及渠道控制等方法和原理，"渠道管理"在高职教育及本科生教育、研究生教育过程中成为市场营销等专业的核心课程之一。但受多种因素的制约和影响，相关的教材有所不足，为此，湖南省商业经济学会会长、湖南工商大学尹元元教授牵头，联合相关高校在该领域的学者共同编写了本书，以满足普通高等院校市场营销等专业学生及相关领域人员的学习需要。

本书的主要特点如下。

（1）内容全面。本书综合了国内外众多学者对渠道管理的研究成果，不仅介绍了渠道管理中的相关概念与理论，而且包含对渠道管理的认知与探讨。全书分为渠道概念篇、渠道设计篇、渠道管理篇、渠道控制篇、新型渠道篇五个部分，并结合市场营销理论对相关内容进行分析。同时，本书也从新产品的渠道设计及现有的渠道管理和控制的视角来看待渠道管理，使读者能够从实际操作的角度全面掌握渠道管理的理论、方法和技巧。

（2）案例丰富。本书在理论阐述的基础上，结合各章论述的具体问题，有针对性地选择相关案例作为补充，既体现了理论的应用性，又利于读者更深刻地理解课程知识。而且大部分案例都是我国企业的成功经验或典型事例，具有代表性，有助于读者进一步认知我国企业发展的现状及特点。

（3）内容前沿。当前，随着移动互联网技术的应用和推广，企业渠道发生了巨大的变化，由此在企业的实际营销活动中涌现出了直播带货等一系列新型渠道。尽管有很多学者对此进行了大量的研究，但是理论的研究进展跟不上实践的发展速度，相关内容未能形成知识体系并应用于实践。为此，本书结合当前渠道体系发展的实际情况，将前沿的研究成果进行了总结，供读者参考学习。

本书编写人员的分工如下：第一章、第二章、第九章、第十章由尹元元教授（湖南工商大学）负责编写；第三章、第四章、第五章由孔繁正教授（广东农工商职业技术学院）负责编写；第六章由王苏凤讲师（湖南工程职业技术学院）负责编写；第七章由王骏助教（新疆理工学院）负责编写；第八章由胡张勇讲师（湖南工程职业技术学院）负责编写；第十一章、第十二章由朱艳春讲师（长沙学院）负责编写。全书由尹元元教授统稿修改。

在编写本书的过程中，编者得到了湖南省商业经济学会、湖南工商大学等有关部门领导和国内市场营销学术界专家的关心和支持，并广泛参考了国内外众多市场营销专家的前沿学术成果，以及企业界最新的渠道管理实践经验，在此对相关人员一并表示衷心感谢！由于编者水平有限，书中难免存在不妥之处，恳请广大读者斧正！

编者

2024 年 5 月

目录

第一篇　渠道概念篇

第二篇　渠道设计篇

第三篇　渠道管理篇

第四篇　渠道控制篇

第五篇　新型渠道篇

第一篇

渠道概念篇

第一章　渠道的基本概念

学习目标

　　渠道作为生产企业产品销售的通路，是营销策略中的重要内容之一。因此，了解和熟悉渠道的概念，深入理解渠道在市场营销活动中的功能和地位，掌握渠道管理的内容以及流程，有助于科学地应用渠道策略，从而帮助企业提高销售量，实现营销目标。

　　通过本章的学习，读者可以掌握以下知识。

导学视频

* 渠道的概念；
* 渠道的功能；
* 渠道管理的内涵、特点及主要步骤；
* 渠道管理的影响因素。

能力目标

* 能够分析渠道具有的各类功能；
* 能够分析评估渠道管理的外部环境。

知识导图

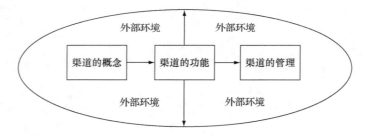

育人目标

融入点	展示形式	目标
（1）为什么学习渠道管理 （2）渠道管理包含哪些内容 （3）如何用渠道管理奉献社会	（1）关于流通的内容展示 （2）党中央关于现代流通体系建设的论述及相关规划 （3）农产品渠道体系对"三农"问题的意义 （4）我国渠道模式创新对全球渠道体系发展的影响	（1）坚定文化自信，了解中国渠道模式创新现实 （2）践行社会主义核心价值观，理解渠道体系在现代流通体系建设中的作用

第一节　渠　道　概　述

在企业的经营活动中，生产企业通常采取两种产品分销方式：一是企业直接销售；二是通过渠道进行销售。因此，了解渠道的概念及特点，理解渠道成员的角色和作用，深入分析渠道成员之间的分工合作以及影响其决策的环境因素是十分必要的。

一、渠道的概念、特点与演变

（一）渠道的概念

关于渠道的定义，学术界有多种不同的理解和界定。美国营销协会（American Marketing Association，AMA）认为，渠道是指企业内部与外部代理商和经销商（批发和零售）的组织机构。菲利普·科特勒认为，渠道是指某种货物或服务从生产者向消费者移动时，取得这种货物或服务的所有权或帮助转移其所有权的所有企业和个人。斯特恩认为，渠道是促使产品或服务顺利流通到消费者手中，被消费或使用的一整套相互依存的组织。迈克尔·R.辛科塔、彼德·R.迪克森、帕翠克·邓恩、伯特·罗森布罗姆在他们合著的《营销学：最佳实践》一书中对渠道的定义是：为消费者和商业用户创造时间、地点和所有权效用的机构所构成的网络。伯特·罗森布罗姆在《营销渠道管理》中指出："渠道的概念容易混淆，有时被认为是商品从生产企业到消费者或其他最终用户的通路，有时是通过各种不同代理商品的名称来定义的，还有其他以贸易为目的而联合在一起的松散企业联盟构成的渠道。"他采用渠道管理决策的观点，即从生产企业的管理决策角度将渠道定义为："与公司外部关联的、达到公司分销目的的经营组织。"斯特恩、安瑟理、库格伦在《市场营销渠道》中提出："营销渠道可以看成一系列相互独立的组织机构，它主要从事为最终的消费或使用提供产品或服务的活动……营销渠道不仅以适当的地点、价格、数量和质量来提供商品和服务以满足人们的需求，而且能通过有关单位（如零售商、批发商、企业销售部、办事处）的促销活动刺激需求。因此，我们应当把营销渠道看成一个和谐的网络系统，它通过提供时间、地点、销售形式、产品和服务为最终用户创造价值。"佩尔顿在《营销渠道：一种关系管理方法》中将渠道定义为："在获得、消费、处置产品和服务过程中，为了创造顾客价值而建立的各种交换关系。"这个定义隐含交换关系是一种服务于市场需要的方式，是因市场需要而产生的。在进入市场之前，渠道成员必须做好充分准备，才能满足不断变化的市场需要和欲望。

庄贵军教授在其《营销渠道管理（第二版）》中提出，营销渠道是指产品或服务转移所经过的路径，由参与产品或服务转移活动以使产品或服务便于使用或消费的所有组织构成。李飞教授在其《渠道设计与管理》中对渠道、营销渠道、流通渠道的范畴分别进行了界定：渠道是指商品所有权从生产者或商人手中转移至消费者手中所经过的路径。营销渠道是指采购原材料和销售成品引起所有权转移所经过的路径。渠道是营销渠道的重要组成部分，仅指销售渠道，而营销渠道既包括销售渠道，也包括采购渠道。常永胜教授在其《营销渠道：理论与实务》中将营销渠道定义为存在于企业外部的、促使产品或服务顺利地经由市场交换过程转移给消费者使用或消费的一整套相互依存的组织。李先国在其《渠道管理》一书中，将渠道定义为产品从生产者转移向消费者或用户所经过的、由企业和个人连接而成的通道。渠道的起点是生产者，终点是消费者或用户，中间环节为中间商，包括批发商、零售商、代理商和经纪人，他们共同构筑起渠道。

可以说，学者们对渠道从不同层面进行了理解与界定，深入阐述了渠道的内涵。实际上，渠道是一个含义非常丰富的概念。国外各类教科书中曾使用"place""channel""distribution"来描述渠道的概念。从词义来看，"place"是地点，可以理解为产品销售地点、场所或者销售终端，属于渠道中的零售环节；"channel"是渠道，可以理解为产品的销售通路，即我们通常意义上理解的渠道或者营销渠道；"distribution"是分销，可以理解为广义的营销渠道概念，即包括采购、生产、销售等全供应链体系。我们认为，基于研究的对象与任务不同，对渠道的理解可以差异化。从当前渠道的发展以及对公司的价值与意义来看，战略层面上应该关注分销体系，战术层面上应该关注渠道体系的设计与管理，策略层面上应该关注渠道终端的布局。

（二）渠道的特点

1. 从结构来看，渠道的起点是生产者，终点是消费者

产品销售是渠道承担的核心职能。为此，生产者是渠道的发起人和组织者，是渠道的起点；消费者或者客户作为产品购买者，是渠道的基本服务对象，是渠道的终点。这种特征体现了渠道的价值与作用，确定了渠道的主动方与服务方。

2. 从功能来看，渠道的核心价值是促进商品交易

从渠道的流程来看，不管是生产者直接将产品转移至消费者手中，还是通过零售商将产品转移至消费者手中，或者通过批发商、零售商将产品转移至消费者手中，伴随着产品实体转移，产品所有权发生了一次又一次的转移，即商品交易活动的进行。

3. 从地位来看，渠道是营销策略中的关键内容

作为营销策略之一，与其他 3 个策略相比较，渠道策略在企业营销活动中的关键价值越来越凸显，并能够为企业带来持久的竞争优势。产品是市场竞争的核心，但是随着技术的不断成熟，产品创新的难度更大，风险更高，产品差异化优势难以维持，产品同质化非常严重。价格是企业常用的市场竞争手段，也是企业利益的重要体现，低价策略可能会使企业陷入困境。促销活动则是企业用来拓展市场、提升销售业绩的主要方式，这一方式常伴随着销售成本的增加，但并不能保证销售业绩一定会获得提升。渠道作为企业产品的销售通道，是实现销售业绩的重要载体，不但能够保证企业的生存，更是企业发展与壮大的基础。

4. 从内容来看，渠道的重要成员是各种中间商

从现实营销活动来看，尽管有一些企业通过零渠道方式进行产品销售，但是大多数企业构建了渠道体系，借助批发商、零售商等各类中间商实施分销活动。在渠道体系中，批发商、零售商等中间商是体系中的核心成员，直接影响着渠道目标的实现。

（三）渠道的演变

根据马克思主义政治经济学的观点，商业资本是经济发展到一定阶段的产物。由此可见，渠道也是在后续发展中形成的。从现实来看，渠道的形式并不是一成不变的，而是随着时间的推移和环境的变化而不断演变，先后经历了以下 3 个阶段的演变。

1. 零渠道

在商品经济的早期阶段，商品交易活动不够频繁，生产企业大多数会采取自产自销的方式。此外，对于一些小型生产企业或者生产作坊，由于生产规模不大，资金规模有限，市场范围较小，通常也会采取自销的方式。这类自销方式是零渠道的重要形式。

2. 中间商渠道

随着商品经济的不断发展，商品交易活动逐步增多，生产企业的规模不断扩大，市场范围也越来越广，为了集中生产资金，减少渠道成本，扩大市场范围，提高商品交易效率，越来越

多的生产企业选择借助中间商来实现销售目标。因此，渠道的设计与管理逐渐成为生产企业营销活动的核心内容之一。

3. 全渠道

在商品经济的成熟阶段，随着人工智能、大数据、移动互联网等新技术在渠道体系中的应用和推广，不管是大型企业，还是中小规模企业，线上渠道的实现越来越容易。市场的辐射范围是全球性的，为了满足消费者在任何时候、任何地点，以任何方式购买的需求，企业采取实体渠道、电子商务渠道和移动电子商务渠道整合的方式销售商品或服务，使为消费者提供无差别的购买体验成为可能，全渠道模式成为企业的必然选择。

二、渠道的功能

（一）渠道的企业功能

概括地看，渠道对于企业主要有 3 种功能：销售功能、信息功能、服务功能。

1. 销售功能

渠道的核心功能是承担生产企业产品的销售任务，即把产品销售给需要它的消费者或者客户。产品销售的本质就是所有权交换，使需要产品的消费者或最终用户能够及时从生产企业获得产品，并有效地消费、使用，从而创造所有权效用。为了能够实现销售功能，生产企业一方面必须构建起适合自身的渠道体系，建立起一个能够覆盖潜在消费者的产品销售网络，以适应消费者需求高度分散的状况；另一方面要管理渠道体系，根据渠道成员的特点，以实现渠道的稳定性和安全性为导向，制定系统的渠道管理制度并辅以实施。

2. 信息功能

渠道是生产者与消费者之间的桥梁，消费者需求现状是生产企业营销活动的起点，生产企业可以通过建立信息沟通渠道，消除信息差异，促进供求信息之间的畅通。渠道还应做好产品展示、人员推介、现场促销等多方面的工作，向顾客传递企业和产品信息，创造知识信息效用。除此之外，作为与消费者直接接触的联系方，渠道还承担着收集市场信息、反馈调节的功能。

3. 服务功能

从过程来看，产品销售服务（服务功能）包括售前服务、售中服务与售后服务。从内容来看，产品销售服务包括融资服务、物流配送服务、促销服务等。渠道体系中的中间商可以协助生产企业提供包括融资、物流、售后等在内的各类服务活动。例如，通过建立和管理物流体系，重视物流管理，追求合理的库存、快速的运输以及灵敏的需求响应，以避免供应短缺和库存积压。

除上述主要功能外，也有学者将渠道功能做了进一步细分。例如，V.卡斯特力·兰根将渠道的功能分为 8 个方面：产品信息、产品定制化、产品质量确定、产品规格、产品分类的集合、产品应用、售后服务和后勤服务。菲利普·科特勒认为，渠道具有信息、促销、谈判、订货、融资、承担风险、占有实体、付款和所有权转移等功能。

（二）渠道的经济意义

商业资本以及商业资本家的存在是社会分工和商品经济发展到一定阶段的产物。在商品经济的高级阶段，生产越来越专业化、商品越来越多样化，商品交换越来越频繁，交易活动越来越复杂，生产与消费之间在商品数量、品种、时间、地点和所有权等方面的矛盾越来越凸显。这时，专业从事商品买卖活动的商业资本家应运而生，中间商逐步成为经营活动中的重要角色。

因为中间商能够减少交易次数，降低交易成本，提高交易效率。

1. 减少交易次数

假设有 5 家生产企业直接向 5 家零售商供货，则需要 25 次交易，如图 1-1 所示；如果通过一家中间商向零售商供货，只需要交易 10 次，如图 1-2 所示。由此可见，通过中间商确实能够减少交易次数。

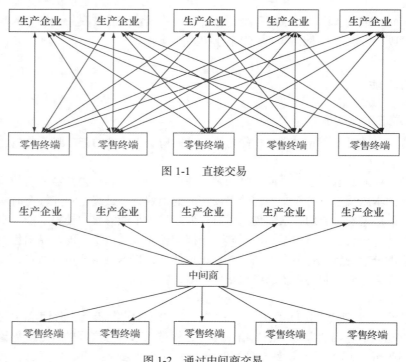

图 1-1 直接交易

图 1-2 通过中间商交易

2. 降低交易成本

当中间商存在时，在实现相同的销售目标的情况下，商品交易次数可以减少。在单次交易成本不变的情况下，减少商品交易次数可以降低交易成本，从而节省社会交易费用，促进社会经济发展。

3. 提高交易效率

中间商的出现是渠道专业化分工的结果。正如生产按照专业化分工来分配生产任务，若分销过程也采用专业化模式，将渠道任务分配给能够有效地完成这些任务的个人或企业，则通过共享资源、协同管理等可以大大提高商品交易效率。

三、渠道流程

渠道流程是指生产企业完成一次渠道活动所经历的一系列过程，包括商品交易、商品物流、资金流动、信息交互、商务谈判、商品促销 6 个方面，如图 1-3 所示。

（一）商品交易

商品交易是生产企业渠道流程中的核心内容，也是关键环节，没有商品交易，就没有其他环节，渠道也会失去价值。从形式来看，商品交易主要体现为所有权的转移，即商品所有权由生产者最终转移至消费者或者客户手中。在实际商品交易过程中，基于所有权转移的商品交易活动可能是 1 次，也可能是多次。有些中间商活动，如代理行为，尽管会促进商品交易活动的开展，但是并没有实现所有权转移，只是帮助所有权转移。

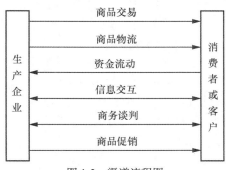

图 1-3　渠道流程图

（二）商品物流

商品物流是伴随着商品交易活动的开展而进行的，商品交易活动是物流活动的前提，物流活动有助于促进商品交易活动。商品物流主要体现为商品运输、商品存储以及商品配送。从传统观点来看，商品物流成本是生产企业渠道体系中的主要成本，运输、存储以及配送成本是产品成本的一部分，关乎企业竞争力。实际上，商品物流也是生产企业服务增值的主要内容，物流效率的高低直接影响企业的服务能力与水平。因此，生产企业应重视物流的设计与优化。

（三）资金流动

资金流动是围绕着商品交易活动展开的。从交易的本质来看，资金是交易的基础和前提。从渠道体系中的参与者来看，生产企业是卖方，消费者或客户是买方，中间商既是买方又是卖方。所有的买方，包括消费者、中间商等都需要资金。现实商品交易活动中可能会出现资金短缺现象，因此就有了融资需求以及融资服务，如消费信贷、供应链金融服务等。融资服务的提供有助于促进商品交易活动的开展，对渠道体系的作用也越来越大。

（四）信息交互

信息对于渠道体系中的参与者具有重要意义。生产企业既需要消费者或客户的各类市场信息，也需要中间商的分布、类型、特征等相关信息；中间商作为生产者与消费者之间的桥梁，既需要生产企业的商品性能、质量、特点等信息，也需要直接服务的消费者或客户的各类市场信息；消费者作为商品的需求方，需要了解哪些商品可以满足自身需求以及可以从哪些地方买到合适的商品等。

（五）商务谈判

商品交易离不开谈判活动，谈判活动始终存在于渠道全过程之中。不管是生产企业将商品销售给中间商，还是中间商将商品销售给最终消费者或客户，都需要进行各种类型的商务谈判活动。谈判的内容包括交易商品的类型、数量、时间、地点、配送方式、价格等。谈判的结果是买卖协议的达成。协议是商品交易的依据，直接影响交易双方的利益。

（六）商品促销

商品促销是企业营销活动的重要内容，有助于促进商品交易。生产企业的促销活动首先是针对中间商，因为中间商是从生产企业购买商品的主体，其次是针对消费者或者用户，这样既有利于促进终端消费，也有助于提高中间商的交易积极性。此外，中间商也是促销活动的实施者之一，不管是批发商，还是零售商，都会采用不同手段来促进商品交易。

在企业的营销活动中，采用的分销组织体系和渠道模式可能各不相同，但是一次完整的渠道活动离不开上述 6 个环节。其中，商品交易是关键环节，也是渠道的主要目标。商品物流和资金流动是伴随着商品交易发生的，资金流动是商品交易的基础，商品物流是商品交易完成后的任务。信息交互、商务谈判、商品促销是促进商品交易的重要手段。信息交互提升了交易双方的信息透明度，加速了供需双方进行匹配，尤其是随着移动互联网等现代信息技术的应用，信息赋能商品交易的价值越来越大。商务谈判是商品交易的实施环节，是交易双方为了获取更大权益进行的博弈活动，谈判结果具有法律效力，是商品交易活动的保障条件。商品促销是商品卖方促进商品交易的重要方式，包括广告、推销、推广活动等。从长远来看，商品促销既可以提高产品销售量，又可以提高企业或产品知名度；从短期来看，商品促销就是通过各类刺激活动，拉动消费需求，促进交易活动，提高销售业绩。

第二节　渠　道　管　理

一、渠道管理的内涵

基于生产企业管理的视角，我们将渠道管理定义为：根据市场需求的变化与调整，对渠道过程进行计划、组织、协调和控制；并通过协调和整合渠道体系中所有参与者的行为实现以较低的分销成本，为顾客创造最大价值及实现企业利益的目标管理过程。

根据上述定义，我们对渠道管理可以从以下 4 个方面来理解。

（1）管理目标是通过渠道成员之间的分工与合作，实现渠道运行的高效化，及时响应并满足市场需求的变化，既为顾客创造价值，又实现企业利益。

（2）管理对象涵盖了渠道体系中所有参与者，既包括企业内部的员工或销售机构，又包括企业外部的其他组织或个人，如中间商、消费者等。正是由于渠道中管理对象的复杂性，渠道管理工作具有一定的难度。

（3）管理内容既包括对渠道功能所进行的所有管理活动，又包括了为了适应外部经营环境所进行的渠道结构设计和优化调整。

（4）管理手段包括生产企业可以采取管理过程中的一切有效手段，如计划、组织、协调、激励和控制。渠道管理者需要根据管理目标，合理地采用上述各类手段对渠道体系中的参与者进行激励、惩罚、控制等，以顺利实现销售目标。

二、渠道管理的特点

渠道管理是以渠道体系或者组织为对象的管理活动，由于渠道体系或组织涉及多个参与者，包括企业内部以及企业外部，因此，渠道管理更为复杂，具有自身的特点。

（一）组织的多元性

渠道管理不仅涉及企业自身一些内部组织（包括销售部门、市场部门、广告部门等），还涉及各类中间商，如批发企业、零售企业、代理商、经纪人等，这些组织可以是大规模企业组织、中小型企业、法人单位、个体。可以说，企业组织的形态特征、体系结构、单位性质等各不相同。

（二）目标的协同性

在渠道设计与管理过程中，生产企业希望建立统一的目标，以实现服务于营销的目标。当然，统一的目标也有利于渠道成员之间获得共同的利益。但是在现实经营活动中，各个渠道成员作为独立的经营主体，都有各自的经营目标，包括销售目标、利润目标等。有些目标是基于长期发展策略来制定的，有些目标是基于短期任务来制定的，有些企业求生存，有些企业希望获取高额利润，有些企业追求更大的市场份额。显然，随着渠道成员组织的增加，目标的差异化也就会越来越大。因此，对于生产企业而言，渠道管理的主要任务是制定一个所有渠道参与者都能够接受的渠道目标，并通过这个目标去引导参与者的行动。否则，渠道管理可能因为目标不明确面临巨大的困境。

（三）方向的引导性

作为渠道体系的参与者，各个成员之间是平等的合作关系。计划、组织、协同与控制等管理方式的实施不能依靠上下级的层级关系，生产企业需要制定合理的目标以及切实可行的渠道方案去引导各个成员按照计划执行。例如渠道任务，不仅要考虑本企业做什么、怎么做，还要考虑渠道中其他成员做什么、怎么做；又如渠道组织，更多地意味着选择合适的机构，分配合理的角色；再如领导和控制，更多地意味着影响与协同，而不是企业内部之间的命令与指挥。

（四）手段的柔软性

在管理方式方面，渠道管理主要以渠道成员之间签订的合同、契约，市场定位，品牌价值等进行约束与控制，而不是借助制度实现管控。毫无疑问，渠道关系的核心是利益，约束渠道成员同样需要依靠利益。渠道体系的本质是生产企业为了实现产品销售任务而编制的一张利益关系网，其中，成员一旦不能从中获得所期待的利益，就会产生矛盾，最终导致关系网破裂。因此，渠道管理的意义是以合理的手段处理不同环节、不同渠道成员之间的利益关系。

三、渠道管理的主要步骤

渠道管理的主要步骤包括渠道现状调查、渠道目标制定、渠道方案设计、渠道方案实施、渠道效率评估、渠道方案优化。其中，前 3 个步骤主要服务于渠道方案的设计职能，后 3 个步骤主要体现渠道方案的管理职能，具体内容如图 1-4 所示。

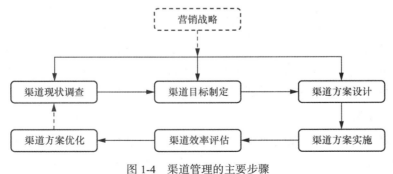

图 1-4 渠道管理的主要步骤

（一）渠道现状调查

渠道现状调查的主要目的是了解企业渠道方案设计面临的环境，从而为企业渠道方案的制定提供真实可靠的信息。其主要内容包括：①企业营销战略情况；②企业渠道发展现状；③目标顾客的需求及趋势；④竞争者渠道设计情况；⑤其他外部环境情况。

（二）渠道目标制定

企业的渠道目标，是指企业根据总体战略和营销战略设定，制定的渠道管理活动在一定时间内达到的结果。渠道目标的设定，即确定企业渠道管理活动的方向和目的。从渠道目标设定的内容来看，渠道目标主要分为 4 个层面：一是整体目标，包括市场占有率、销售额、利润量等；二是区域目标，包括市场拓展区域的范围、市场覆盖率等；三是时间维度，包括年度指标、季度指标、月度指标；四是渠道体系指标，包括经销商数量、零售商网点规模等。从渠道目标设定的原则来看，有以下几点应注意：一是要有激励性，目标设定值需要具有一定的挑战性；二是要有可实现性，目标设定不能脱离实际情况；三是要尽可能量化、具体化，以便明确发展方向，有助于后续方案的设计；四是要将短期目标与长期目标相结合，既要有短期目标，又要有长期目标。

（三）渠道方案设计

企业的渠道管理人员要根据企业的营销战略和渠道目标，确定企业的渠道方案。这项工作一般可分为 3 步：①明确分销任务，即将分销作用或任务更加详细化和实用化，准确无误地阐述为达到具体分销目标而设立的各种任务，包括存货任务、交付任务、信贷任务、订单任务等；②设计各类可行的渠道结构，包括渠道长度、渠道宽度、渠道深度、渠道广度；③评估影响渠道结构选择的因素，包括市场因素、产品因素、公司因素、中间商因素等。

（四）渠道方案实施

渠道方案实施首先是组织问题，然后才是领导、激励与协调问题。涉及的内容包括渠道成员的选择、渠道成员之间渠道功能的分配、渠道成员权利与义务的规定、合约的签订和执行、物流配送计划的实施，以及渠道这一超级组织的领导、激励和协调。渠道方案的实施，是企业渠道执行力的体现，再好的渠道方案，如果实施不当，也难以达到企业的渠道目标。在渠道方案实施过程中，渠道控制是一个非常重要的环节，它包括两个方面：一是对渠道方案能否在实施中得到有效贯彻进行监督和调控；二是对中间商渠道中各渠道参与者可能从事的投机行为进行监控。第一个方面的渠道控制，虽然也会涉及其他渠道成员，如生产企业对各级中间商的存货水平、仓库、地位及运输方式等进行评价、分析，并提出改进意见，但是从根本上讲，它是站在企业的角度对渠道方案实施的过程进行控制，是企业内部控制。第二个方面的渠道控制，与一般的组织内部控制有很大的区别，它是要对中间商渠道中各渠道参与者的投机行为进行控制，属于渠道控制中特有的跨组织控制。这两个方面的控制互相补充。第一个方面的渠道控制是从企业自身的角度保证企业的渠道方案在实施中得到有效贯彻；第二个方面的渠道控制则是保证企业的渠道方案在实施中得到合作伙伴的有效配合。一般而言，前者相对容易些，因为它主要涉及的是组织内部控制问题；后者则非常困难，因为它涉及的是跨组织控制问题。

（五）渠道效率评估

渠道效率就是渠道活动的投入产出比。渠道效率有可量化和不可量化两种。可量化渠道效率由经济利益指标测量，如销售额、利润额、市场占有率、市场覆盖范围等；不可量化渠道效率则可以通过一些主观判断或认知来测量，如目标顾客与渠道成员的满意度、渠道发展、渠道合作、渠道氛围等。对渠道效率的评估，不仅是将上述渠道效率的可量化指标及不可量化指标与企业过去的表现和竞争者的表现相对比，还应与企业的渠道任务相对比，由此找出企业渠道的问题所在，为渠道和渠道方案的调整提供依据。

（六）渠道方案优化

渠道方案实施后，在渠道效率评估的基础上，必须对渠道方案进行优化。渠道方案的调整可以是局部的——只调整和改进某个或某些环节，也可以是全面的——对企业的整个渠道或渠道方案进行重建，如调整渠道结构、调整渠道政策、调整渠道关系、调整局部市场区域的渠道及更新整个渠道网络。

渠道方案的优化，一方面要以渠道效率评估为依据；另一方面也需要为新一轮渠道的调查与分析提供信息，形成新的渠道目标和渠道方案。企业的渠道管理由此循环往复，不断地进行下去。

四、渠道管理的新动向

目前，渠道管理越来越受到企业的关注和重视。对企业渠道中的物流、信息流、资金流等进行高效协调和集成是渠道管理成功的关键。从现代企业管理方式的转变来看，以下几个方面的变化将对企业渠道管理产生重要的影响。

（一）从注重功能管理向强调过程管理转变

在传统的管理方式下，渠道中的采购、加工、仓储、销售、配送等环节是分割的，各自独立运作，且上述环节都有各自独立的目标和计划，有时这些目标和计划是相互冲突的。现代管理则强调将渠道中的各环节进行有效集成和整体统筹，从而实现以提高顾客服务水平、顾客价值最大化、企业利润最大化为目标的面向过程的管理。不仅企业内部要向过程管理转变，企业外部管理渠道中的各个合作伙伴，也需要从功能管理向过程管理转变。

（二）从重视利润管理向集聚业绩管理转变

在传统的管理方式上，创造利润是企业管理的主要任务，由此引导企业各类经营活动的开展。现代管理则认为利润管理是比较粗放的，因为利润只是一个绝对指标，并不具有可比性，应该用业绩等相对指标来衡量企业的经营状况。对于企业来说，不仅需要利润，更需要业绩。业绩概念是建立在"双赢"的基础上，只有渠道中的各方均具有较好的营利性，企业自身的业绩才有可能得到保证。

（三）从以产品为中心向以消费者为中心转变

在卖方市场中，企业是交易的主导方，消费者被动接受其提供的产品。在设计渠道方案时，生产企业是根据自身资源以及产品特点制定渠道方案。在买方市场中，消费者是交易的主导方，其需求引导企业的生产、销售活动，是市场驱动力。渠道方案设计必须遵循消费者需求导向原则。企业根据需求的特点以及方式构建合理的渠道体系。渠道管理的中心是由生产者向消费者转变，消费者管理是渠道管理的重要内容。

（四）从突出交易管理向构建关系管理转变

从传统观念来看，渠道成员之间的关系是交易关系，主要关注短期利益，因此渠道成员之间为了自身利益而损害他人利益的情况会不可避免地出现。从现代可持续发展角度来看，渠道制定者必须找到一种途径，能同时增加渠道参与者各方的利益。这种途径就是要协调渠道成员之间的关系，并以此为基础进行交易，使渠道整体的交易成本最小化、收益最大化。特别是当企业之间的竞争转变为供应链之间的竞争时，只有倡导竞合精神，企业才能获得良好的生存与发展空间，获得更大的市场份额或利益。这种"双赢模式"要求销售关系从传统的"非赢即输"的单纯交易关系转变为更具合作性的共同为谋求更大利益而努力的关系。

（五）从库存管理向发展信息管理转变

库存管理工作对企业来说是非常重要和复杂的。在渠道成员之间，库存不足和库存积压都可能会造成巨大的损失。为了避免库存管理过程中的损失，越来越多的企业采用信息化模式去优化库存管理方式，即用信息代替库存。企业持有的是虚拟库存而不是实物库存，只有到渠道的最后一个环节才交付实物库存，这可以大大降低企业持有库存的风险。因此，用及时、准确的信息代替实物库存就成为现代渠道管理理论的重要方向。

以上转变发生在一个企业内部，却作用于所有的相关企业，现代管理转变产生的效应将影响整个渠道。因此，企业如果不能跟上时代变革的步伐，最终将会被市场淘汰。

第三节　影响渠道管理的因素

生产企业在进行渠道管理时，不仅要注意内部的可控因素，也要分析外部非可控因素产生的影响。从广义上讲，环境由渠道管理中存在的所有外部非可控因素组成。按照一般的环境分析，外部非可控因素可以分成 5 大类：经济环境、社会和文化环境、技术环境、竞争环境、政治和法律环境，如图 1-5 所示。以上的分类并无主次之分，它们对于企业的重要性因行业而有所不同，即使是同一个企业，在不同的时期，各个类别因素的重要性也是有所不同的。

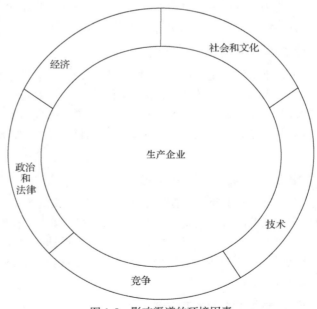

图 1-5　影响渠道的环境因素

一、经济环境

经济环境因素包括市场的结构、消费者的消费特征和购买力、物价，以及对物质资源的投资水平等。经济环境可能是影响所有渠道成员最明显、最普遍的环境因素。渠道体系中的所有参与者需要随时关注经济形势的现状及变化趋势。

当经济衰退时，消费需求将会收缩，这会导致产品销售额和营业利润大幅下降，产品库存大量积压，甚至会导致企业发生财务危机。当通货膨胀时，消费者的行为也会发生许多微妙的变化，如消费支出急剧变化、压缩购买需求、储备低价商品等，这些变化将使渠道决策变得异常困难。当通货紧缩时，高利率会影响所有的渠道体系参与者，导致消费者削减消费支出，进而影响采购商、生产企业、批发商、零售商的营业收入。采购商、生产企业、批发商、零售商往往有融资需求，高利率会提高融资成本，成本提高则会促使产品价格提升，进而影响产品销售，这样就会进入恶性循环。即使在经济状况较好的情况下，高利率也会对渠道造成巨大的影响。

由此可见，经济环境对渠道的影响深刻而巨大。不管经济状况是好是坏，渠道管理者都需要密切关注经济环境对渠道管理的影响。

二、社会和文化环境

社会和文化环境几乎渗透到社会的方方面面，对于渠道管理，社会和文化环境同样也是非常重要的外部环境因素之一。

首先，人口年龄结构是影响渠道管理的重要因素。目前，"90后""00后"是随着互联网、移动互联网的发展而成长起来的一代人，与其他年龄阶层的人相比，他们对线上交易方式的接受程度和依赖程度更高，无论是交易场景还是交易地点的选择，都有自身的特点。此外，他们更时尚、更倾向于选择科技含量高的产品，这些消费特点不仅会影响渠道提供的产品，而且会促进生产企业在渠道方案设计时考虑年轻人的需求。

其次，许多民族都有特定的风俗习惯和消费习惯，其商业发展同样具有一定的民族特色。近年来，我国少数民族集聚地区的商业发展迅速，相当一部分少数民族的自营业务是直接面向少数民族市场。因此，生产企业在进行渠道方案设计时，可能更需要考虑采用少数民族的渠道成员，这样才能成功地将产品推向少数民族市场。

最后，教育水平、家庭结构、妇女地位变化等诸多社会文化因素都会影响渠道成员以及渠道方案的设计。例如，随着教育水平的提高，消费者更容易接受智能化、智慧化的渠道方式；从大型家庭规模到小型家庭规模，随着我国人口政策的调整，家庭规模可能还会进一步发生变化，这些变化也会直接影响渠道组织的设计以及运行模式等。

三、技术环境

20世纪90年代以来，以电子信息技术为基础的通信设施高度发展，消费者可以随时随地通过有线电视、电话、计算机系统与生产企业、中间商进行商务谈判。随着微电子技术的发展，以POS、DDI、MIS等技术为核心的商业自动化系统可以及时收集并处理各种信息，通过汇总分析，提供准确、及时的决策依据，解决了商业企业信息的收集、加工、传递的困难，使连锁店、超级市场获得了强有力的技术支持。企业采用POS可以在极短的交易过程中获取与消费者或客户有关的关联信息并存入计算机。电子系统还可以使零售商小批量订货，满足终端用户的消费需求，减少资金占用量。另外，现代电子信息技术使支付手段发生了革命性的变化，从纸币到信用卡，再到目前各类移动支付手段的应用，不仅方便了消费者，简化了付款手续，同时也便于生产企业、批发商和零售商及时了解市场动态，加速企业资金的周转。

面对日新月异的技术发展，渠道管理者必须及时了解技术创新动态，熟悉与企业和整个渠道参与者相关的技术，然后判断这些技术变化可能对渠道体系的参与者产生什么影响。这对于渠道管理者来说非常重要。当然，渠道管理者不可能掌握所有最新技术，也可能不具备渠道科技更新的专业知识，但其应具备基础的渠道信息化知识和技能，密切关注技术的变化，及时与技术人员沟通，共同策划和论证渠道技术更新的可行方案。

四、竞争环境

竞争是渠道创新最大的外部动力，尤其是在竞争已经扩展到全球范围的时代。在分析影响渠道管理的各种竞争因素时，以下 4 种竞争类型是必须考虑的，如图 1-6 所示。

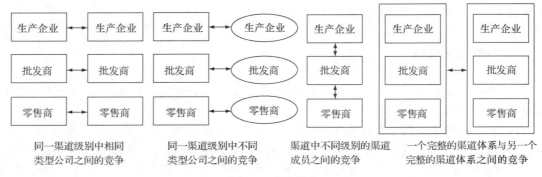

图 1-6　竞争类型

（一）水平竞争

水平竞争是指同一渠道级别中相同类型公司之间的竞争，如一家玩具店与另一家玩具店、一家网购商店与另一家网购商店之间的竞争。这是最直观的，也是被频繁讨论的竞争类型。

（二）同类竞争

同类竞争是指同一渠道级别中不同类型公司之间的竞争，如折扣店与百货店，或者大批发商和代理商、中间商之间的竞争。品牌香水生产企业通常都会在百货店中设立专柜，同时会有选择地设立品牌店，这些百货店专柜与品牌店之间就存在很强的同类竞争。

（三）垂直竞争

垂直竞争是指渠道中不同级别的渠道成员之间的竞争，如零售商和批发商、批发商和代理商、代理商和零售商、生产企业与零售商之间的竞争。

（四）体系竞争

体系竞争是指一个完整的渠道体系与另一个完整的渠道体系之间的竞争。渠道成员必须是有组织的、密切关联的机构，这样它们才能作为整体组织参与竞争。能够进入百货店或者大型零售终端的商品大多来自有一定品牌实力、相对强大的企业；而那些通过街边服装店或者杂货店销售的商品，虽然品牌知名度不高，但是仍然显示了旺盛的生命力，其生产企业与相对强大的企业存在竞争。

综上所述，渠道管理者面临着复杂的竞争环境，不仅要考虑范围较广泛的全球竞争，还要考虑水平竞争、同类竞争、垂直竞争和体系竞争。因此，了解、识别和区分上述 4 种竞争类型，并采取相应的管理方法是十分必要的。

五、政治和法律环境

政治和法律环境是指影响渠道管理的政策制度、法律规范等，这些将会制约渠道方案设计以及渠道管理的行为、结构和创新。这些政策制度及法规形成的法律体系并非静态的，而是一套不断演化的体系，并受不断变化的价值观、准则和社会制度的影响。当然，渠道管理者并不需要掌握以上所有内容，这项专业化工作由专业人士来完成。尽管如此，渠道管理者还是要了解与渠道管理相关的政策制度、法律规范等，尤其要熟悉与渠道管理有关的一些基本法律问题，如双轨销售、排他性交易、价格差别、价格维持协议、转售限制、销售安排和垂直一体化等商业行为的法律限制。政治和法律环境制约了渠道系统内的垄断倾向，为渠道管理和创新提供了良好的机制保证。

总之，在对外部环境因素及其对渠道的影响做进一步探讨之前，应该意识到环境影响的是整个渠道系统。因此，渠道管理者既要分析环境对本企业和最终目标市场的影响，还要分析环境对渠道中所有参与者的影响，只有综合考虑后才能做出正确的决策。

 **基本概念**

渠道的演变　渠道的功能　渠道流程　渠道管理

 思考题

1. 简述渠道的含义及特点。
2. 渠道经历了哪几个阶段的演变？
3. 渠道的功能主要有哪些？
4. 渠道管理的含义及过程是什么？
5. 影响渠道管理的外部非可控因素有哪些？

 **案例分析**

直播带货——格力电器渠道改革博弈

珠海格力电器股份有限公司（以下简称"格力电器"）是一家多元化的全球型工业集团，主营家用空调、中央空调、智能装备、生活电器、空气能热水器、手机、冰箱等产品。1997年年底，格力电器牵头的中国第一家生产企业联合组成的股份制区域性品牌销售公司——湖北格力空调销售公司成立，这种以股份制组成的销售公司采取统一市场、统一渠道、统一服务的政策，开辟了新的专业化销售模式，并将其迅速推向全国。此营销方法被推崇者称为"21世纪全新营销模式"，也为格力电器保持近20年的高速增长、长期处于行业领先地位奠定了基础。

近年来，随着互联网销售模式的发展，渠道营销模式面临着从线下到线上的挑战。为了应对变化，格力电器及时对渠道模式进行调整，不仅开辟了线上渠道，而且董事长董明珠亲力亲为做直播。格力电器2021年年报显示，格力"新零售"以27家销售公司、70多家线上经销商店铺、3 万多家线下专卖店、第三方电商平台官方旗舰店为基础，建立起覆盖全国的双线销售网络。随着格力电器销售渠道的调整，格力电器与大经销商之间的矛盾也逐步增加。因为格力电器的渠道新模式是线下经销商需要从"董明珠的店"线上平台进货，这使线下大经销商以往的高毛利模式无法持续。此外，格力电器还鼓励经销商进行线上带货，这种销售模式带来的引流返利以及物流、安装、售后等服务利润的分流，也被认为摊薄了经销商的利润。

到目前为止，格力电器的渠道改革仍在继续，格力电器与经销商的博弈还在进行。总之，外部环境的变化始终会影响公司渠道的设计与管理，渠道成员之间的利润分配是公司渠道管理的重要内容。

问题：

1. 请结合案例分析外部非可控因素对渠道的影响。
2. 渠道的功能在案例中是如何体现的？

第二章 渠道战略

学习目标

从外部环境来看，营销战略的制定关乎企业的目标定位以及可持续发展能力；从内部视角来看，渠道作为重要营销职能的一部分，既承担了分销的职责，又基于供应链、产业链、价值链赋能企业的核心竞争力，直接影响企业战略布局以及目标。为此，要全面理解渠道的地位与作用，必须从战略层面予以认知，并加以思考与应用。

通过本章的学习，读者可以掌握以下知识。
- 渠道战略的含义；
- 渠道战略制定的流程；
- 渠道战略与营销战略的关系；
- 可供选择的渠道战略。

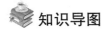

导学视频

能力目标

- 能够针对具体企业制定渠道战略流程；
- 能够为具体企业的渠道战略选择提供思路。

知识导图

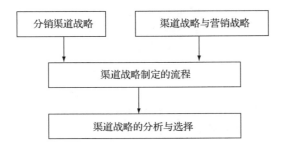

育人目标

融入点	展示形式	目标
（1）渠道管理有助于提升企业竞争力以及国家竞争力 （2）渠道管理服务于人民美好生活需要 （3）现代流通体系建设要求加强渠道体系设计与管理	（1）播放关于产业链、供应链、价值链等内容的视频资料 （2）展示农产品渠道创新对精准扶贫的贡献 （3）用视频图片展示渠道变革给人民生活带来的新变化	强化渠道建设服务于社会发展的理念

第一节　渠道战略概述

战略管理理论对现代企业的经营活动具有重要指导作用。面对复杂多变的市场环境，为了科学谋定经营使命和发展远景，形成可持续竞争力，企业必须从战略层面进一步理解和认识渠道，以便在实际操作过程中更好地实施渠道策略。

一、战略概念的演变

我国自古就开始使用"战略"一词，先是将"战"与"略"分别使用，"战"是指战斗、交通和战争，"略"是指筹略、策略、计划。《左传》和《史记》中已使用"战略"一词，西晋史学家司马彪曾有以"战略"为名的著述。唐代诗人高适的《高常侍集二·自淇涉黄河途中作》有这样的诗句："当时无战略，此地即边戍。"这里"战略"一词意为作战之谋略。明代军事家茅元仪编有《武备志》，其中第二部分为《二十一史战略考》。由此可见，"战略"的含义主要是指对战事的谋划。到了清代末年，北洋陆军督练处于 1906 年编出我国第一部《军语》，把"战略"解释为"筹划军国之方略也"。

战略管理理论起源于 20 世纪的美国，它萌芽于 20 世纪 20 年代，形成于 20 世纪 60 年代，在 20 世纪 70 年代得到发展，在 20 世纪 80 年代受到冷落，在 20 世纪 90 年代又重新受到重视，研究该理论的人员主要分为战略规划学派、环境适应学派、战略定位学派、资源基础论与核心能力学派、动态能力学派等。可见，学术界对战略的理解是多元化的，代表性的观点有以下 4 种。

（1）安德鲁斯认为，企业总体战略是一种决策模式，决定和揭示企业的目的和目标，提出实现目的的重大方针与计划，确定企业应该从事的经营业务，明确企业的经济类型与人文组织类型，以及决定企业应对员工、顾客和社会做出的经济与非经济的贡献。

（2）魁因认为，战略是一种模式或计划，它将一个组织的主要目的、政策与活动按照一定的顺序结合成一个紧密的整体。

（3）安索夫认为，战略是决策的基准。战略由以下要素构成：①产品市场范围，即寻求新领域的范围；②成长向量，在产品市场范围之内的行动方向；③竞争优势，即明确在产品市场范围内所具有的有利竞争地位和特性；④协力效果，即判断进入新领域后是否有获取利益能力的衡量标准。安索夫对"战略"一词只限定在"产品——市场战略"意义上的使用，即划定企业经营范围。

（4）明茨伯格认为，战略是一种计划，具有两个基本特征：一是战略在企业发生经营活动之前制定，以备人们使用；二是战略是有意识、有目的地开发。战略是一种计策，企业利用战略对竞争对手构成威胁。战略是一种模式，它反映企业的一系列行动，只要有具体的经营行为，就有战略。战略是一种定位，是一个组织在自身环境中所处的位置；对企业来讲，就是确定自己在市场中的位置，把战略看成一种定位，通过正确地配置企业的资源，形成企业强有力的竞争优势。战略是一种观念，它需要通过组织成员的期望和行为而形成一种共享。

二、渠道战略的含义及特征

随着社会文化和市场环境的急剧变革，企业越来越重视战略思考，制订战略计划，选择适合企业发展的战略类型。战略是与战术相对而言的。美国管理学家彼得·德鲁克曾经将管理者的职责区分为"做正确的事"和"正确地做事"两种类型。高层管理者，即战略制定者的职责在于前者，而后者是战术制订者，即战略贯彻者的任务。这就是说，战略是关于"做正确的事"的规划。对于一个企业来讲，战略计划和战术计划是达到企业目标的两个部分。战略计划是面向未来的整体指导方针，战术计划是面对现实的应对措施。这两个计划的制订应该分两步走：首先制订战略计划，然后在战略计划的蓝图下开发战术计划。战略的制定强调权衡利弊、估算优劣、识别机会、规避风险。

从当前的国内外经济发展形势来看，市场竞争越来越激烈，企业既要关注自身发展，又要理解和把握市场发展趋势。对于渠道的管理者，这就意味着既要设计好渠道体系、构建渠道模式、加强渠道管理，又要"抬头看路"，为企业探寻一条合适的渠道战略之路。如果在战略制定上有所闪失，意味着企业今后的航程正驶向错误的方向，若越来越偏离正确的航向，将导致南辕北辙的结局。

那么，什么是渠道战略呢？根据企业战略的内涵，我们可以将渠道战略简单地理解为，企业为了实现渠道目标而确定的总的原则方针，制定的一整套指导方案。它的使命在于贯彻市场营销战略，总的目标是要最大限度地发挥渠道和产品、价格以及促销的协同作用，创造渠道价值链的竞争优势，为企业形成持久的竞争优势奠定基础。这一定义包含以下两层含义。

（1）明确的战略目标。渠道战略目标是企业在一定时期内渠道管理所要达到和实现的主要目标。战略目标必须通过一定数量的指标来实现，包括渠道任务与渠道效益指标、渠道业绩指标、渠道规模指标等。由于市场外部环境的不断变化，特别是在市场交换过程中，潜在的交换方——目标顾客是否最终愿意与企业进行交换，都不是一个企业所能控制的。因此，企业必须面对不断变化的市场环境，依据自己拥有的资源和目标顾客的需要来确定企业的渠道目标以及通过企业努力可以完成的渠道任务。

（2）可行的战略方案。企业不仅需要确定长期的渠道任务和目标，而且还需要在可能实现目标的诸多方案中，选定对本企业来说，在一定的环境条件下相对理想的方案，也就是需要为达到预定的渠道目标确定一个使企业的资源能被充分合理地利用、使目标顾客在一定时期内需求能够被充分满足的行动方案。

根据上述定义，我们认为渠道战略的本质是在动态的市场和企业环境内做出正确的渠道决策，在特定的时间和限定的资源范围内，通过系统的程序获得竞争优势。

渠道战略与企业其他战略具有一些共同点，但同时还具有自己的独特之处。

（1）长远性。渠道战略既是企业对谋取长远发展要求的反映，又是企业对未来较长时期内如何瞄准市场、赢取市场，从而获得生存和发展的全盘筹划。

（2）指导性。渠道战略对企业的渠道设计与管理活动具有指导意义。渠道战略一旦制定，渠道体系中的各部门、各环节、各岗位都要为实现这个战略而努力。可以说，渠道战略是对企业渠道模式的制定，对渠道管理的重点方向起着重要的指导作用。

（3）权变性。渠道战略一经制定并不是一成不变的，而是应该根据企业外部环境和内部条件的变化，适时地加以调整，以适应变化后的环境情况，符合市场实际发展需要。

（4）概要性。渠道战略的表述不是长篇大论，也不是数学模型，而是关键性的简明概要。通过渠道战略使企业形成一种奋发向上的群体意识，以及基于这种群体意识所形成的企业整体行为规范，使企业的内部制度和精神要素达到动态平衡和最佳结合，从而促进企业的发展。

（5）竞合性。渠道战略的焦点在于达成企业目标。随着环境动荡性的加剧与新经济时代的到来，仅凭一己之力孤军奋战的企业在市场上已经举步维艰，势不两立的竞争战略更使诸多企业陷入重重困境。20世纪80年代以来，竞争战略越来越被竞合战略所替代，战略联盟、虚拟企业、战略外包等竞合战略日益成为企业战略选择的重要内容。渠道战略更强调竞合性，需要企业纵横掉阖，合纵连横，既竞争，又合作，选准竞争或合作的时机与对象，随机应变，权变处理。

（6）导向性。渠道战略是以顾客为导向的战略，即从发现和分析市场的需求出发，根据市场需求做出渠道体系设计、渠道成员选择、渠道模式选择以及渠道管理策略等。

信息快车

华为的渠道战略：从直销、分销到生态营销

华为多年的发展战略在渠道维度上可以分为 3 个阶段：前期以直销模式为主，深耕国内市场，精耕国外亚非拉市场；中期以分销模式为主，与合作者长期共同分享整体渠道的利益；后期采用生态营销的战略。战略的关键是将全渠道的"营销平台"转化成"开放、合作、共赢"的"营销生态圈"，生态圈中的各方利益彼此相连、关系紧密、优势互补、协作互动、共荣共生。华为明确自身的战略定位是全球领先的 ICT（Information and Communications Technology，信息与通信技术）基础设施和智能终端提供商，致力于把数字数据带给每个人、家庭与组织，构建万物互联的智能世界，与供应商、合作伙伴、产业组织、开源社区、标准组织、大学、研究机构等构建共赢的生态圈。这就是华为的"生态营销"战略。

三、渠道战略的意义

在许多企业的实践中，企业渠道部门中绝大多数成员的绝大部分时间和精力都用在与经销商、代理商、零售商等处理各种关系上。因此，人们往往将分销管理的重要性错误地理解为如何长期处理好与渠道成员之间的关系，以及及时解决渠道中各类矛盾冲突等问题，却忽略了基本的战略问题。俗话说，"凡事预则立，不预则废"，战略层面上的思考可以让企业事半功倍，反之却可能事倍功半。因此，企业应该高度重视对渠道战略的理解。

过去，企业对渠道的关注是缺乏的。管理大师彼得·德鲁克曾对渠道现状做过评述："渠道中发生的变化或许对一个国家的宏观经济无足轻重，但对一家企业或一个行业来讲却关系重大。每个人都意识到技术在不断变化，注意到市场随着全球化、城镇化、人口流动以及人口结构而调整。但大多数人并没有关注到渠道的变化。"德鲁克的这些评述进一步论述了渠道的重要性，也提示了企业对渠道的变化和发展的意义的认识还不足。随着科学技术的日新月异和经济的不断发展，消费者的需求越来越复杂多样，变化也越来越快，面对这种不确定性增大的市场环境，企业需要在对未来市场需求做出预测的基础上，制定整体的指导性方针，而不仅仅是制订各类销售计划或方案。同样，要实现渠道目标，也需要对未来的渠道变化形势进行调查研究，审时度势地调整渠道，制订渠道行动方案。如今，越来越多的企业认识到渠道战略对于渠道设计与管理的意义，以及对于企业发展的价值。总体来看，渠道战略的重要性可归纳如下。

（1）渠道战略可为市场营销组合策略的其他部分提供配合，实现更好的市场效益。要为目标市场有效地传递产品，需要产品、价格、渠道和促销策略的相互配合，缺一不可。企业即使有优质的产品、合适的价格、对促销的投入和良好的创意，仍然是不够的。

（2）渠道战略可以促进企业价值链的延伸。例如，加油站可利用其遍布全国的网络，提供餐饮、住宿、洗浴等服务；银行可利用其网络出售保险，代收水电费、电信费，实现业务扩充，增加收入；银行不仅提供传统的金融服务，还是重要的中间商，这就是渠道所带来的增值。

（3）渠道战略对企业树立竞争优势具有更大的潜力。事实表明，分销组合"4P"（产品、价格、渠道和促销）中的 3 P——产品、价格和促销，正在逐渐失去竞争优势。首先，通过技术领先和创新使产品具有竞争力变得越来越困难。其次，伴随技术优势丧失的是价格优势，企业难以获得超低水平的成本优势。最后，企业通过促销来赢得市场，也因为其易效仿性而变得"稍纵即逝"和不堪一击。相对而言，渠道可以提供更多、更持续的优势。渠道战略是一个长期战略，必须假以时日才能真正建立起一个渠道体系。因此，渠道战略具有隐蔽性，从建立初期至最后显山露水，很难被竞争对手察觉和模仿。

（4）渠道战略可使企业在更大的范围内进行资源配置。渠道系统创造的资源对企业发展有辅助作用。渠道是市场营销组合策略中唯一的外部资源变量，构成渠道系统的都是独立于生产企业的商业企业，这些渠道成员都有自己的经营目标、方针政策和发展战略，要赢得这些成员的大力配合，并确保其行为能够促进企业的发展，显然是对企业渠道管理的挑战。然而，正是这些独立的外部资源可以为企业制造可能的协同效应。如果生产企业修筑渠道并与合适的商业企业缔结"联姻"关系，则可以相得益彰；如果渠道成员具有生产企业缺乏的知名度和声望，与这种渠道成员"联姻"可以使企业的产品形象得到迅速提升，这是单凭促销活动或定价策略所不能实现的。另外，即使是世界知名企业，也应该力求与渠道成员形成通力合作的紧密关系，因为向目标市场提供产品的活动离不开渠道成员的合作。合作成功，可以获得 1+1>2 的效应；反之，则可能造成内耗，无法实现企业的经营目标。

（5）渠道战略有助于企业实施关系营销模式。渠道作为服务的传递者，在渠道策略组合中扮演着重要角色。关系营销的核心是一种观念，这种观念旨在通过对客户和顾客的一系列承诺和履行，建立、维持和促进与顾客及其他合作伙伴的长期互利关系，其核心在于对顾客服务的承诺和履行，而顾客对生产企业是否满意在一定程度上取决于顾客与渠道成员的互动关系。

第二节　制定渠道战略的流程

综上所述，渠道战略对企业经营活动具有重要的意义。因此，企业必须制定符合自身发展的渠道战略。一般而言，渠道战略的制定应该遵循以下流程。

一、制定渠道战略的一般理论框架

渠道战略是一个连续决策过程，用于确保实现企业使命与目标。其基本思想是：企业渠道高层管理者根据企业分销的使命与目标，分析企业渠道设计与管理的外部环境，确定渠道设计与管理存在的外部机会与威胁；审视自身内部条件，明确企业渠道建设的优势与弱点，在此基础上制定渠道战略的目标方案。根据不同层次目标方案的要求，管理者应该配置合适的资源和能力实施既定的战略。在渠道战略实施过程中，还要对渠道战略实施的成效进行评价，同时，将渠道战略实施中的各种信息及时反馈到战略管理系统中，确保对渠道设计与管理整体活动进行有效控制，并根据环境变化及时调整原有战略，或者制定新战略。因此，渠道战略管理就是一个不断调整、不断发展的过程。根据这一思路，作为具体的职能战略，可以从战略管理的过程角度总结出渠道战略管理的一般理论框架，如图 2-1 所示。它具体包括：确定渠道使命与目标；企业渠道战略环境分析；企业渠道战略资源分析；企业渠道战略方案的选择；企业渠道战略的评价；企业渠道战略的实施；企业渠道战略的控制。

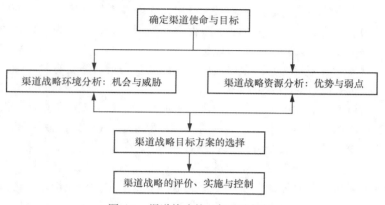

图 2-1　渠道战略的一般理论框架

二、制定渠道战略的核心内容

战略是实现目标的原则和基本方针。它主要涉及组织某一运作层面的总体范围和发展方向，致力于使资源与变化的环境，尤其是市场、消费者或客户相匹配，以便达到战略制定者的目标。一般来说，战略包括使命、目标、具体目标、行为或任务以及控制措施等内容。因此，渠道战略作为职能战略的一种类型，通常包括渠道的使命、目标体系、总体的行动计划和控制措施。

使命一般贯彻和服从于企业战略以及营销战略。目标通常是以最快的速度、最低的成本将一定的产品包括服务传递给目标顾客，创造尽可能多的顾客让渡价值。具体的目标和行动计划则需要结合产品和市场的现实情况，以及现有的可能采用的渠道来加以选择制定。具体地说，渠道战略应回答下列问题。

（1）为使顾客满意，渠道一般需要提供哪些服务？

（2）可以通过哪些营销策略来提供这些服务？

（3）由哪一类机构提供这些服务，可以使效率和效益更高？

此外，渠道战略还要明确控制渠道绩效的整体原则方针。例如，渠道绩效的控制方式，使用哪些评估手段，问题的处理原则等。化解渠道冲突和进行渠道整合等问题都要反映在渠道战略上。

三、制定渠道战略的基本流程

制定渠道战略的基本流程如图 2-2 所示，包括 5 个流程：渠道分析、制定渠道目标、选择渠道战略类型、评价渠道决策绩效以及渠道战略优化调整。从制定思路来看，与企业总体战略以及市场营销战略相同，渠道战略处在一个不断变化的动态环境之中，其制定必须有效地与经营环境联系起来，因此 SWOT 分析对渠道战略的制定必不可少。然后，企业根据渠道分析制定渠道目标，再依据渠道目标选择适合企业发展的渠道战略类型。渠道战略实施后，为了检验实施效果，必须进行渠道决策绩效评价。最后，企业根据评价结果进一步优化调整渠道战略。

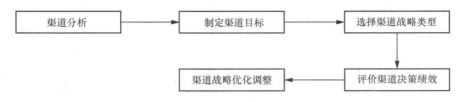

图 2-2　制定渠道战略的基本流程

（一）渠道分析

渠道分析即采用 SWOT 分析方法对渠道现有资源情况以及面临的环境进行评估：一是做企业内部资源的评估，分析企业现有渠道的优势和劣势；二是做竞争环境分析，分析环境的机会和威胁。这一步骤的核心是比较本企业与目标竞争对手在货物周转、市场覆盖度和成本变动趋势等方面的差别。对于许多企业来说，在分析渠道现状时，除了要搞清楚自身的情况外，更重要的是了解主要竞争对手使用的渠道类型以及各个渠道的市场份额，并将这些数据与自身的情况对比，以便通过分析了解每条渠道的相对获利能力、渠道种类的增长速度以及市场覆盖率。

除上述分析之外，渠道经理还要密切关注与制定渠道战略相关的一些趋势，包括客户购买方式的变化、渠道的新成员、从渠道中获取利润的压力等。

上述趋势都会对渠道的未来竞争力产生重大影响。例如，一直采用直销模式的戴尔，大部分增长来自美国市场，个人消费市场和新兴市场是其两大软肋，但全球计算机市场增长潜力最大的是中国、印度等新兴市场。然而，戴尔的直销优势在这些新兴市场上似乎难以发挥出来。由于市场信任度相对较低，新兴市场的消费者在购买计算机之前先要亲身体验，可能更愿意从零售商店购买计算机。面对这些渠道的新变化，戴尔在全球大力推广体验中心。在美国，戴尔开始在沃尔玛超市展示并销售。此外，戴尔选择与中国的国美电器合作进军零售市场，通过这一系列的措施，有效地拉动了销售业绩，为其进一步拓展市场提供了基础。

（二）制定渠道目标

进行 SWOT 分析后，企业便可以根据分析结果制定渠道目标。对于不同企业来讲，其渠道目标各不相同。有的企业是追求较大的市场覆盖率，而有的企业追求高市场渗透率。不同的渠道目标选择将直接影响渠道结构的设计和选择，关于这一点第三章将详细阐述。

（三）选择渠道战略类型

设计渠道，必须从顾客的角度思考以下问题：确定渠道的价值，细分顾客的需求，了解顾客对各种渠道选择的看法。继而筛选渠道，建立起合理的分销体系。目标则是构建差别化或低成本的竞争优势。

渠道战略尤其适合趋于饱和的市场。一般来说，对于竞争激烈的产品市场，除非是早期的参与者，否则难以获得竞争优势。但如果借助渠道，情形则可能有所不同。

（四）评价渠道决策绩效

渠道经理在比较不同渠道的获利能力时，必须判断不同组合的收入、成本和资金需求情况。一方面，企业可以通过建立分销体系以减少交易成本；另一方面，企业可以对工厂和仓储设施进行相当大的前期投资，以保持与顾客尽可能直接的联系。

（五）渠道战略优化调整

渠道战略的决策是在一个广泛的背景中做出的，其受限于战略责任、可用资源、渠道战略的历史等条件。渠道战略实施后，根据渠道决策绩效评价结果，企业可以进一步优化调整渠道战略，以寻找更适合企业发展的渠道战略路径以及模式。

第三节　渠道战略与营销战略

一、渠道战略与营销战略目标

从企业战略体系来看，直接影响渠道战略的是企业的营销战略，而营销战略又直接受到企业总体发展战略的制约。换句话说，渠道战略必须与营销战略一致，服从于营销战略目标，同时，营销战略又必须和企业总体发展战略保持统一。

企业的营销战略包含多个方面，其核心内容是制定营销战略目标。渠道战略可以作为营销战略的一部分。企业在制定渠道战略方面，必须以营销战略总体目标为起点。一方面，渠道战略必须统一于营销战略。渠道战略的制定必须以企业营销战略目标为出发点，否则就会偏离方向。另一方面，渠道战略为企业的营销战略以及企业发展战略目标的实现提供了途径。丰田公司在 20 世纪 60 年代进入美国市场的案例，恰如其分地说明了制定合理的渠道战略有助于实现企业总体战略部署以及营销战略决策。通过前期的调查和研究，丰田公司判断美国汽车市场消费者正逐渐摆脱崇尚豪华、宽大的价值观，更偏向于省油、耐用、价廉的实用型汽车。于是，丰田公司在 1965 年针对美国汽车销售市场推出了实用的小型汽车，此时的丰田公司没有忘记 1955 年首次进军美国汽车销售市场时遭遇惨败的经历。当时，公司没有充分意识到渠道战略对公司战略以及营销战略的重要性，忽略了渠道对公司发展的关键意义，以至于第一年丰田公司在美国的经销商只有 5 家。因此，丰田在这次卷土重来的时候，不遗余力地在渠道建设方面进行长期投资，利用其在生产领域形成的低成本优势，全面铺开在流通领域的活动，利用一切可能的策略与手段，如博览会、培训班、研讨会以及佣金制度等，广泛与美国经销商进行交流与沟通，从而建立了庞大的经销体系。至 1976 年，丰田公司的汽车配售网络中的美国经销商已经达到 1 000 多家。丰田公司这种"流通"与"生产"双管齐下的市场拓展策略，确立了其在美国汽车销售市场的竞争优势，从此"质量可靠、服务优良、价格低廉"的丰田形象在美国汽车销售市场上先声夺人。

正是由于渠道战略与企业营销战略之间的相互联系，因此渠道战略的制定需要高层管理者深入参与。

二、渠道战略与顾客需求

（一）以顾客需求为核心

在买方市场形成的条件下，企业的一切营销活动必须以顾客需求为核心，否则就会在激烈的市场竞争中落败。以顾客需求为核心，并不代表仅需要在营销活动前期进行顾客研究和目标市场选择，更重要的是在产品设计、价格确定、渠道选择和促销策划活动中满足顾客需求。如果说产品是满足顾客的效用需求，价格是满足顾客的价值需求，促销是满足顾客的信息需求，那么渠道则是满足顾客的便利需求或者服务需求。因此，服务需求是渠道目标以及渠道战略制定的重要依据。

（二）服务需求的具体内容

既然渠道的目标是满足目标顾客的服务需求，研究服务需求的具体内容及其趋势则有着非常重要的意义。具体来说，这些服务包括以下几个方面。

1. 为顾客购买提供空间上的便利性

绝大多数产品的生产地与消费地并不相同，缺少必要的中介势必会影响产品的移转。而批发商和零售商的空间分散化所提供的便利，避免了顾客不必要的行程并节省了运输费用，能够提高用户的满意度。商业中心、超级市场、商店、自动售货机等都可以满足顾客对空间便利性的需求。

2. 减少顾客等待和交货的时间

随着人们生活节奏的加快，时间越来越珍贵，渠道体系中的运输和仓储等物流功能可以节约响应时间，减少顾客等待的时间。

3. 弥补生产者和消费者信息的不对称

生产者与顾客在了解产品性能、市场供求关系等信息方面是不对称的，一般来讲，顾客处于弱势地位。信息的不对称会影响交易的安全性与交易效率，渠道的信息、沟通职能可以弥补这一缺点。顾客可以通过对附近零售商的同类产品进行调查、比较来了解这些信息。

4. 满足顾客对品种、规格、花色等多样化的需要

企业可通过集散、调剂、包装、组合和配送来为顾客提供便利。

5. 满足顾客经常性、零散性的消费需要

渠道能够使顾客购买少量商品，随用随买，为顾客节约可能产生的储存和保管费用。

6. 为顾客提供各种售后服务

渠道可为顾客提供包括信贷、送货、安装、维修等服务内容。

英国学者劳伦斯·G. 弗里德曼、蒂莫西·R. 弗瑞在其所著的《创建销售渠道优势》一书中，将顾客购买时要考虑的因素总结为 5 个方面，不同的渠道模式在这 5 个方面的满足程度是不同的，如表 2-1 所示。

表 2-1　渠道战略与顾客购买行为的结合

	直接销售队伍	分销伙伴	零售店	呼叫中心	互联网
专家建立	√√√	√√	√√	√	√
培训	√√√	√√√	√√	√	√
要求定制	√√√	√√√	√	√√	√
灵活交货	√√	√√√	√√	√√√	√√√
现场安装及时	√√	√√√	√√	√	√
本地化的技术支持	√√	√√√	√√√	√	√
订货快捷便利	√	√√	√√	√√√	√√√
自我服务	√	√	√√	√√√	√√√
最低价格	√	√	√√	√√	√√√
每天 24 小时支持	√	√	√	√√√	√√

我们研究目标顾客的服务需求，是为了在所设计的渠道中对其进行满足。这并不意味着服务产出水平越高越好，因为服务产出水平是与成本成正比的。因此，最终确定渠道目标还要考虑各种影响因素。

三、渠道战略与营销战略的关系

（一）渠道战略与产品策略

产品的具体特点决定了企业选择渠道的类型，包括渠道的长短、宽窄、直接还是间接，以及接触程度。产品组合也对渠道选择有一定的影响。产品组合长、宽及广的企业适宜选用窄的渠道或者扁平化渠道。

（1）产品不同，顾客需求心理不同，渠道战略的内容就不同。如前所述，顾客购买时的服务需求表现为购买批量、等候时间、出行距离、选择范围和售后服务。这一切都会因产品不同而有很大差异。产品类别直接影响渠道目标的确定，渠道是为目标服务的，因此其构成主要受产品因素的影响。我们可以从表2-2中看出这种差别。

表 2-2　顾客购买不同产品的不同心理和习惯

	食品副食品	日用百货	服饰	高档专用品	流行商品
购买频次	多	较多	稍少	少	仅一次
购买努力程度	比较努力	不太努力	努力	相当努力	非常努力
选择商品标准	新鲜	便利坚固	新款	称心	无要求
对价格的要求	便宜	比较便宜	质价相符	质量重于价格	不在乎价格
对质量的要求	一般	一般	较高	高	一般
购物距离	近	较近	稍远也行	无要求	无要求
适应渠道	便利店、超市	超市、百货店	商场、商业街	大商场	高级专业商场

（2）产品不同，渠道战略制定的目标就不同。每种产品都有其自然属性和社会属性：使用价值和价值。从使用价值方面看，各类产品使用价值的实现所要求的时间、空间是不同的；从价值方面看，渠道的差异会使产品价格上升或下降。这些因素自然会影响渠道的长短与宽窄。

（3）产品所处生命周期的阶段不同，渠道战略制定的重点就不同。在产品的引入期，为了向市场推广产品，企业应该构建高接触性的渠道，一般选择直销或者有经验的中间商，但也存在特例。在产品的成长期，为了占领更多的市场份额，多渠道组合策略是较为理想的选择。在产品的成熟期，企业应尽量减少间接渠道，选用低成本的渠道，以获取更多的利润。在产品的衰退期，企业适宜选择低成本的自有渠道。

（二）渠道战略与价格策略

价格是营销策略的重要部分，渠道战略对企业的定价有重要的影响。影响产品定价的主要因素包括成本费用、销售数量、资金周转、需求的价格弹性、需求的收入弹性、竞争产品的价格、产品生命周期和产品质量等。渠道战略因其连接产品与市场，进行产品实体和服务转移的特性，可以从两个方面影响产品的价格。

（1）价格能够影响单位产品的总成本，进而影响渠道竞争力。渠道竞争力是决定销售数量和资金周转速度的重要因素。因此，渠道竞争力的提高可以降低单位产品的总成本，提高产品的竞争力，使产品的定价可以享受更大的自由度；否则，产品定价会受到限制。例如，采取快速渗透式价格策略必须有相当高的渠道能力来支撑。

（2）渠道成本是产品成本的重要组成部分，进而影响渠道价值。渠道成本包括寻找中间商，建立分销体系，以及对渠道成员进行监督控制和物流活动等产生的成本。其中，物流成本占很大比例。产品实体流转形成物流活动，包括运输、仓储、存货控制、搬运装卸、保护性包装、订单处理等，这些活动非常复杂，需要大量的成本。据不完全统计，物流成本可以占到全部渠道成本的50%，且仍在不断增长，与生产成本的不断下降形成鲜明对比。所有这些活动都在很大程度上受到渠道战略的制约。科学合理的渠道战略可以显著降低销售员的事务性活动和物流活动的成本，提升渠道价值，使企业取得事半功倍的效果。

（三）渠道战略与促销策略

促销是指经营者将企业或产品信息以一定的方式传递给中间商和产品的最终用户，使其了解、信赖并购买该企业的产品或者服务，建立市场信誉，从而达到扩大销售目的的全部活动。促销活动往往与渠道网络体系相互交织在一起，高效的促销方式有助于提升渠道的绩效。

（1）促销活动是贯彻渠道战略的重要方面，是在分销基础上进行的市场营销活动，其任务是配合渠道，运用一些特殊手段大力促进产品销售。它的内容包括人员推销、销售促进、广告、营业推广及公共关系等。渠道战略的内容之一是进行渠道管理和控制，其中包括对中间商的激励。除了按年度进行的激励之外，企业在特定的时刻为贯彻渠道战略也需要借助促销策略。例如，为了刺激中间商的进货热情和销货积极性，提高销售量，企业在与中间商的交易中常使用各种促销手段，如商业折让、批量折让、商业折扣、展售津贴、实销津贴和零售店奖品等。只有获得批发商和零售商的支持，企业才能将产品顺利地分销至顾客手中。

（2）促销策略需要渠道战略的配合。促销策略是指达到促销目标所采用的谋略和手段。促销流程是渠道流程的重要部分，促销活动主要依靠渠道来进行。因此，选择促销策略必须考虑产品渠道的特点。企业为使顾客了解并购买本企业产品，需要两种促销策略的配合，即"拉动策略"和"推动策略"。拉动策略是利用广告和销售促进等方式，直接面向顾客进行强化促销，刺激顾客的购买欲望。通过"拉动策略"，使顾客对产品形成认知，产生兴趣，从而提升产品销量。企业只有将拉动策略与推动策略相配合，即利用销售队伍和贸易促销，通过销售渠道推广产品，才会达到理想的销售目标。推动策略需要生产企业发掘批发商的需求，把产品推销给批发商；批发商采取积极的措施把产品推销给零售商；零售商又刺激顾客的需求，从而推动产品进入渠道。因此，拉动策略和推动策略要配合成功，必须有正确、有力的渠道战略作为基础。

第四节　渠道战略的选择

渠道战略的选择是渠道战略制定的重要内容。不同的渠道战略适合不同的企业发展需求。渠道成员能够利用渠道的建立与管理来发展和保持长期的竞争优势。可供选择的渠道战略主要有：单一渠道战略、多种渠道战略、现代渠道战略、共享渠道战略、新型渠道战略、服务渠道战略、成本渠道战略、集聚渠道战略等。

一、单一渠道战略

单一渠道战略是指企业选择某一个渠道成员完成渠道体系的设计与管理。单一渠道战略有助于促使完全服务型的中间商向其顾客提供高水准的服务，无须与提供有限服务的竞争者进行价格竞争。通过单一渠道战略，企业能与中间商建立并保持长期的亲密关系。在这种战略下，企业在市场上获得成功必须依赖于中间商。单一渠道战略允许中间商专心开发自己辖区内的市场，而不必与其他批发商或者零售商竞争。这种战略特别适合用于开拓国外市场，吸引海外代理商开拓市场。

二、多种渠道战略

多种渠道战略是指企业选择多个渠道成员完成渠道体系的设计与管理。生产企业往往通过多条渠道将相同的产品推广到市场。同一种产品既销售给最终消费者用于生活消费，同时又销售给产业用户用于生产消费，企业通过若干不同渠道将同一产品推广到不同市场（消费者市场和产业用户市场），这就是多种渠道。第一种类型的多种渠道是"生产企业通过两条以上竞争的渠道销售同一品牌的货物"；第二种类型的多种渠道是"生产企业通过两类竞争的渠道销售两种不同品牌但基本相同的产品"。例如，某个啤酒生产企业通过各种经销商（如超级市场、连锁商店、折扣商店和独立食品商店、小杂货店等）销售许多不同品牌的啤酒，消费者可能并不了解这些不同品牌、不同价格的啤酒都是由同一个生产企业制造的。因此，生产企业使用多种渠道战略，比使用单一渠道战略更容易实现"市场渗透"深入化。

三、现代渠道战略

现代渠道是指区别于传统渠道体系，构建以电子商务为主要模式的网络营销渠道、电视购物营销渠道等。在现代渠道战略中，生产企业、批发商和零售商能够经销与其本身关联不大的产品和服务。现代渠道战略使得消费者能够方便地购买商品和服务。例如，亚马逊公司首创网上书店，在网上销售图书、CD 等，方便消费者选择和购买，节约了消费者的购买时间，同时也因现代渠道战略获得了巨大的成功。

四、共享渠道战略

共享渠道战略是指企业通过关系营销的实施，构建多层次、多维度、多成员的渠道战略。为建立并保持比较宽的渠道成员网络，企业要使用地区性和全国性的广告（提供与广告覆盖范围相匹配的分销网络），并创立和维持一个地区性或全国性的品牌形象，还要提供整个市场范围内的优质服务。在某市场中若没有充足数量的优秀经销商，这些生产企业不可能获得任何潜在的市场，无论是地方性的、地区性的还是全国性的。

多年以来，三菱在美国轿车购买者中的品牌号召力较低，只有少数的经销商集中在东部和西部沿海地区。后来，三菱改变了其分销战略，开发了一系列轿车（包括跑车 3000GT 和豪华车型 Diamante）并加强其经销商网络。它使旗下经销商的数量从 1987 年年末的 204 家增加到1993 年中期的 550 家。不同于其他的日本竞争者，三菱还决定为其豪华车 Diamante 建立单独的经销商网络。这项决定使现有经销商更加忠诚于公司，并使公司能更容易地吸收新的经销商。三菱还买下了佛罗里达的一家轿车租赁商 ValenRnt-ALar。租车业务使三菱轿车的参观和试用频率大幅增加。最后，为了增加经销商的忠诚度，三菱还花费 3 000 万美元广告费以推广其 1994 年的格兰特模型，这比它以往任何一次花在新车推广上的费用都要多。三菱还对经销商进行传统的培训，并通过测验考察他们的产品知识。三菱正是由于渠道战略执行到位，才造就了自身的成功。

五、新型渠道战略

新型渠道战略是指依托人工智能、大数据等新技术、新手段建立数字化的渠道体系，形成可持续发展竞争力的渠道战略。渠道成员能够使用高新技术来取得并保持竞争优势。计算机已用于安排订单预约，保持最新的商品目录，分离畅销品和滞销品，有选择性地针对目标顾客进行促销等；自动化仓库能够减少依单发货中的错误，提高效率并降低劳动力成本。

应用革新性技术来创造渠道竞争优势的一个例子是巴克斯特的"价值链自动化采购"系统。"价值链自动化采购"系统使大客户，如大医院，能够通过电话连接的终端设备向巴克斯特直接订货。通过该系统订购的货物由巴克斯特直接送达订货地点（如一个手术室或护士办公室），并且数量准确无误。这样就使巴克斯特系统的用户从无库存系统中获益。无库存系统减少了订货和商品运送两方面的成本。这些费用几乎与产品的直接成本相等。

"价值链自动化采购"系统的服务被巴克斯特视为高市场占有率的首要贡献者。该系统还使巴克斯特为这种服务收取额外费用并成为医院药品供应的唯一来源。尽管巴克斯特的价格高于使用传统订货和运输方法的竞争对手，但由于节省了存货管理成本费用，医院的总体费用仍然有明显的降低，这自然应当归功于"价值链自动化采购"系统。

六、服务渠道战略

服务渠道战略是企业通过服务价值的设计，构建渠道服务价值体系，打造服务价值链一体化的渠道战略。渠道成员通过提供优质的顾客服务可以建立并保持长久的竞争优势。例如，保留顾客服务记录，以现有存货满足95%以上的顾客订货，拥有较多品种和规格的产品库存和现场维修设备等。

七、成本渠道战略

成本渠道战略是指企业立足于成本优势形成的渠道战略。生产企业通过建立在低成本基础上的分销战略使渠道成员能赢得对价格敏感的细分市场，将节省的成本费用让利给消费者，并通过挑战竞争对手的价格而获得满意的利润。

渠道成员可以通过自动化（如订货、仓储和记账的自动化）、租用低租金设备（作为展厅、仓库和零售店）、将提供给顾客的服务规范化（如通过自选购物、目录销售或对运输、设备安装和修理等收取额外费用）等方法来降低成本。

八、集聚渠道战略

集聚渠道战略是指企业专注于某一个专业市场领域，通过更好地满足其目标市场的特别需要，比竞争者更有效率地进入市场。如果没有通向专业市场的渠道，企业就不得不想办法把它的产品和服务推向更大范围的市场，这会造成巨大的浪费。

 **基本概念**

渠道战略　单一渠道战略　多种渠道战略　现代渠道战略　共享渠道战略　新型渠道战略

 **思考题**

1. 什么是渠道战略？

2. 渠道战略有什么特征？
3. 渠道战略的重要性有哪些？
4. 渠道战略制定的内容有哪些？
5. 制定渠道战略的基本流程是什么？
6. 渠道战略的类型有哪些？

 **案例分析**

渠道的战略性模式创新

渠道的战略创新是运用现代技术成果和管理知识，全方位调整渠道以及整个经营过程，促使其更加有效地适应 21 世纪市场环境的企业行为。与策略性调整相比较，战略性调整是涉及渠道所有方面的、以运用现代技术成果和管理知识为标志的、根本性的渠道创新。

1. "订货—制造—销售"一体化

"订货—制造—销售"一体化是以现代信息沟通技术的应用为基础的，典型代表是定制销售。美国有一家叫作 Software Sportswear 的服装店，店内安装了一套由摄影机和计算机组成的系统。对每位前来光临的顾客，摄影机首先拍摄其数码相片，再将拍摄结果交由计算机处理，计算出顾客的身高、胸围、腰围等基本数据，接着在屏幕上显示顾客身着新衣服的视觉效果，包括从正面、侧面、后面等不同角度观察新衣服的得体性和美观性。计算机可以提供 150 多种样式的新衣服供顾客选择，有关顾客选中的衣服样式的数据被传送到生产车间。顾客在几天后就可以拿到成衣。

2. 无缝渠道模式

无缝渠道，又称关系型渠道，是指为了提高渠道的质量和效率，在保证生产企业、中间商双赢的情况下，生产企业从团队的角度来理解和运作生产企业与商家（批发商、零售商）的关系，以协作、双赢、沟通为基点来加强对销售渠道的控制力，为消费者创造更具价值的服务，并最终实现本公司的战略意图。

某公司是运用无缝渠道的典型。中华全国商业信息中心市场监评部所做的市场抽样调查显示，在我国的化妆洗涤用品市场中，该公司产品的市场占有率名列前茅。该公司之所以能在中国市场上取得骄人成绩，其中一个重要原因是在渠道管理上实施了无缝渠道，避免了因职能上的重复而造成资源浪费，渠道成员能够根据各自所长进行合理分工，同时加强沟通与合作，保证了渠道的畅通、高效。

问题：

新技术背景下，面临顾客的多样化需求，渠道战略如何进一步创新？

第二篇

渠道设计篇

第三章 渠道结构

学习目标

对于生产企业来说，渠道设计是至关重要的，它关乎产品的销售通道，直接影响企业的生存与发展。实际上，并不是所有的产品都能在市场上找到合适的分销通道，换言之，现有的渠道体系并不一定适合某个具体企业的产品。因此，全面了解和掌握渠道结构是进行渠道体系设计的前提。

通过本章的学习，读者可以掌握以下知识。
- 渠道长度、宽度以及广度的内涵；
- 影响渠道结构决策的因素；
- 直接渠道的特点和类型；
- 国家对直销方式的法律规制；
- 渠道结构的演变趋势。

导学视频

能力目标

- 能分析某一具体的渠道结构内容；
- 能分析某一类直销方式的优点及缺点。

知识导图

育人目标

融入点	展示形式	目标
（1）渠道结构是体现企业渠道体系架构的重要载体 （2）渠道结构要着力于提供更高效、更快捷的产品（服务） （3）直销活动必须遵守国家有关法律规定	（1）阐释联想、华为、小米等优秀企业的渠道结构 （2）销售渠道、电商分销等内容展示 （3）观看纪录片、视频资料，了解直销活动的新发展	强化在企业的经营活动中必须遵守法律法规的认知

第一节　渠道长度、宽度及广度

一、渠道长度

渠道长度，是指产品（服务）从生产企业转移至消费者过程中所经过的中间环节的数量多少。从定性描述来看，环节越多，表明渠道越长，则该渠道被称为长渠道；环节越少，表明渠道越短，则该渠道被称为短渠道；从定量描述来看，环节可以用数量表述，如经过 1 个环节，渠道长度称为"一级渠道"；经过 2 个环节，渠道长度称为"二级渠道"，以此类推，具体如图 3-1 所示。

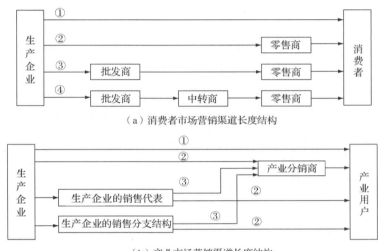

（a）消费者市场营销渠道长度结构

（b）产业市场营销渠道长度结构

注：①代表零级渠道；②代表一级渠道；③代表二级渠道；④代表三级渠道。

图 3-1　渠道长度结构

（一）定性描述

1. 长渠道

长渠道是指生产企业在产品销售过程中利用 2 个或 2 个以上的中间商分销产品的渠道。

（1）长渠道的优点。

① 中间商具有庞大的销售网络，使生产企业的产品具有较大的市场覆盖面。

② 充分利用中间商的仓储、运输、保管作用，减少生产企业的资金占用和耗费，并可以利用中间商的销售经验，进一步促进产品销售。

③ 对于生产企业来说，减少了花费在销售过程中的精力、人力、物力、财力。

④ 由于分销任务分摊给多个市场主体，因此降低了生产企业的分销风险。

（2）长渠道的缺点。

① 由于流通环节多，销售费用增加，流通时间也增加了。

② 生产企业获得市场信息不及时、不直接。

③ 中间商为消费者提供的售前售后服务往往由于未掌握产品技术等原因而难以使消费者满意。

④ 生产企业、中间商、消费者之间关系复杂，难以协调。

2. **短渠道**

短渠道是指生产企业仅利用 1 个中间商或直接销售产品。短渠道主要有两种类型，即零级渠道和一级渠道。

（1）短渠道的优点。

① 了解市场。生产企业能及时、具体、全面地了解消费者需求和市场变化情况，及时调整生产经营决策。

② 减少费用。由于分销环节少，产品可以很快到达消费者手中，从而缩短了产品流通时间，减少了流通费用，提高了经济效益。

③ 减少分销环节，产品最终价格低、市场竞争力强。

④ 生产企业和中间商可以建立直接而密切的合作关系。

（2）短渠道的缺点。

① 生产企业增设销售机构、销售设施和销售人员，这就相应地增加了销售费用，同时也分散了生产企业的精力。

② 生产企业自有的销售机构总是有限的，这致使产品市场覆盖面过窄，容易失去部分市场。

③ 渠道短，导致生产企业承担的分销风险增加。

（二）定量描述

（1）零级渠道，通常称作直接渠道，指产品从生产企业转移到消费者或用户的过程中不经过任何中间商转手的渠道。直接渠道的主要形式有上门推销、邮寄销售、家庭展示会、电子通信销售、网络营销、电视直销、生产企业自设商店或专柜等。其主要优点是：缩短产品的流通时间，使其迅速转移到消费者或用户手中；减少中间环节，降低产品损耗；生产企业拥有控制产品价格的主动权，有利于稳定价格；生产方和需求方直接接触，便于生产企业了解市场，掌握市场信息。

（2）一级渠道，是指生产企业和消费者（或用户）之间介入一级中间环节的渠道。在消费者市场，其中间环节通常是零售商；在生产企业市场，其中间环节大多是代理商或经纪人。

（3）二级渠道，是指生产企业和消费者（或用户）之间介入二级中间环节的渠道。在消费者市场，其中间环节通常是批发商和零售商；在生产企业市场，其中间环节则通常是代理商和批发商。

（4）三级渠道，是指在生产企业和消费者（或用户）之间介入三级中间环节的渠道。

一般来说，三级渠道多见于消费者市场，通常包括两种情况：一是在批发商和零售商之间设有专业批发商，三者的关系为一级批发商到二级批发商（专业批发商）到零售商；二是在批发商之前有总经销商或总代理商，其关系是总代理商（总经销商）到批发商到零售商。

一级渠道、二级渠道和三级渠道等可统称为间接渠道。

二、渠道宽度

渠道宽度，是指渠道的每个层次使用同种类型中间商数目的多少。多者为宽渠道，意味着销售网点多、市场覆盖面大；少者则为窄渠道，意味着销售网点少、市场覆盖面也相应较小。渠道的宽度是根据经销某种产品的批发商数量、零售商数量、代理商数量来确定的。如果一种产品通过尽可能多的销售网点供应尽可能广阔的市场，就是宽渠道；否则，就是窄渠道。一般来说，渠道按宽度主要可以分为 3 种类型：密集性渠道、独家渠道、选择性渠道。

（一）密集性渠道

密集性渠道是指生产企业尽可能通过许多负责任的、合适的批发商、零售商销售其产品。消费品中的便利品通常采取密集性渠道，以便广大消费者和用户能随时随地买到这些产品。另外，较多的中间商来分销产品，可以扩大产品市场覆盖面或使产品快速进入新市场。

密集性渠道的优点是：产品的市场覆盖面大，产品的市场扩展速度快；消费者对产品的接触率高，能有效地提升销售业绩；可有效地使用中间商的各类资源。

密集性渠道的缺点是：生产企业分销成本高；生产企业对渠道的控制程度低；各中间商之间竞争激烈，横向冲突不可避免，生产企业的管理难度大。

（二）独家渠道

独家渠道是指生产企业在某一地区仅选择一家中间商销售其产品，通常双方协商签订独家经销合同，规定经销商不得经营竞争者产品，以便控制经销商的业务经营，调动其经营积极性，占领市场。

独家渠道的优点是：保证交易安全，让顾客购买到货真价实的产品；能避免渠道终端成员之间的竞争和摩擦；能有效地节省分销费用；生产企业的市场策略能得到中间商的全力支持，如广告价格控制、信息反馈等。

独家渠道的缺点是：市场覆盖面小，不方便顾客购买；由于过于依赖中间商，会加大中间商的议价能力。

（三）选择性渠道

选择性渠道是生产企业在某一地区仅通过少数几个精心挑选的中间商销售其产品。选择性渠道适用于所有产品，但相对而言，消费品中的特殊品适合采取选择性渠道。选择性渠道关注的是顾客的选择机会，顾客愿意花费时间和精力来反复挑选产品，他们更重视产品本身而不是购买便利性。

选择性渠道的优点是：生产企业较易控制渠道，市场覆盖面较大，顾客接触率较高。

选择性渠道的缺点是：合格的中间商选择比较困难，由于选择性渠道的终端具备展示功能，因此中间商必须进行差异化的装潢布置，且拥有面积较大的场地，否则很难达到预期的效果。

三、渠道广度

渠道广度，是指生产企业选择渠道条数的多少。条数单一（生产企业仅利用一条渠道进行某种产品的分销），表明渠道窄；条数多，表明渠道广。搭配使用两条及两条以上的渠道又称多渠道组合。

（一）多渠道组合的主要类型

1. 集中型组合方式

集中型组合方式是指在单一产品市场组合多条渠道，这些渠道互相重叠，彼此竞争。例如，某公司在个人消费者和小公司的现货、大规模定制市场采取了无差异的人员推销、电话营销、网上分销3种渠道形式。

2. 选择型组合方式

选择型组合方式是指对产品市场进行细分，对不同的市场选择不同的渠道，这些渠道互不重叠、互不竞争。例如，公司将市场分割为个人消费者的现货购买、小公司的大规模定制和大公司的独特解决方案3个子市场，分别采用网上分销、电话分销和无差异的人员推销3种方式，各司其职、互不干扰，如图 3-2 所示。

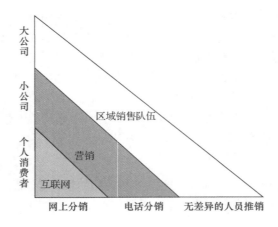

图 3-2　选择型组合方式

3. 混合型组合方式

混合型组合方式是综合运用了集中型组合方式和选择型组合方式两种组合方式的组合方式。一般的情况是选择型单一渠道用于某种优先权市场，选择集中型渠道用于较大规模的市场。如英国航空公司业务拓展的多条渠道组合，对于大型业务活动的客户服务由人员推销单一渠道去开拓；对于团体业务中的订票、度假规划经营，则采用了旅行社、互联网、电话营销、旅游商店等多条渠道组合的方式；对于个体旅游者采用的是互联网、电话营销、旅游商店等多条渠道的组合。

（二）多渠道组合的利弊分析

1. 多渠道组合的优势

（1）增加市场覆盖面，如增加乡村代理商开拓农村市场。

（2）降低渠道成本，如增加新渠道节省了费用。弗里德曼等学者研究表明，混合型组合方式可以使企业的销售成本降低 20%～30%。

（3）更好地满足顾客的需要，如通过专业推销员销售复杂的设备。

（4）提高产品交易量。不少企业销售量的 70%～80% 是由两三条渠道实现的。

2. 多渠道组合的劣势

（1）两条以上渠道针对一个细分市场时，容易产生渠道冲突。

（2）新渠道独立性较强，合作困难，不易控制。

第二节　影响渠道结构决策的因素

影响渠道长度、宽度以及广度决策的因素很多，其中主要因素有以下几种。

一、产品因素

产品的特性不同，对渠道长度和宽度的要求也不同。

（1）价值大小。一般而言，产品单价越低，分销路线越长、渠道越宽、规模效益越大；反之，单价越高，分销路线越短，渠道越窄。

（2）体积与重量。体积庞大、重量较大的产品，如建材、大型机器设备等，适合采取运输路线最短、在搬运过程中搬运次数最少的渠道，这样可以节省物流费用。

（3）解活度。易腐烂、保质期短的产品，如新鲜蔬菜、水果、肉类等，适合采取较直接的分销方式，因为时间拖延和重复搬运会造成程度不同的损失。

（4）标准化程度。产品的标准化程度越高，采用中间商的可能性就越大。例如，毛巾、洗衣粉等日用品，以及标准工具等，单价低、毛利低，往往通过中间商转手。而对于一些技术性较强的产品或一些定制产品，生产企业需要根据顾客要求进行生产，一般由生产企业直接销售。

（5）技术性。产品的技术含量越高，渠道就越短，常常是直接向工业用户销售，因为技术性产品通常需要提供各种售前售后服务。在消费品市场上，技术性产品的分销是一个难题，因为生产企业不可能直接面对众多的消费者，生产企业通常直接向零售商供货，通过零售商提供各种技术服务。

（6）产品生命周期阶段。许多新产品都需要在初上市阶段采用大规模、强有力的促销活动，以刺激市场需求。通常情况下，渠道越长，越难通过所有渠道成员达到促销目标。因此，在初上市阶段，短渠道能够使产品更好地为市场所接受。

二、市场因素

市场是渠道设计的重要影响因素之一。影响渠道的市场因素主要包括以下几个方面。

（1）市场类型。不同类型的市场，要求不同的渠道与之相适应。例如，生产消费品的最终顾客购买行为与生产资料顾客的购买行为不同，因此需要不同的渠道。

（2）市场规模。如果产品的潜在顾客比较少，则企业可以直接分派销售人员进行推销。如果市场较大，则渠道应该设置得较长、较宽；相反，如果市场较小，则企业应尽可能避免使用中间商。

（3）市场密度。在顾客数量一定的条件下，如果顾客集中在某一地区，则可由企业直接销售；如果顾客比较分散，则通过中间商将产品转移到顾客手中更具效率。

（4）市场行为。如果顾客每次购买数量大、购买频率低，企业可采用直接渠道；如果顾客每次购买数量小、购买频率高，则宜采用长而宽的渠道。一家食品生产企业会向一家大型超市直接销售，因为其订购数量庞大。但是，这家企业同时会通过批发商向小型食品店供货，因为这些小型食品店的订购量太小，不宜采取过短的渠道。

（5）市场竞争者。在选择渠道时，应考虑竞争者的渠道。如果企业的产品具有明显优势，则企业可选择与竞争者相同的渠道；反之，则应尽量避开竞争者的渠道。

三、企业自身因素

企业自身因素是渠道选择和设计的根本立足点。

（1）企业的规模、实力和声誉。企业规模大、实力强，往往有能力担负部分分销职能，如仓储、运输、设立销售机构等，有条件采取短渠道。而规模小、实力弱的企业不具备直接销售能力，可以采用长渠道。声誉好的企业更容易找到理想的中间商进行合作；反之则不然。

（2）产品组合。企业产品组合的宽度越宽、深度越深，越倾向于采用短渠道；反之，如果企业产品组合的宽度窄、深度浅，则可以通过批发商、零售商来转卖商品，其渠道"较长而宽"。企业产品组合的关联性越强，则越应采用相同的渠道。

（3）企业的管理能力。管理能力较强的企业可以选择较短的渠道，甚至直销；而管理能力较弱的企业一般专注于产品的研发和生产，将产品的分销工作交给中间商去完成。

（4）对渠道的控制能力。企业为了实现其战略目标，通常会对渠道实行不同程度的控制。如果企业具有较强的渠道控制能力，就会采用短渠道；反之，可适当采用长渠道。

（5）目标与策略。市场和整体目标与策略可能会限制中间商的选择范围。而且，强调有力促销和对市场条件的变化迅速做出反应的策略会使相关企业渠道结构的选择范围变得较为狭窄。

四、环境因素

环境因素可能影响渠道设计的各个方面，社会及文化背景、经济、竞争、技术和法律环境等因素都会对渠道结构产生重要影响。例如，科学技术发展可能为某些产品开辟新的渠道，食品保鲜技术的发展，使水果、蔬菜等的销售渠道有可能从短渠道变为长渠道。

五、中间商因素

不同类型的中间商在执行分销任务时各自有其优势和劣势，企业进行渠道设计时应充分考虑不同中间商的特征。一些技术性较强的产品应选择具备相应技术能力或设备的中间商进行销售。有些产品需要一定的储备（如冷藏产品、季节性产品等），需要寻找拥有相应储备能力的中间商进行分销。若零售商的实力较强、经营规模较大，企业可直接通过零售商经销产品；若零售商实力较弱、经营规模较小，企业会更倾向于通过批发商进行分销。与渠道结构相关的主要中间商因素可概括为：可得性、成本及服务。

第三节　直　接　渠　道

近些年来，直接渠道有了一定发展，也越来越引起人们的关注。

一、直接渠道的特点

直接渠道也称直接分销或零渠道，其特点主要有以下几个方面。

（一）适用范围不断扩大

一般认为，直接分销主要用于产业市场，如生产机械零配件的企业直接将其产品销售给机械总厂。其原因是：一方面，许多产业用品要按照用户的特殊需要制造，对专业技术有较高的要求，生产企业要派专家现场指导用户安装、操作、维护设备；另一方面，用户数目少，某些行业的工厂往往集中在某一地区，这些产业用品的单价高，用户购买批量大。

但现实情况是，有相当多的消费品通过直接分销方式销售，如雅芳、安利、戴尔等公司的产品，而且规模较大。其原因如下。第一，技术进步、媒体发展、分化和整合传播技术的演变，使更复杂的技术方法（如顾客数据库）得以被用于寻找潜在顾客并与之沟通的市场营销活动中，直接推动了直接分销深度的增加，使直接分销的适用性日益广泛。企业直接与顾客接触，并为顾客度身定制产品的做法变得越来越容易、高效与节约，网上购物、直复营销等方式方兴未艾、

渠道管理（微课版 第3版）

前景广阔。第二，中间商，特别是大型零售企业利用自己的强势地位向生产企业收取过高的通路费用，包括进场费、广告费、上架费等。近年来，这些费用不断提高，使得生产企业利润受打压的情况越来越严重。第三，现在，产品的更新换代速度非常快，企业的生产能力已经远远地超出市场需求。生产企业往往降价促销，形成整体利润下降的趋势。以家电制造业为例，国务院发展研究中心市场经济研究所的调查表明，我国家电生产企业的平均利润率为 5%～10%，而家电连锁销售企业的平均利润率是 10%，家电连锁销售巨头企业的平均利润率已经达到 12%。根据等量资本带来等量利润的理论，在资本可以自由流动的情况下，资本投入商业领域能够比投入生产领域带来更多的利润，因此部分生产企业加大了在高利润行业领域的投入，掀起一轮自建直销渠道的热潮。

（二）历史悠久

由生产企业直接分销商品的做法，比通过中间商销售商品的分销模式，历史更悠久。在人类社会还没有出现商人的时候，直接分销模式就已经出现。直到工业革命之前，直接分销一直是主要的商品分销模式。

工业革命带来了一系列变化：技术发展使大规模、标准化生产成为可能，交通和通信的发展使远距离、多层次的分销迅速发展。直接分销方式成本高、效率低，因此日渐式微。

但最近半个世纪以来，直接分销在深度和广度上都有一定程度的恢复和发展。有人认为，这是历史的倒退；也有人认为，这是一种"轮回演变"。其实，工业革命之前的直接分销和最近半个世纪才出现的直接分销之间存在着巨大的差异，不可同日而语。

（三）中间费用相对较低

直接分销的另一个基本特点是，商品从生产企业到最终用户之间没有中间环节，仅发生一次所有权转移便完成分销活动。由于商品在销售给最终用户之前，商品所有权在生产企业手中，因此一旦成交，生产企业便获得全部销售收入和利润。

二、直接分销的类型

近年来，直接分销的类型表现出广泛的多样化，并且不断有新的形式出现。

（一）直复分销

直复分销是企业通过非人员的媒体，即依靠邮件、电话、互联网及其他科技媒体完成商品转移的分销方式。从经营角度看，直复分销无须开设店铺，可减少开设店铺所需的租金及装修费用；不与顾客直接见面，可减少人员服务费用；不受地点条件限制，顾客群广泛分散，甚至可以跨境直销。直复分销的类型主要包括直接邮购、电话销售、媒体分销和新媒体营销等。

1. 直接邮购

直接邮购是一种历史悠久的无店铺销售方式，早在 20 世纪初期就出现了许多商品目录邮购。直接邮购业务的成功在很大程度上依赖于公司管理销售订单和顾客名单的能力、谨慎控制存货的能力、提供优质产品及树立一个鲜明的以顾客利益为重的形象的能力。首先，企业经由名单的搜集与整理，筛选出符合条件的消费群体；然后利用商品目录、快讯商品广告（Direct mail，DM）、传单等媒体，主动将信息传达给顾客，并通过视觉与沟通信息的刺激，激发消费者的购买欲，促使其发生购买行为，完成交易。由于直接邮购以平面媒体为主要沟通渠道，因此，商品必须能在印刷媒体上表现出说服力与吸引力，方便顾客充分了解商品特性，并使其感到放心，从而刺激消费者的需求与购买欲望。

在美国，平均每个家庭一年至少会收到 50 份邮购目录。邮购目录是通过大型的普通商品零售商寄出的，如西尔斯、正大万客隆等，这些公司经营的商品品种齐全。专业百货商店也寄送商品目录，其目的在于为高价商品开拓中高档市场，如"情侣手表"、高档珠宝首饰和精美食品。一些大公司也已收购或设立了邮购部。施乐公司提供儿童读物；雅芳公司销售妇女服饰；航空公司销售行李箱。小康之家等许多中小企业则经营邮购业务，尤其是在专用品市场，如消费电子商品、妇女和家庭用品等市场。这些目录经营商领先开发富有吸引力的商品组合，用彩色照片介绍商品。除订货方式外，他们还提供小时制的免费电话号码，接受信用卡付款以及提供送货服务。

直接邮购的优点是它能使企业更有效地瞄准目标市场。尽管该方法的每千人接触成本较采用大众媒体要高，但成交转化率也较高。事实证明，直接邮购在推销书籍、杂志和保险方面十分有效，并且越来越多地被用来销售新奇商品、礼服、服饰、精美食品和工业商品。

2. 电话销售

电话销售是利用电话进行销售商品的一种销售方式。它利用企业档案库内已登录的目标消费群，对特定对象进行促销活动、市场调查、顾客服务等，是一种重视对个别顾客服务的双向沟通渠道。电话销售可分为两种类型：一种是专门提供"接听"（inbound）服务，通过电话专线接受顾客的订货、咨询。沟通热线的电话费用由公司负担。经由这种专线服务，公司不但可以与顾客建立起更亲密的关系，也可以产生一定的销售效果。另一种则是主动出击，以"外拨电话"（outbound）的方式与顾客接触，循序渐进地推销商品，而不是采取强迫式的高压手法推销商品。

电话销售已经成为一种主要的直接销售工具。20 世纪 60 年代末期，随电话服务的问世，电话销售逐渐被广泛应用。营销者可以向现有顾客或潜在顾客提供免费的电话号码，以便使顾客在受到印刷广告或电台广告、直接邮件或商品目录广告的刺激后，通过电话订购有关商品或服务，或者通过电话提出投诉或建议。营销者可以使用电话直接向顾客和公司推销，找出消息线索，联络距离较远的顾客，或者为现有的顾客服务。

此外，电话销售能提高公司的推销效率，节约开支。例如，兰翎自行车公司使用电话销售，减少了人员销售时所必需的与经销商接触的费用。第一年，推销员的差旅费减少了 50%，而一个季度的销售额上升了 34%。

3. 媒体分销

媒体分销指的是通过电视、广播、报纸、杂志等大众媒体，将商品的销售信息传递出去，并引导顾客利用上门或打电话等方式订购，以完成买卖双方的交易程序。

在各种媒体的直复分销中，电视正在成为一个日益重要的方式。企业可通过无线电视网或闭路电视将商品直接推销给顾客。这里有两种方式。一种是通过直复广告。直复营销者购买电视广告时间，通常为 60～120 秒，这样可以更有说服力地介绍商品。顾客可以拨打免费电话订购商品。在推销杂志、书报、小型家用电器、唱片磁带以及其他许多商品方面，直复广告非常有效。另一种就是家庭购物频道，即通过某个电视节目或整个频道推销商品或服务。如美国的家庭购物网（Home Shopping Network，HSN），该频道每天 24 小时播出，商品类别涉及珠宝、台灯、玩具、服饰、电动工具、电子消费品等。节目通常提供一个较低的价格，顾客通常可通过 HSN 低价买到需要的商品。观众可以拨打"热线电话"订货。在另一端，则有 400 位接线员在管理 1 200 条以上的电话线，并将订货要求直接输入计算机终端。所订的货物一般可以在 48 小时内送到。

通过广播进行直复分销时，生产企业常常会占用调幅（Amplitude Modulation，AM）和调频（Frequency Modulation，FM）广播电台的一些时段，由主持人以现场推销的方式，鼓励听众通过拨打电话订购。由于媒体分销依赖媒体传递销售信息，希望能借此吸引所设定的目标市场，清楚地传递商品信息。因此，对媒体的选择与销售过程的安排就显得格外重要。同时，如何在所选定的媒体上充分展现商品的特色与吸引力，以刺激顾客的购买意愿，也是相当重要的问题。

4. 新媒体营销

新媒体营销就是利用最新通信媒体，如互联网、互动电视等，将商品信息传递给顾客，再由顾客以单向或双向的信息传递，完成订购程序。

互联网是一个覆盖全球的计算机网络。毋庸置疑，互联网有着巨大的市场，而且由于互联网的开发费用相当低廉，许多公司正着手开展网络营销。目前已取得成功的领域主要是线上订购，随着有线电视、计算机、互联网的普及，这一直销形式得到迅速发展。顾客可通过计算机进入生产企业在互联网上的主页查看其商品信息，然后可发送电子邮件或拨打电话购买特定规格的商品。戴尔公司通过这种网络直销方式，销售量迅速超过康柏，成为美国第一大计算机供应商。企业也可通过网络向当地或全国各地的零售商订购商品，向当地各家银行办理存取款业务，预订飞机票、旅馆房间和租用车辆等。

互动电视营销，也称视频信息系统，是一种通过电缆或电话线连接顾客电视机和销售者计算机信息库的双向装置。视频信息系统提供各个生产企业、零售商、银行、旅行社以及其他组织所提供的商品目录。顾客使用普通电视机和电视机顶盒，通过双向电缆连接视频信息系统的专门装置，便可订购商品。

（二）自动售货

自动售货是指利用自动售货机，投入特定的交易媒介（如硬币），而完成商品或服务的销售。自动售货机一般被安置在商店、机场和其他公共场所内，用于销售饮料、休闲食品等商品。

另外，一些企业开发和设置一些其他形式的自动售货设备，如一家鞋业公司在它的几个分店里都设有这类机器：顾客可以向机器说明他想要的鞋的式样、颜色和尺码，然后机器会按照顾客的要求在屏幕上显示鞋子的图片。

（三）人员直销

人员直销是直销人员通过面对面的方式，将商品直接销售给顾客的方法。其特点是当面交易。人员直销可分为单层直销与多层次直销。

单层直销是指直销人员（业务员）直属于公司，由公司招募、训练与控制，直销人员彼此之间并无连带关系，营业额及佣金完全依据个人业绩确定。具体又可分为上门推销、办公室推销、家庭销售会等类型。

多层次直销，是指每位想销售公司商品的人，必须通过另一位直销人员的引荐（并成为其下手），方得与公司接触。直销人员与公司之间无雇佣关系，且每月佣金除了来自个人业绩外，也有部分来自经由自己介绍进公司的下手直销人员的业绩。在我国，多层次直销的应用具有明显的不足，一些不良商人运用这种方式非法敛财，形成非法传销模式，其明显特征是：传销的商品价格严重背离商品本身的实际价值，一些传销商品根本没有任何使用价值，服务项目纯属虚构；参加人员所获得的收益并非来源于销售商品或服务等所得的合理利润，而是他人加入传销组织时所缴纳的费用。因此，虽然在发达国家这种模式比较常见，但我国的现行法律是严格禁止的。

第三章 渠道结构

（四）店铺直销

为了方便顾客购买商品，生产企业在某些城市租赁店铺或自建门店，从事商品展示、销售、服务以及技术支持等活动。对于那些顾客购买与咨询服务相对频繁、顾客愿意到门店购买的商品来说，店铺直销能够达到更加理想的销售效果。按照门店的功能与性质，店铺直销可分为以下几种。

1. 品牌专卖店

这是指消费品生产企业在各个销售区域设立专门店，经营自己的一条产品线或某个品牌的产品。产品线所含的品种较多，如苹果公司在各地开设的专卖店等。这些专卖店往往采用连锁经营方式以提高效率，为顾客提供完善的服务，如苹果公司在各地开设的手机专卖店同时提供咨询维修服务。

2. 销售分支机构

在消费者市场上，一些生产企业设立的门店本身就是企业销售分支机构，如出版社开办的书店等。一些生产企业为提高销售业绩，甚至在顾客相当密集的居民区或者街道设立门店。一些产业用品生产企业则在目标市场设立销售办事处，为当地产业用户直接提供商品。销售分支机构本身不具备独立的法人地位，它是生产企业相对独立的销售组织。

3. 销售专柜

对于一些利润高、品牌知名度大、周转快的消费品，如金银、珠宝、照相器材、玩具等，生产企业通过开设销售专柜，以低于零售商的价格吸引大量顾客。例如，周大福金银珠宝专柜、美能达摄影器材专柜都属于这种形式。

4. 临时展示中心

这是指在没有特定销售场所的情况下，临时租用百货公司、办公大楼或居民活动中心等场所的一角展示商品，并在现场进行销售活动。为了招徕顾客，也可运用 DM、海报、传单、赠品等方式，吸引顾客到场参观，以增加卖场的热闹气氛与成交机会。目前在国内，家电、计算机以及化妆品、食品、保健品等经常采用这种方式销售，如我们常在百货公司看到各种商品发布会和商品展销会。此外，在街头摆摊销售一些家庭日用品、饰品或其他杂项物品也是常见的销售方式。临时展示中心通常作为辅助销售工具，目的在于增加销售的灵活性，扩大销售的网点，以便与顾客有更多、更广泛的接触。

三、直接分销的法律规制

（一）外国对直接分销的法律规制

各国为了规范直销市场的秩序和打击"老鼠会"等非法活动，均进行了立法。美国是直销的发源地，虽然没有专门的直销立法，但是联邦贸易委员会法规和各州直销法律对直销进行了规范。美国联邦贸易委员会法规要求全国直销公司都必须遵守相关规定，如出示身份证明法规规定直销商在进入消费者家门之前必须出示身份证明，《冷静法》规定消费者对于 25 美元以上的直销交易在 3 天内享有退货并收回全额货款的权利。美国直销方面的法律在各国直销立法中具有典型性。欧洲国家一般也都有直销立法，但大多数没有直销法律条文，散见于其他法律中。例如，奥地利的《消费者权益保护法》对直销进行了规定，德国在《反限制竞争法》中对直销进行了规制，英国则在《公平贸易法》中设有直销法规条文。在亚洲，韩国、日本、马来西亚等国家对直销进行了专门立法。值得一提的是，韩国的《直销法》可以说是目前世界上最系统的直销法，该法共设 6 章，包括总则、直销、通信销售、多层次传销、补充、处罚，总计 50

条。此外，世界直销联盟（World Federation of Direct Selling Associations，WFDSA）制定了《世界直销商德约法》来约束每个会员。美国直销协会也制定了《美国直销协会商德约法》，以作为其会员公司的自律规范。另外，欧洲直销联盟也正准备制定《欧洲直销商德约法》，用来规范欧洲内部会员的直销行为。

从各国直销立法来看，对直销的法律规范包括反金字塔法、冷静期法规和有关上门求售的法律。具体内容如下。

1. 反金字塔法

"金字塔"是各国对非法多层次直销的通称，反金字塔法是各国直销法中的一个重要部分。各国将金字塔公司的特征概括如下。第一，直销商加入时要投入很高的入会费；第二，公司不是根据销售额给予直销商奖励，而是根据发展下线给予奖励；第三，硬性规定直销商要购买大批量的商品；第四，对直销商退货予以限制；第五，夸大收入，骗人入伙。

各国对金字塔行为的限制主要体现在以下方面。第一，禁止买卖金钱的金字塔行为。马来西亚《直销法》禁止直销的商品包括"股票、债券、货币"等有价证券商品，日本把这种"卖钱"金字塔活动称为"无限连锁链"，并严厉惩罚该行为。韩国《直销法》也禁止从事金钱经营或打着经营商品和服务的幌子从事金钱经营的多层次传销，对于违法者处以 5 年以下有期徒刑或 1 亿韩元以下罚款。第二，限制直销商的存货负担，即金字塔公司往往对直销商品强加一个较大的商品购买额，以此获取非法的快速资金积累。各国通过直接限制和间接限制来控制存货负担，前者禁止金字塔公司故意把不合理数量的商品卖给参与者，后者即允许直销商退货，如加拿大的法律规定，如果直销公司不允许直销商退货，"则由法院确定罚款额，或判处 5 年以下有期徒刑，或两者并罚"。第三，禁止上线通过发展下线获取佣金。如韩国《直销法》规定，对直销商发展下线支付奖金者，"判处 5 年以下有期徒刑或 1 亿韩元以下罚款"。马来西亚《直销法》对于上线通过发展下线获取佣金，通过禁止该公司成立或者重罚加以打击。该法第七条规定："①下述申请人不批准直销执照：在该申请人的直销经营计划中，不是根据产品和服务的销售数量赚取利润，而是通过引诱下线加入来获取利润；②已获取直销执照者，若发现有①中所述行为，不论直接或间接实行，都将视为犯罪，并处以 25 万林吉特以下罚款，再犯者处以 50 万林吉特以下罚款。"第四，各国限制传销的入会费。美国联邦贸易委员会规定传销公司对新加入直销商的入会费，在加入后的 6 个月内，不能超过 500 美元。英国规定，新加入者支付的入会费，在 7 天之内超过 75 英镑即为非法。第五，禁止夸张宣传。一些金字塔公司为了拉拢直销商，夸大本公司直销商收入和产品质量。禁止夸张宣传是为了保证直销商获得真实的经营信息。加拿大直销法规规定：直销公司或直销商在对外做宣传时，对其直销网中直销商的收入描述要公正、合理、适中；对于有夸张直销收入的，由法院确定罚款或判处 5 年以下有期徒刑或并罚。

2. 冷静期法规

冷静期法规是非常重要的直销法规，世界上存在直销的国家基本上都有冷静期法规。冷静期，也称"冷却期"，就是在这段时间内，消费者可以撤销消费品交易，无理由退货。制定冷静期法规的直接目的是保护消费者利益，可以说它间接地防止了高压销售，即直销商强迫、哄骗、引诱、纠缠消费者购物。直销公司通常不会通过电视、报刊、广播等方式宣传商品，而通过广大直销商的游说兜售为产品做宣传。直销商中的不良分子为了提高销售业绩，常对商品进行虚假宣传，引诱消费者购买。所以，规定冷静期可以保障消费者退货的权利。各国对冷静期限的规定不同，美国是 3 天，欧洲国家一般是 7 天，马来西亚是 10 天。韩国《直销法》对冷静期的规定最为详细，它的冷静期分为两种情况。一是（单层次）直销退货，期限是 10 天：其一，自合同签订之日起 30 天之内；其二，自送货日期之日起 10 天之内，前提是送货日期晚于合同签订日期。二是多层次直销退货，期限是 20 天：其一，自合同签订之日起 20 天之内；其二，自送货日期之日起 20 天之内，前提是送货日期晚于合同签订日期。另外，韩国相关法规还规定，当消费者手中的购物合同单上没有销售者地址，或者销售者的地址发生变更时，冷静期为自获得销售者地址之日起 10 天（20 天）之内。韩国对阻碍退货的处罚也很严格，根据韩国《直销法》第 45 条，如果直销商妨碍消费者退货，他将被判处 5 年以下徒刑或 1 亿韩元以下罚款。

3. 有关上门求售的法律

几乎所有的直销都采用上门求售的方式，即到消费者家中或消费者办公室上门推销，或在其他地方兜售。在美国直销总额中，上门求售的销售额占了 70% 左右。20 世纪 70 年代，访问直销方式在美国受到了挑战，美国许多州制定法律，严禁直销商未经邀请就敲消费者家门推销商品，因为未经邀请就敲门可能使消费者讨厌。该法律保护了消费者的利益。后来一些直销商通过给消费者寄信、打电话、发推销单等方式加以代替。在这种情况下，一些州把该法律加以变通修改，形成了《邮政服务改革方案》，规定在向消费者邮发征求信件后，未获邀请者，不能为推销目的进入消费者家门。欧洲国家对访问销售往往是用退货方式加以限制。例如，英国相关法规规定：未经消费者邀请就到消费者家中和办公室访问销售，其销售价格超过 35 英镑者，7 天之内消费者可以退货。韩国《直销法》对访问销售的限制主要有两点，一是递交身份通知，二是禁止高压销售。递交的身份通知要包括公司名称、地址、电话，直销商姓名、身份证、地址、电话，产品的种类、付款的时间和方式、送货时间、产品价格等内容。如果是多层次直销商，还包括直销商在多层次直销组织中的层位等。如果不向消费者递交通知，或提供假通知，直销商则被判 1 000 万韩元以下罚款，多层次直销商则被判处 3 年以下徒刑或 5 000 万韩元以下罚款。

（二）我国对直接分销的法律规定

我国有关部门很早就对非法传销进行了管理。1994 年，原国家工商行政管理局发布了《关于制止多层次传销活动中违法行为的通知》，首次禁止非法传销；1997 年，原国家工商行政管理局颁发了《传销管理办法》，首次对传销进行了比较全面的规定；1998 年，国务院发布了《关于禁止传销经营活动的通知》，一概禁止传销活动；1998 年国务院颁布了《关于外商投资传销企业转变销售方式有关问题的通知》，规定"外商投资传销企业必须转为店铺经营"，促使部分传销企业转型经营；2002 年，原国家工商行政管理局发布《关于〈关于外商投资传销企业转变销售方式有关问题的通知〉执行中有关问题的规定》，对转型企业雇佣推销人员的方式、报酬、合同订立等方面进行了明确的规定，再次强调店铺经营。

2005 年 8 月 23 日，国务院颁布了《直销管理条例》（2017 年修订），同时公布的还有《直销员业务培训管理办法》和《禁止传销条例》。制定并公布这些法律法规，一是为了履行"入世"的承诺，根据"入世"承诺，我国应当在 2004 年年底取消对外资在无固定地点的批发或零售服务领域设立商业存在的限制；二是为了正确引导和规范我国直销发展。上述法规的内容可以归纳为以下几个方面。

（1）一如既往地严厉打击传销。条例规定，直销企业支付给直销员的报酬只能按照直销员本人直接向消费者销售产品的收入计算，并对提取报酬的比例做了严格的限制。这就从计酬制度上对直销和传销做了区分。

（2）直销企业及其分支机构设立的条件。投资者具有良好的商业信誉，在提出申请前连续 5 年没有重大违法经营记录，外国投资者还应有 3 年以上在中国境外从事直销活动的经验；实缴注册资本不低于人民币 8 000 万元；在指定银行足额缴纳了保证金；建立信息报备和披露制度。

（3）退货制度。直销员和消费者在购买直销产品后30天内，产品未开封的，有权凭直销企业开具的发票或凭证办理退货。

第四节　间接渠道

间接渠道是指通过中间环节将商品销售给消费者的渠道。根据中间环节的数目，间接渠道又可以分为一级渠道、二级渠道、三级渠道甚至更多层渠道模式。

一、一级渠道

对于生产企业来说，一级渠道决策的重要内容之一是选择零售商。

（一）零售商在渠道中的地位

通过零售商进行分销，是生产企业普遍采取的销售方式。零售商在企业分销活动中，起着不可替代的作用。近年来，有些生产企业抛弃零售商自建直销渠道，由于种种原因遭遇失败，又纷纷回归到一级渠道上来。

零售商在渠道中的重要地位主要表现在以下几个方面。

（1）节约交易费用。在一般情况下，一级渠道比直接渠道更能通过减少交易次数来减少费用。

（2）商品展示和促销的场所。零售商由于能够与消费者零距离接触，所以能借助场地进行形象、生动的商品展示，还可以进行各种现场操作和演示，以激发消费者的购买欲望。

（3）信息沟通的场所。由于零售商直接面对消费者，零售的过程也是一个市场调查的过程。通过零售店，零售商可以直观地了解消费者对商品质量、价格、功能、服务等的意见和建议，并借助这一平台进行有效的沟通。

（4）抢占终端。企业在激烈的市场竞争中得出一条重要结论：要增加商品的销售量，必须控制市场终端，方便消费者选择和购买。为此，可口可乐、百事可乐等一大批外资企业率先展开了抢占终端的竞争，从产品陈列、商品结构、商品库存、POP设置、柜台布置以及终端维护等方面下大力气。国内企业也逐渐认识到这一点，科龙、华帝、健力宝、TCL等公司全力跟进，演出一幕幕"终端戏"。

抢占终端有两条途径：自建或合作。前者是企业投资建立直接渠道，后者是构建间接渠道。对于大部分消费品生产企业和部分生产资料生产企业来讲，自建终端网络需要投入大量的人力、财力和物力，当生产企业的人财物不足时，为了保证商品的市场覆盖面，建立一级渠道便成了唯一选择。

（二）选择零售商的标准

生产企业在为商品选择零售商时，常处在两种极端情况之间：一种极端情况是生产企业可以毫不费力地找到零售商并使之加入分销系统，如一些知名畅销品牌很容易吸引零售商；另一种极端情况是生产企业必须通过种种努力才能使零售商加入渠道系统中来。但不管是哪一种情况，选择零售商必须考虑以下条件。

（1）市场范围。市场范围是选择零售商的关键因素。选择零售商首先要考虑零售商的经营范围与商品目标市场是否一致，这是最根本的条件。

（2）商品政策。零售商承销的商品种类及其组合情况是零售商商品政策的具体体现。一要看零售商的商品线；二要看其各种经销商品的组合关系，是竞争商品还是非竞争商品。

（3）地理区位优势。区位优势即位置优势。最理想的零售商区位应该是顾客流量较大的地点，同时要考虑其所处位置是否有利于商品的储存与运输。

（4）商品知识。许多零售商被名牌商品的生产企业选中，往往是因为它们对销售某种商品有专业的经验和知识，能很快地打开销路。

（5）预期合作程度。零售商如与生产企业合作良好，会积极主动地推销企业的商品，这对生产企业和零售商都很重要。有些零售商希望生产企业能参与促销，生产企业应根据具体情况确定与零售商合作的具体方式。

（6）财务状况及管理水平。零售商能否按时结算货款，对生产企业业务正常有序开展极为重要，而这一点取决于零售商的财务状况及企业管理的规范、高效程度。

（7）促销政策和技术。推销方式及促销技术的运用，将直接影响生产企业的销售规模和销售速度。在促销方面，有些商品使用广告促销较合适，有些商品则适合人员销售；有些商品需要一定的库存，有些则应快速运输。选择零售商时应该考虑零售商是否愿意承担一定的促销费用以及是否有必要的物质、技术基础和相应的人才。

（8）综合服务能力。现代商业经营服务项目甚多，选择零售商要考察其综合服务能力如何，如售后服务、技术指导、财务援助、仓储等。合适的零售商所提供的服务项目与能力应与企业商品销售要求相匹配。

（三）选择零售商的方法

对零售商的合理选择是一个复杂的综合评估过程，可采用的方法越来越多，包括一些量化考核的方法。

（1）评分法。评分法是对拟选择作为合作伙伴的每个零售商，用打分方法针对特定评价指标加以评价。由于各个零售商之间存在分销方面的差异，因而每个项目的得分会有所区别。根据不同指标对渠道功能建立的重要程度的差异，可以分别赋予一定的权重，然后计算每个零售商的总分，择优选用。

（2）销售量分析法。销售量分析法是通过实地考察有关零售商的顾客流量和销售情况，并分析它们近年来的销售水平及其变化趋势，在此基础上，对有关零售商实际能够承担的分销能力（尤其是可能达到的销售量水平）进行估计和评价，然后选择最佳"候选人"。由于涉及多个"候选人"，因此需要对每个零售商的销售趋势进行分析，据此估算可能达到的总销售量。

（3）销售费用分析法。利用零售商进行商品分销是有成本的，主要包括市场开拓费用、给零售商让利促销、由于货款延迟支付而带来的收益损失、合同谈判和监督履约的费用。这些费用被称为销售费用或流通费用，它会减少生产企业的净收益，降低间接渠道的价值。销售费用的多少主要取决于被选择的合作伙伴的各方面情况，因此销售费用可以被看作衡量"候选人"优劣程度的一种指标。

（4）盈亏平衡分析法。通常情况下，生产企业应当综合考虑每个零售商候选人的销售量、价格（销售额）和成本三大因素，这三大因素将决定企业盈利能力。销售量、价格和成本都对利润有影响。每个零售商在促进商品销售方面都具有一定的潜力，商品销售量可以看作一个自变量。随着销售量的变化，零售商的销售价格、销售费用也可能有所变化（它们一般属于因变量）。于是，在不同的销售量水平下，各个候选人给企业带来的相对盈利能力是变动的。

盒马鲜生是国内首家新零售商超，创立于2015年，首店在2016年1月开设，被视为阿里巴巴新零售样本。2017年，盒马推出自有品牌"日日鲜"系列，商品"只售一日"，"日日鲜"绿叶菜300～350g一包，猪肉350～450g一包。2018年率先试水"××会员计划"，盒马××会员卡囊括了盒马鲜生、盒马××会员店等盒马多个业态服务，权益包括免费领菜、专享价、专享券等组合。2021年5月，盒马宣布旗下鲜花品牌升级为"盒马花园"，形成线上线下一体化的"身边花市"。2021年9月8日，盒马宣布全面升级旗下酒水业务，在北京、上海、深圳、杭州等10个城市开出首批10家"盒马××18酒窖"，在全国近300家门店陆续完成改造升级。

二、多层渠道

多层渠道是指通过批发商和零售商等多个环节将商品销售给消费者的渠道模式。对于生产企业来说，多层渠道在选择零售商的同时，还要选择批发商。

（一）批发商在渠道中的作用

生产企业通常希望将商品直接销售给消费者，消费者也同样期望能直接从生产企业那里买到自己需要的商品。但是在现实生活中，大多数商品要通过中间商转手，才能最终到达消费者手中。原因是生产环节和消费环节之间客观上存在两大差异。第一，生产环节与消费环节之间在商品数量上的差异，即生产企业生产的商品总量和消费者消费的商品总量并不相等。同时，在结构上，单个生产企业生产的商品数量与单个消费者消费的商品数量并不是一一对应的关系。第二，生产环节与消费环节之间在商品花色、品种和级别上有差异，这一差异同样表现在总体与结构两个方面。所有这些差异必须由中间商加以调节。

在由中间商组成的渠道中，批发商一方面连接着供应商——生产企业，另一方面连接着消费者——零售商等，所以批发商在商品流通中可能发挥的作用可以从两个方面来考察。

（1）对于零售商的作用。批发商的存在，能够为零售商带来以下利益。重组货物——尽可能以最低的费用为零售商提供他们所需要的商品数量和种类。预测需求——预测零售商的需求以便有针对性地进行采购。存货——保有一定的库存，为零售商减少库存压力。送货——以较低成本为零售商提供快捷的送货服务。提供信用——为零售商提供信用，也可以说是为他们提供营运资本。提供信息和建议——为零售商提供相关商品的价格和技术方面的信息，以及关于怎样陈列和出售商品的建议。提供部分采购功能——为潜在的零售商供货。获得和转移商品的所有权——在没有其他中间商参与的情况下去完成一项销售活动，这有助于加速商品所有权转移过程。

（2）对生产企业的作用。提供部分的销售功能——批发商主动去寻找货源，而不是一味等待生产企业的销售代表上门兜售。存货——减少生产企业大量的库存压力，从而降低生产企业的仓储费用。供给资本——批发商通过购买生产企业的商品，并且直到它们卖出之前一直使它们处于存货状态，从而降低了生产企业对营运资本的需求。降低信用风险——批发商根据销售协议销售商品，并且承担由于顾客拒绝支付货款而引起的损失。提供市场信息——作为一个比生产企业更靠近市场的购买者和销售者，批发商有更广阔的信息面，通过及时提供市场信息，能减少生产企业开展市场调查的次数。

（二）批发商的功能

（1）批购与批销。批发商的功能是在适当的时间和地点为零售商提供其所需的适当品类和数量的商品。批购与批销也就是批发商根据零售商的需要，从生产企业那里大批量采购商品，然后以小批量转卖给零售商，批发商发挥批购与批销功能主要是从商品数量上消除生产企业与零售商之间存在的差异。大批量与小批量的转换，以及化整为零、化零为整的操作都体现了批发商批购与批销功能的要求。

（2）分销装配。批发商从生产企业那里采购到的是各种花色、品种、规格、品牌的商品，而零售商所需要的也是形色各异的商品。批发商发挥了分销装配的功能，在生产企业与零售商之间建立了沟通的桥梁，协调了生产企业与零售商之间在商品种类和等级上的差别，使生产企业不同种类和等级的商品随着不同的市场需求分流到不同的流通渠道，如此零售商在商品种类和等级上的不同需求也能得到相应的满足。批发商从生产企业那里大批量采购商品后，要对所有商品加以分类、分等、包装，然后以小批量将商品转卖给零售商，以满足不同零售商在商品种类和等级上的不同需求，从而实现分销装配功能。

（3）储运服务。虽然批购与批销、分销装配功能都受到时间与空间的影响，但是批发商能消除生产企业与零售商在时间和空间上的差异。这种消除生产企业与零售商在时间和空间上差异的功能体现在批发商的储运服务方面。储运服务即批发商储备商品，并把商品从产地运往销售地，以调节各个季节（或不同时间）、各个地区的供求关系。

（4）信息咨询。市场主体要想获得理性表现，就必须掌握充分的信息，因为不对称的信息通常会导致不对称的市场行为，最终会形成不协调的市场关系。批发商作为生产企业与零售商之间的桥梁，可以发挥信息咨询的功能。一方面，批发商向生产企业提供关于最终消费者或其他用户需要哪些商品的市场信息，向生产企业建议应生产哪些商品、生产多少商品，以及如何改进商品包装等；另一方面，批发商还向中小零售商提供关于商品、竞争者价格、消费者偏好等的市场信息。

（5）财务融通。批发商的财务融通功能就是批发商向生产企业、零售商直接或间接提供财务支援或帮助的功能。在商品流通比较发达的现代商业活动中，零售商从批发商手中进货时，通常不必立即付款，只开出一定时期（如2个月、3个月等）的期票，批发商通常采用赊购这种商业信用方式，向中小零售商直接提供财务支持。同时，这也许是许多中小零售商愿意从批发商进货，而不直接从生产企业那里进货的重要原因。批发商的存货控制使零售商不必承担库存压力，这是批发商为零售商提供财务融通的间接方式。

批发商除了采用预购这种商业信用方式直接给某些生产企业以财务支持外，还可以通过以下途径间接地给生产企业以财务支持。其一，由于批发商向中小零售商赊销，向中小零售商提供商业信用，生产企业无须再向中小零售商赊购，因此生产企业就可以节省这方面的费用。其二，由于批发商向生产企业大批量采购货物，生产企业就可以迅速得到资金，这些资金又可以直接参加周转。只有资金的周转加快，使生产企业的资金流量在原始投入一定的情况下才能有增大的可能。其三，由于批发商储备商品，生产企业可以减少待销商品的库存，因此可以降低仓储费用。其四，由于批发商的桥梁作用，生产企业通过批发商推销商品，可以节省人力、物力、财力，减少推销费用，增加盈利。

（6）承担风险。批发商由于拥有商品所有权而承担了若干风险，其中包括由于偷窃、损坏和过期作废等所造成的损失。批发商分担了这种因时空的局限而造成的市场风险，缓解了渠道其他成员的压力，从而保证了渠道的安全与畅通。另外，一些市场意识较强、发展比较完善的批发商还主动提供推销职能，筹划促销活动，帮助生产企业以较低的成本进行市场推广；帮助零售商改进其经营活动，如培训推销员，帮助商店进行内部布置和商品陈列以及帮助建立会计制度和存货控制系统。批发商通过这些功能的充分发挥，逐渐建立起自己的交易关系网，提高自身在渠道中的地位，进而强化自身的竞争力。

（三）多层渠道的评价和选择

对多层渠道进行评价和选择时，一般要经过以下程序。

（1）是否利用批发商的分析决策。这一程序主要是将自建直接渠道获取的收益与成本与利用批发商获取的收益与成本进行对比，然后再结合企业战略与战术方法进行决策。

（2）寻找批发商。如果生产企业确定采取多层渠道模式，接下来就要寻找合适的批发商，这时就要收集批发商名单。寻找批发商一般采取广告征集和名录征集两种方式。前者能迅速吸引有兴趣的批发商，但费用较高；后者经济性较强，但针对性较差。

（3）对筛选的批发商进行评估。

第五节　渠道结构的演变趋势

一、渠道结构扁平化

渠道结构扁平化是指通过缩减渠道中增值低的环节，以降低渠道成本，实现生产企业与最终消费者的近距离接触，实现企业利润最大化目标，并有效地回避渠道风险，从而实现企业经营的良性发展。生产企业—总经销商—二级批发商—三级批发商—零售店—消费者，这种渠道层级是传统销售渠道中的经典模式。传统的销售渠道呈金字塔形，因其广大的辐射能力，为生产企业占领市场发挥了巨大的作用。但是，在供过于求、竞争激烈的市场营销环境下，传统的渠道存在许多不可克服的缺点。面对这些问题与挑战，许多企业正在尝试将销售渠道改为扁平化的结构，即销售渠道越来越短、同一层次上的销售网点则越来越多。销售渠道短，增强了生产企业对渠道的控制力；销售网点多，则增大了产品的市场覆盖面，提高了产品销售量。如一些企业由多层次的批发环节变为单层批发，即生产企业—经销商—零售商；一些企业则在大城市设置销售公司和配送中心，直接向零售商供货。

渠道结构扁平化是渠道发展的趋势，但生产企业渠道结构扁平化的目标方向不是唯一的、固定的，而是多向的、可变的，不同企业的具体发展策略是由渠道结构扁平化的目标所确定的。对于特定企业而言，其扁平化的轨迹和模式多种多样，但从当前渠道扁平化发展的趋势来看，其发展方向将包括以下几点：传统渠道层级的压缩；商场与专卖渠道的加入；直销渠道，尤其是网络渠道的迅速发展。

二、渠道成员国际化

在世界经济一体化进程中，各国之间经济的融合程度日益加深，国内市场与国际市场的联系越来越紧密。当今的企业不再只是面对国内市场的需求刺激，而是要进入全球市场，满足全球顾客的需求和承受全球市场竞争的压力。企业要想在未来的市场竞争中占据优势，只有主动适应市场变革，走国际化营销的道路，进行国际分销体系的建设。

20 世纪 50 年代初，美国与欧洲地区国家的销售方式存在天壤之别，但如今的情况则大不相同，超级市场、连锁商店和直复营销等形式在工业发达的国家和地区普遍存在并不断发展。一些巨型零售企业正在将自己的销售网扩大到世界各地，如西尔斯在墨西哥、西班牙和日本等设立了自己的零售网络；马狮集团在欧洲市场零售网络中也久负盛名。这种零售商业的国际化发展，进一步增强了生产企业开拓国际市场的能力。生产的国际化更加依赖于渠道网络的国际化，因此各种全球化的垂直渠道网络应运而生。

三、渠道体系一体化

买方市场格局的出现，使生产—分配—交换—消费中各个环节的相对重要性发生了历史性的变化，生产企业更加依赖批发商和零售商提供的有限市场，于是纵向一体化的形式出现了。为了应对日益复杂的环境，许多生产企业、批发商和零售商组成统一的系统，以降低交易费用、开发新技术确保供应和满足需求。市场竞争表现为整个渠道系统之间的竞争。尤其是随着新技术的广泛应用，当线下渠道各个环节的数据壁垒被打通，线上线下渠道或许实现融合，生产企业也将实现全渠道营销一体化和全渠道供应链一体化。供应链一体化后，线上订单可以实现门店自提，门店也可以销售线上的商品。零售终端还可以直接与生产企业合作，零售订单由生产企业直接发货，降低库存成本和损耗。

20 世纪 90 年代后期，企业大多在销售通路的顶端通过对总经销商的管理来开展销售工作。当市场进入相对饱和的状态时，这种市场运作方式的弊端就表现得越来越明显。企业把商品交给经销商，由经销商一级一级地分销下去，由于网络不健全、通路不畅、终端市场铺开率不高、渗透深度不足等原因，经销商无法将商品分销至生产企业所希望的目标市场，导致消费者在通过电视广告广泛接触商品信息后难以在零售店购买到相关商品。针对这一弊病，一些成功企业开始以终端市场建设为中心来运作市场。生产企业一方面通过对代理商、经销商、零售商等各环节的服务与监控，使得自身的商品能够及时、准确而迅速地通过各渠道环节到达零售终端，使消费者能方便地购买商品；另一方面在终端市场上进行各种各样的促销活动，以激发消费者的购买欲望。

四、渠道内容数字化

在网络经济时代，越来越多的企业开始关注如何利用互联网提供更多的顾客价值，将网络与传统的产业成功地结合在一起。随着网络时代的到来，网络营销的出现对传统的分销模式、分销理念形成了巨大的冲击，使得分销商不得不尽快调整思路以适应新的市场变化。从发展势头上看，网络终端将成为分销商的有力工具。分销商可以借助原有的渠道，继续巩固自身承上启下的地位。承上，可以迎合供应商实行网上交易的需要；启下，可以更好地发展二级供应商和经销商，建立广泛的扁平化渠道。如果分销商能够把网络系统和企业内部的信息系统结合起来，即可使销售管理完全实现电子化。

传统的渠道关系使每一个渠道成员都成为一个独立的经营实体，以追求个体利益最大化为目标，甚至不惜牺牲渠道和生产企业的整体利益。而在伙伴式销售渠道中，生产企业与经销商一体化经营，实现生产企业对渠道的集团控制，使分散的经销商形成一个整合体系，渠道成员则为销售目标共同努力，追求双赢或多赢。

基本概念

渠道长度　渠道宽度　渠道广度　直接渠道　间接渠道　反金字塔法　冷静期

思考题

1. 影响渠道长度、宽度、广度决策的因素有哪些？
2. 直接渠道有哪些类型？
3. 直销和传销的区别有哪些？
4. 渠道结构的未来发展趋势是怎样的？

案例分析

这样的公司是在进行直销吗？

从 20 世纪 90 年代初期开始，国内就出现了一些直销机构。许多直销机构不属于制造型企业，而是专业的销售公司。公司通过"入会"方式发展直销人员。这些直销人员首先要缴纳一笔会员费，获得"会员"或直销人员资格，然后可以通过两种方式获得公司的报酬：一是自己掏钱购买公司的产品，推销给其他消费者，由此获得销售佣金；二是介绍其他消费者入会（即发展下线队伍），一旦下线队伍建立起来，他们就晋升为"经理"，可从公司获得"经理"佣金。公司通常要求直销人员填表登记，但事实上两者之间并不存在聘用或代理关系，如公司并不为这些直销人员办理社会保险，也不向他们提供其他内部员工所能获得的各种福利待遇。这些公司的收入来源也分为两个部分：一部分是商品销售收入；另一部分则是发展会员的会员费。

问题：

1. 上述公司从事的是直销还是传销？依据是什么？
2. 我国对直接分销的法律规定有哪些？

第四章 渠道设计

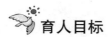 学习目标

渠道是生产企业实现产品销售的通道，渠道设计既是企业营销活动的基础性工作，也是一项非常重要的内容。企业中的销售管理人员必须掌握渠道设计的基本原理和方法，并结合企业具体的实际情况，设计形成具有可操作性的渠道体系。

通过本章的学习，读者可以掌握以下知识。
- 渠道设计的原则与目标；
- 渠道的评估方法；
- 渠道设计的总体流程。

导学视频

能力目标

- 能为具体企业设计渠道体系；
- 能分析和评估具体企业的渠道体系。

知识导图

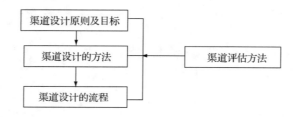

育人目标

融入点	展示形式	目标
（1）渠道设计是企业从事营销活动的基础性工作 （2）渠道设计要遵循以顾客需求为中心 （3）渠道设计要强调以产品销售的稳定性为基础	（1）阐释中联重科、娃哈哈、海尔等优秀企业的渠道设计理念 （2）观看纪录片、视频资料，了解生活必需品保供的必要性	理解在企业的渠道设计过程中必须遵守以顾客需求为基础

第一节　渠道设计的原则及程序

了解和掌握渠道设计的原则及程序是生产企业进行渠道设计的前提与基础工作。

一、渠道设计的原则

（一）顾客导向原则

渠道体系服务于市场交易，顾客是市场交易的主体之一。交易的时间、地点、方式不仅取决于企业的策略，也取决于顾客的需求。在市场经济条件下，交易是基于双方需求满足得以实现的。所以，渠道设计作为企业主动性的活动，坚持以顾客为导向才能实现渠道的任务。要考虑顾客的需求，并对其进行认真分析，建立以顾客为导向的设计思路。通过缜密、细致的市场调查研究，不仅要提供符合顾客需求的产品，同时还必须使渠道满足顾客在购买时间、购买地点以及售前、售中、售后服务方面的需求，从而提高顾客满意度，培养顾客对企业的忠诚度，促进企业产品的销售。做好终端销售工作，满足顾客的需求，有助于提升顾客的信任度与忠诚度。

（二）经济效益原则

营销任务是渠道设计的目标，即通过渠道体系的创建有效地完成生产企业的销售任务，以实现企业的销售收入和利润目标。另外，渠道的创建是需要成本的，包括创建成本、管理成本、运行成本等。渠道设计的第一要义是经济效益原则。如果企业选择了较为合适的渠道模式，便能够提高产品的流通速度，不断降低流通费用，使分销网络的各个阶段、各个环节、各个流程的费用趋于合理化。总之，所设计的渠道方案应该能够降低产品的分销成本，使企业能够在获得竞争优势的同时实现利益最大化。

（三）发挥优势原则

企业在选择渠道时，应注意优先选择那些能够发挥自身优势的渠道模式，将渠道模式设计与企业的产品策略、价格策略、促销策略结合起来，增强企业的竞争能力，维持自身在市场中的优势地位。如今，市场的竞争是整个综合规划网络的整体表现，而不再是过去单纯的渠道、价格、促销或产品的比拼。企业依据自己的特长，选择合适的渠道网络模式，能够实现最佳的经济效益并获得良好的顾客认同。

（四）协调平衡原则

各渠道成员之间的密切协调与合作对渠道的顺利畅通、高效运行起着至关重要的作用。然而，渠道成员间常常会产生一些利益或决策方面的分歧、冲突与摩擦，不可避免地存在竞争，企业在渠道设计时，应充分考虑这些不良因素，在鼓励渠道成员间进行有益竞争的同时，创造一个良好的合作氛围，以加深各成员之间的理解与沟通，从而确保渠道的高效运行。渠道的协调与合作更多地反映在合理的利益分配基础上。无论是何种类型的渠道模式，都会存在各渠道成员间的利益分配或各个成员工作绩效的评估及资源在各个部门间的分配等问题。因此，企业应制定一套合理的利益分配制度，根据各渠道成员所承担的职能、投入的资源与精力，以及取得的绩效，对渠道所取得的利益进行公平、合理的分配，从而避免因利益分配不均而引起渠道冲突。渠道设计主体应对渠道成员之间的合作、冲突、竞争的关系有一定的协调控制能力，以有效地引导渠道成员充分合作，鼓励渠道成员之间的有益竞争，确保总体目标的实现。

（五）稳定可控原则

渠道是企业营销活动的重要组成部分，直接关系到企业的产品销售状况，控制了渠道就等于控制了市场的交易体系，为销售活动奠定了基础。渠道是企业其他营销活动的承载体，也是实现企业目标的重要途径。渠道确定之后，企业需要花费人力、物力、财力去建立和巩固，不可轻易改变，应具有一定的稳定性。只有保持渠道的相对稳定，才能进一步提高渠道的效益。畅通有序、覆盖适度是渠道稳固的基础。由于影响渠道的各个因素总是在不断变化，固有的渠道难免会出现某些问题。这时，就需要对渠道进行有针对性的调整，以适应市场的新情况、新变化，保持渠道的创新性。调整时，应综合考虑各个因素的协调一致，使渠道始终在可控制的范围内保持稳定状态。

（六）适度覆盖原则

随着市场环境的变化及整体市场的不断细分，传统的分销模式及原有渠道已不能满足企业对市场份额及覆盖范围的要求，而且消费者的购物偏好也在变化，他们要求购买方式更便捷、商品的性价比更高，或更有选择余地。在这种情况下，企业应深入考察目标市场的变化，及时把握原有渠道的覆盖能力，并审时度势，对渠道结构进行相应调整，勇于尝试新渠道，不断提高市场占有率。企业在选择渠道方案时，只一味强调降低营销成本是不够的，这样可能导致市场覆盖率不足、市场潜力挖掘不充分。当然，在渠道选择中，也应避免扩张过度、分布范围过广，从而导致沟通和服务的困难、市场管理的失控。

（七）精耕细作原则

市场覆盖只有与"精耕细作"相结合，其价值才能体现出来。因此，企业要抛弃"粗放经营"观念，对渠道各个环节进行精耕细作，准确地划分目标市场区域，对渠道中所有销售网点定人、定域、定点、定线、定时、定任务，实行细致化、个性化服务，全面监控市场。

（八）畅通高效原则

任何正确的渠道决策都应符合物畅其流、经济高效的要求。产品的流通时间、流通速度、流通费用是衡量分销效率的重要标志。畅通的渠道应以消费者需求为导向，将产品尽快、尽早地通过尽可能短的路线，以尽可能优惠的价格送达消费者方便购买的地点。畅通、高效的渠道模式，不仅应使消费者在适当的地点、时间以合理的价格买到满意的商品，而且应努力提高企业的分销效率，不断降低分销费用，使企业以尽可能低的分销成本，获得最大的经济效益，赢得竞争的时间和价格优势。

（九）利益兼顾原则

渠道是一个综合体，渠道成员不仅包括生产企业，还包括经销商、代理商等中间商。在市场经济条件下，尽管渠道的源头掌握在生产企业手中，但是竞争化的市场环境逐步剥夺了生产企业的主要控制权。所以，渠道的体系创建必须兼顾渠道所有成员的整体利益。

二、渠道设计的程序

渠道设计的程序通常包括消费者需求分析、分销目标确定、渠道方案设计、渠道方案评估与选择 4 个环节。

（一）消费者需求分析

企业在进行渠道设计时，必须以确定的营销目标为基础，而这个目标的确定必须以满足消费者的需求为前提。

在买方市场条件下，企业的一切营销活动必须以消费者需求为核心，否则会在激烈的市场竞争中被淘汰。以消费者为核心，不仅要在营销活动前期进行消费者研究和目标市场选择，更重要的是在产品设计、价格确定、渠道选择和促销策划活动中满足消费者的需求。如果说产品是满足消费者的效用需求，价格是满足消费者的价值需求，促销是满足消费者的信息需求，那么渠道则是满足消费者购买时的便利需求即服务需求。这是建立渠道的核心目标，因此研究服务需求的具体内容及其趋势有着非常重要的意义。

（二）分销目标确定

分销目标是渠道设计者对企业渠道功能的预期，体现了渠道设计者的战略意图。无论是制定全新的分销目标，还是修改现有的分销目标，非常重要的一点是检验分销目标是否与企业其他营销组合（产品、价格和促销）的战略目标相一致，以及是否与企业的策略和整体目标相一致。

渠道是所有参与者有机结合而成的一个经济共同体，目的是获取各自所需的盈利和投资收益，分销目标可以从销售额、市场份额、营利性、投资收益等方面进行衡量。如果从渠道运作的角度来探讨可以归纳为 3 个目标：市场覆盖率、渠道控制性和可变性。

（三）渠道方案设计

在确定分销目标之后，渠道计划的设计者在开发备选的渠道结构时，要考虑渠道级数、各等级的密度及各等级的渠道成员类型等因素。渠道的设计者可以通过这些方面确定可供选择的渠道结构。

（四）渠道方案评估与选择

企业所选择的渠道方案，在长度、宽度、广度和系统各方面都要有利于分销目标的实现。最终选择一条或几条合适的渠道方案远比列出备选方案更复杂、更困难，因此企业要对备选渠道方案进行评估。假定企业已确定了渠道的几个备选方案，从中选取一个最能实现本企业长期目标的渠道方案，则需要对每一个备选方案的经济性、可控性和适应性等方面进行评估。

理论上，渠道的设计者希望能够选择最佳的渠道结构。选出最佳渠道要求渠道设计者必须考虑所有渠道结构，并且根据某些标准，计算出每种渠道结构的确切收益，然后选择能够提供最大利润的渠道结构。但是，设计者对渠道结构的了解有一定局限性。即使管理设计者能够明确地说明所有可能的渠道结构，计算所有渠道结构的确切利润的方法也是不存在的，因为影响渠道因素的参数繁多，并且这些参数是不断变化的。这些因素决定了选择最佳渠道结构是不现实的。

第二节　渠道设计的需求分析

需求分析是渠道设计的关键内容。企业要从需求的识别入手，结合企业的营销战略，以消费者的需求为核心来构建渠道体系。

一、渠道设计的需求识别

渠道设计通常包含 2 种：一种是设计全新的渠道结构；另一种是对已有的渠道结构进行优化调整。

设计全新的渠道结构的时机主要有以下几个：①刚刚建立一个新企业；②合并或购并产生一个新企业；③企业进军一个全新的市场，如某企业需要开辟海外市场时。

需要对现有渠道结构进行优化调整的情况大体分为以下 2 种。

第一种情况是由于企业内部的因素需要调整。例如，企业的战略发生转变时；开发新的产品或产品生产线时，如果现有渠道对新产品不适合，就需要设计新的渠道或补充现有渠道结构；将已有产品投放到新定位的目标市场时，对营销组合进行调整，如因企业强调低价格策略，需要把产品转移到平价超市；根据企业渠道管理中的检查与评估结果，发现需要改进渠道设计。

第二种情况是由于企业外部的原因而需要调整，大概包括以下几种。①适应分销商的改变。如果分销商开始强调自己的品牌，那么生产企业就可以寻找其他更能积极推介产品的新分销商。在这种情况下，要注意区分渠道结构再设计和渠道成员再选择的差异。如果调整只涉及某些同类性质的渠道成员的更换，这仅仅是渠道成员的再选择问题；而一旦涉及渠道等级、渠道成员类型的改变，就属于渠道再设计问题。②遇到渠道方面的冲突或面临渠道中其他问题的挑战。在某些情况下，矛盾冲突可能很激烈，以至于企业必须改变渠道模式来解决问题；若生产企业失去了中间商的支持，就需要设计一个全新的渠道；与中间商沟通困难可能使市场营销者考虑重新设计渠道。③流通经营业态的发展。流通经营业态的发展迫使企业考虑选择更有效的分销商类型。例如，随着城市中大卖场的蓬勃发展，百货零售业态相对萎缩，某些商品如食品、日用消费品，必须重新寻找中间商，这时企业必须考虑调整渠道结构。④因面临大环境的改变而做出渠道结构调整。环境的改变可能是有关经济、社会文化、竞争格局、技术进步或法律规定等方面的改变。

二、渠道设计的消费者需求分析

渠道的设计始于消费者。渠道可以被认为是一个消费者价值的传递系统。在这个系统中，每一个渠道成员都要为消费者增加价值。一家企业的成功不仅依赖于其自身行动，而且依赖于它的整个渠道与其他企业的渠道进行竞争的状况。例如，将福特汽车公司与消费者连接起来的送货系统中就包括几千家经销商。如果竞争者拥有更优越的经销商网络，即便福特汽车公司制造出了更好的汽车，它也有可能失去竞争优势。因此，生产企业应该设计一种一体化的渠道，这一渠道能够将附加在产品上的高价值传递给消费者。进行消费者需求分析是设计渠道的第一步。市场营销人员必须确定目标消费者需要的服务水平。一般来说，目标消费者的需求有以下 5 个方面。

（一）采购数量

采购数量是渠道在购买过程中提供给消费者的单位数量。例如，对于日常生活用品，小工商户喜欢到仓储商店批量购买，而普通消费者偏爱到大型超级市场购买。因此，采购数量的差异，要求企业设计不同的渠道。渠道销售商品数量的起点越低，表明它所提供的服务水平越高。

（二）等待时间

等待时间即消费者等待收到货物的平均时间。消费者一般倾向于选择快速交货渠道，快速服务要求较高的服务产出水平。例如，普通邮件比航空邮件慢，航空邮件又比特快专递邮件慢。消费者倾向于选择反应迅速的渠道，因此企业必须提高服务水平。渠道交货越迅速，则收入回报的水平越高。

（三）空间便利

空间便利是渠道为消费者购买产品所提供的方便性。通常情况下，消费者更愿意近距离完成购买行为。显然，消费者购物出行距离长短与渠道网点的密度相关。密度越大，消费者购物的出行距离就越短；反之则越长。

（四）产品种类

丰富的产品种类会使商品满足消费者需要的机会增加。渠道提供的产品种类越多，表明其服务水平越高。

（五）服务支持

服务支持是渠道提供的附加服务（信贷、交货、安装、修理）。服务支持也在一定程度上代表渠道的服务水平。消费者对不同的产品有不同的售后服务要求，不同的渠道有不同的售后服务水平。渠道设计者必须了解目标消费者需要的服务支持。提供更多、更好的服务意味着渠道开支的增大和消费者所支付价格的上升。例如，一家分销商，若在零售技巧、产品陈列等方面投入较多，则使产品的出厂价和零售价差距很大。折扣商店的流行表明，许多消费者更愿意接受较低水平的服务所带来的低价格。但仍有许多企业坚持提供高水平服务，以赢得消费者信任。

第三节　确定目标

从生产企业的角度出发，渠道设计的目标是实现企业的分销目标。分销目标的设立或者调整的原则是与其他营销目标相一致。衡量整体目标的指标主要有市场占有率、产品销售额、利润率等，衡量区域目标的指标主要有市场拓展区域范围等，衡量体系目标的指标主要有经销商数量、零售商网点规模等。此外，目标可以分为年度目标、季度目标、月度目标等。分销目标与企业其他经营目标制定的原则是一致的，必须具有具体性、可实现性、激励性等。

一、具体性

明确而具体的目标，才会督促人们采取明确、具体的行动。明确的目标不仅代表结果明确，它还意味着目标制定过程逻辑清晰、思路得当。具体的目标是指数字化的目标，它反映了目标的科学性和严谨程度，便于在操作中进行均衡把握。因此，分销目标要尽可能定量化，如市场占有率达到多少，产品销售额达到多少。

二、可实现性

制定目标要结合企业渠道面临的实际情况。当企业设定分销目标时，必须考虑这个目标是否切实可行。符合实际且可实现的分销目标有助于企业达成，反之，如果分销目标与现实条件差距太大，则可能沦为空想。所以，确立分销目标时认清现实情况是非常重要的。

三、激励性

分销目标的制定是为了更好地激励渠道成员完成任务，因此目标需要具有激励性，以激发渠道成员的积极性和创造力。首先要设立有挑战性的目标。设定具有一定挑战性的目标，可以激发渠道成员的斗志和动力。目标应当具有可实现性，但也需要具有一些挑战性。如果把目标设在原有的舒适圈内，那就无所谓挑战，也不存在给自己的压力。没有压力，就不会有动力。挑战可以刺激渠道成员付出更多的努力和时间，以达成目标。当然，为了帮助激励性目标的实现，可以对渠道成员制定奖励和惩罚制度，以激励他们更加积极地追求目标。奖励可以是物质奖励，如奖金、提成、礼品等，也可以是非物质奖励，如认可、表扬、晋升等。同时，对未达成目标的渠道成员给予一定的惩罚，可以是经济上的处罚，也可以是其他形式的警告或处罚。

第四节　渠道方案的评估与选择

企业确定渠道目标后，需要设计渠道方案来实现这些目标，主要包括以下内容。

一、设计渠道结构

企业在设计渠道结构时要根据企业实际情况和所处的具体环境，从渠道的长度、宽度和模式等多方面进行分析、研究和决策。

（一）确定渠道的长度

渠道的长度是生产企业渠道结构设计的第一项内容。从理论上来看，生产企业可以根据对市场、产品、企业以及中间商的综合分析，制定出不同长度的渠道方案。但是在实践过程中，生产企业往往只能够确定一级渠道成员的类型，或是批发商，或是零售商，或是消费者。当生产企业选择批发商作为一级渠道成员类型时，渠道长度到底能够形成多少层级，既取决于批发商的决策，也会受生产企业与批发商的合作模式的影响。

（二）确定渠道的宽度

渠道的宽度是生产企业渠道结构设计的第二项内容。尽管根据市场、产品、企业一级中间商的综合情况，生产企业对渠道的宽度有独家、密集性、选择性 3 种类型可选择，但是从实践来看，在渠道长度的不同层级所形成的渠道宽度类型是不同的，如一级渠道成员可以是独家、密集性、选择性 3 种类型中的一种，二级渠道成员也可以是独家、密集性、选择性 3 种类型中的一种。当然，在确定渠道的宽度时，渠道成员的类型影响是比较大的。例如，若渠道成员类型是批发商，则独家、选择性渠道宽度类型是可行的，密集性渠道宽度是不行的；若渠道成员类型是零售商，则独家、密集性、选择性渠道宽度类型都是可行的。

（三）确定渠道的模式

渠道的模式是生产企业渠道结构设计的第三项内容，是渠道结构能否得以运行的关键。渠道模式的确定主要取决于生产企业主导单品的价格定位、企业在此区域市场的资源投入以及经销商的实力与配合度。具体选择哪种渠道模式，生产企业需要根据实际情况和市场环境进行综合考虑。在确定渠道模式时，生产企业需要考虑产品的特性、消费者需求、竞争状况等因素，并制定相应的销售策略和渠道管理策略。同时，企业还需要考虑与经销商或直销人员的合作方式、利益分配、风险承担等因素，以建立稳定的合作关系和良好的销售业绩。

二、界定渠道成员

（一）渠道领袖

渠道领袖是指在一条渠道中发挥领导作用的企业或组织。渠道领袖可以是生产企业，也可以是中间商。微软、沃尔玛、通用等实力很强的企业往往扮演着渠道领袖的角色。渠道领袖的职责通常包括制定标准、寻找渠道成员、制定渠道运作规划、负责解释渠道运作规则、为渠道成员分配任务、监控渠道成员以及优化渠道体系。

（二）渠道追随者

渠道追随者是渠道的核心成员，具有以下特点：参与渠道决策，是渠道政策的主要实施者、渠道领袖的忠诚追随者和助手、渠道资源的主要受益者、渠道体系的坚决维护者。渠道追随者往往是与渠道领袖一同创业的伙伴，对企业的发展、壮大可能立下了汗马功劳。但是，作为既有渠道规则的主要受益者，它们通常不希望渠道体系发生剧烈变化，因此它们可能会是渠道创新的最大障碍。

（三）力争上游者

力争上游者也是渠道的主要成员，但与渠道追随者相比，处于核心层之外。因此，成为核心渠道成员是它们追求的目标之一。在渠道运作中，力争上游者具有如下特点：能严格遵守渠道政策与规则；不易获得渠道的主要资源；与渠道领袖的谈判能力较弱。力争上游者往往希望通过自己的努力和为渠道多做贡献来获得渠道领袖的青睐，因此，渠道决策层应将渠道优惠政策尽可能向它们倾斜。力争上游者经常会为渠道提供合理化建议，是渠道中的创新者。

（四）拾遗补阙者

拾遗补阙者分布于主流渠道之外，主要特点如下：数量众多，无权参与渠道决策，缺乏参与热情，经销小批量商品，承担边缘市场分销任务，谈判能力最弱，能够遵守渠道规则。

（五）投机者

投机者并非渠道固定成员，徘徊于渠道边缘，其特点如下：以获取短期利益为行动准则，有利则进，无利则退；缺乏对渠道的忠诚，是否遵守渠道规则视收益情况而定。对于此类成员，生产企业须提高警惕，防范其在遇到特殊情况时损害渠道的利益。

（六）挑战者

挑战者是渠道的最大威胁者，它们往往试图通过发展全新的渠道运作模式来代替现有模式。在消费者看来，挑战者是受欢迎的，但既得利益集团会企图阻止挑战者的创新行为。如果挑战者的"破坏"行为成功，可能会激发一场全新的革命，使整个渠道发生翻天覆地的变化。

三、明确渠道成员职责

不同渠道成员在渠道体系中承担着不同的任务，生产企业必须根据渠道成员的特点以及功能定位明确其在渠道体系中的职责，渠道成员的职责可以根据其角色和所处位置的不同而有所差异，以下是一些常见的渠道成员职责。

（1）调研、拓展并维护与各合作渠道的关系并带入新咨询或合作项目。

（2）根据市场及工作具体需要进行市场推广活动的策划并制定活动方案。

（3）在指定区域范围内，获取顾客信息，推广品牌，负责地推活动咨询量及渠道咨询量的创造。

（4）负责市场推广所需的资料以及礼品等制度及采购，并做好市场推广的活动预算，控制活动成本。

（5）负责线上推广渠道的开发、筛选和洽谈。

（6）及时有效地向客户推广产品，获取订单，提高活跃客户数及订单金额，做好售点铺货、陈列及现场管理，并与客户保持良好沟通。

（7）及时跟进管理库存情况，并督促其送货时间及服务质量。

（8）准确并有效执行公司各项市场销售活动，确保所有政策落实到每一个终端销售点。

四、评估渠道方案

生产企业一般会确定几种备选渠道方案，并从中选取一个最能实现企业长期目标的渠道方案。这需要从经济性、可控性和适应性3个方面来评估。

（一）经济性评估

企业生产经营的动机在于追求经济利益的最大化，因此，对不同的渠道方案进行评价时，首先应该进行经济性评估。

第一步，考虑企业直接销售与利用代理商销售两种方案可以产生的销售量。有人认为企业的销售队伍可以产生更多的销售量，也有人认为利用代理商可以增加销售量。实际上，两种情况都是存在的，因为不同情况有着不同的条件与背景。

第二步，评估不同渠道在不同销售量下的分销成本。一般来说，当分销量较小时，利用企业销售队伍进行分销的成本高于利用中间商的成本。随着销售量的增加，企业的销售队伍成本的增加率要低于中间商成本的增加率。当销售量增加到一定限度时，利用中间商的成本就会高于利用企业销售队伍的成本。

第三步，比较不同渠道下的成本与销售量。在直接渠道与间接渠道下，不同的销售量存在不同的销售成本，而渠道是相对固定的，所以企业应该首先预测产品的销售潜力，然后根据销售潜力的大小确定直接渠道与间接渠道的成本。在预期销售量确定的情况下，选择成本最小的渠道。

（二）可控性评估

产品的分销过程是企业营销过程的延续，由生产企业建立的渠道，如果生产企业不能主导和控制其运行，则无法保证渠道中的商业活动顺畅、有效地进行。因此，评估渠道方案，还要兼顾对渠道控制能力的评估。一般来说，采用中间商可控性小些，企业直接销售可控性大；渠道越长，控制难度越大。企业必须进行全面比较、权衡，选择最优方案。

若中间商是一家独立的商业企业，如果它只关心如何使本企业的利润最大化，则利用中间商会产生更多的控制问题。中间商可能会把精力集中在那些从产品组合角度（而不是从对特定的生产企业的产品角度）来说最重要的顾客身上。另外，中间商的销售人员可能没有掌握有关企业产品的技术细节，或者不能够有效地运用企业的促销材料。

对渠道的适度控制，是确立企业竞争优势的重要武器。在市场环境迅速变化和竞争日趋激烈的情况下，很多企业的生存发展情况在很大程度上取决于其渠道的协调与效率，以及能否更好地满足最终顾客的需求。可以说，如果企业不能对渠道进行有效的管理和控制，就无法有效地保护现有的市场和开拓新市场，也无法获得比竞争对手更低的成本，无法获得创造具有经营特色的竞争优势的条件。

（三）适应性评估

企业是否具有适应环境变化的能力，与其建立的渠道是否具有弹性密切相关。但是，每个渠道方案都会因企业某些固定期间的承诺而失去弹性。例如，某一企业决定利用中间商推销产品时可能要签订为期 5 年的合同。在这段时间内，即使采用其他销售方式更有效，企业也不得任意取消中间商。因此，企业在选择和设计渠道时必须考虑渠道的环境适应性问题。

企业与渠道成员常常有较为长期的合作关系，并通过一定的形式固定下来。这种长期的约定会使渠道失去调整与改变的灵活性。实现稳定性与灵活性的统一，是企业要考虑的适应性标准。从趋势上看，由于产品市场变化迅速，企业需要寻求适应性更强的渠道，以适应不断变化的市场职能。

五、选择渠道方案的方法

在对渠道方案进行评估后，生产企业需要根据企业的自身情况，选择适合的渠道方案。选择适合的渠道方案的方法有财务法、经验法、平行系统法。

（一）财务法

财务法包括财务评估法和交易成本分析法 2 种。

（1）财务评估法（Financial Approach）是兰伯特在 20 世纪 60 年代提出的一种方法。他指出，财务因素才是决定选择何种渠道的最重要的因素。财务评估法包括比较使用不同的渠道所要求的资本成本，计算出资本收益来决定最大利润的渠道。该方法明确了财务因素在渠道设计中的重要性，对渠道投资与渠道收益的测算符合经济性原则。但是，该方法难以实际操作，因为完全理想的财务预算方法并不存在。

（2）交易成本分析法（Transaction Cost Analysis，TCA）最早由威廉姆森提出。该方法的重点在于企业要完成其渠道任务所需的交易成本。交易成本分析法的经济基础是：成本最低的渠道就是最适当的渠道。此方法的关键是分析渠道对交易成本的影响。在 TCA 中，威廉姆森将传统的经济分析与行为科学概念以及由组织行为产生的结果综合起来，考虑渠道的选择问题。因此，交易成本分析法的焦点在于确定企业要完成其分销任务而耗费的必需的交易成本。交易成本主要是指分销活动产生的成本，如获取信息、进行谈判、监测经营以及其他有关的操作任务的成本。

为了达成交易，企业需要有特定的交易资产。这些资产是实现分销任务所必需的，包括有形资产与无形资产。无形资产，是指为销售某个产品而需要的专门知识和销售技巧；而销售网点的有形展示物品、设备则是有形的特定资产。如果需要的特定资产很高，那么企业就应该倾向于选择垂直一体化的渠道。如果特定交易成本较低（或许这些资产有许多其他用途），企业则无须将它们分配给独立的渠道成员。如果这些独立的渠道成员提出的条件过于苛刻，那么企业可以非常容易地将这些资产分配给其他渠道成员。

交易成本分析法是一种新颖的渠道选择方法，但是在实用性上存在局限。

① 只涉及总体渠道中的两个相对立的部分；

② 过分强调投机行为和谋求私利；

③ 资产特定性难以界定；

④ 只考虑了一种因素。

（二）经验法

经验法是指企业依靠管理方面的判断和经验来选择渠道结构的方法，主要包括权重因素记分法和直接定性判定法。

（1）权重因素记分法。由科特勒提出的权重因素记分法是一种更精确地选择渠道的直接定性方法。这种方法使企业在选择渠道的过程中更加结构化和定量化。其基本步骤如下：①列出影响渠道选择的相关因素；②将每项因素的重要性用百分数表示；③对每个渠道选择依各项因素按 1～100 的分数打分；④通过将权重（A）与因素分数（B）相乘得出每个渠道的总权重因素分数（总分）；⑤将备选的渠道方案总分排序，获得最高分的渠道方案即为最佳选择。

（2）直接定性判定法。此方法即管理人员根据个人的经验对渠道方案直接做出选择。在进行渠道方案选择的实践中，这种方法是最粗糙但同时也是最常用的。使用这种方法时，管理人员根据他们认为比较重要的因素对相关变量进行评估。这些因素包括短期与长期的成本及利润、渠道控制问题、长期增长潜力以及许多其他的因素。有时这些因素并没有被明确界定，它们的相关重要性也没有被清楚地界定。然而，从管理层的角度看，最重要的因素决定着方案的选择。

经验法也使企业能将非财务标准与渠道选择相结合。非财务标准，如对特定渠道的控制程度及渠道的信誉等，可能是非常重要的因素。

（三）平行系统法

平行系统法是由阿斯平沃尔在 20 世纪 50 年代末提出的，该方法主要强调产品特性在渠道设计过程中的重要性。产品特性主要包括：更新率，即消费者购买和使用频率；毛利，投入成本和销售价格的差额；调整，即配套服务；消费期，即产品生命周期；搜寻期，即对零售店间的平均间隔距离与所费时间的计量。根据上述 5 大特性，可以将产品分为红色产品、橙色产品和黄色产品。根据一般规律，红色产品适合长渠道，橙色产品适合长渠道与短渠道之间，黄色产品适合短渠道。

平行系统法对于渠道设计者的主要价值在于，它提供了一系列描述产品特性与渠道关系的捷径，以便渠道设计者可以更好地处理各项重要的产品因素。问题在于，过分强调了产品特性对渠道选择的决定性，对其他因素考虑不足。在实际应用中，获取相关信息方面所存在的问题往往导致对产品特性的判断不够准确。

 **基本概念**

财务评估法　交易成本分析法　权重因素记分法　直接定性判定法

思考题

1. 渠道设计应遵循哪些原则？
2. 渠道设计的程序是什么？
3. 如何分配渠道成员的职责？
4. 如何进行渠道方案的评估与选择？

案例分析

龙牌酱油的渠道设计

有着 270 多年传统酿造历史的龙牌酱油具有深厚的历史底蕴，自 1915 年荣获"巴拿马万国博览会"奖后名声退迩，享誉华夏。然而，在历经了多年的传承与发展后，龙牌酱油也面临转型困境，在传统产业转型升级的浪潮中经历了一次又一次的改革、创新。2002 年 7 月，民营企业承债式整体收购龙牌酱油，开启民营运作历程。2015 年，龙牌酱油面临负债率高、连续亏损、盈利能力弱的经营困境，被湖南省轻工盐业收购，并新建了龙牌酱油生产基地，总投资 2.7 亿元。该基地占地面积为 132.8 亩，酱油产能 5 万吨，食醋产能 1 万吨，其他复合调味品产能 2 万吨。2019 年 5 月，龙牌酱油再次股权重组，引入民营资本方长沙五十七度湘餐饮管理有限公司注资。2013 年，销售额约为 1.7 亿元；2014 年，销售额下滑到至 1.2 亿元；2015—2018 年，年销售额保持为 1 亿元左右，连续多年销售额呈递减态势。而与此对应的是，人工成本不断上升，银行紧缩信贷，企业面临严重的资金瓶颈，已经到了举步维艰的地步。

一、调味品行业传统渠道结构分布

餐饮渠道、家庭渠道、工业渠道，销量额占比分别为 40%、30%、30%。家庭作为购买主体，在零售终端中又可以细分为现代流通渠道与传统流通渠道，商超/KA 的零售总额在家庭零售渠道的占比已由 2004 年的 39% 提升至 2018 年的 67%。目前，国内调味品企业基本处于渠道织网的阶段，而海天已率先进入渠道管理优化的阶段。海天已建成 200 多家 KA 专业经销商、2 100 多家经销商和 12 000 多家分销商/联盟商的全国化营销网络，地级市和县级市覆盖率分别达到 90% 和 50% 以上。

二、调味品电商新渠道

越来越多的调味品牌开始加码线上渠道，希望通过新的消费场景，来触达更多的消费者。京东成为中国调味品协会线上唯一合作平台，助力调味品类 3 年销售 100 亿元。京东超市入驻的调味品品牌已超过 1 000 家，并以年复合增长率超过 3 位数的速度高速增长，超过 20 个品牌年交易额逾 2 000 万元，其中千禾、中盐、饭爷销售额同比增长达到 3~6 倍。总体来看，目前调味品线上（电商）销售额仅占全部销售额的 1.5%，相对于粮油、饮料等快消品类而言，调味品的单价低、购买频次低、平均购买量小且属于捎带购买产品。虽然业内有许多品牌通过开设网上旗舰店或自建电商平台进行网络营销，但受制于包装、物流等因素，实际销售效果不温不火。

三、龙牌渠道优化思考

1. 现状：主要采取经销模式。销售团队 50 多人，30 多个销售员。主要采取区域制渠道模式，涉及全国 20 多个省份，省内以长沙、湘潭为主，省外以广东为主，在国内有 7 个办事处。

2. 困境：新厂投入，产量翻倍，面临销售通路困境，销量稳中有降，经销模式缺乏创新，销售队伍能力不足，团队整体素质急需提升。终端困境：龙牌经销商在与超市负责人沟通时缺乏积极性，导致龙牌产品往往错失具有优势的摆放位置、新产品无法及时大规模上架及促销；龙牌产品在产品宣传方式上有待创新，搭配销售方式、产品包装有待改进；龙牌在吸引年轻消费主力的关注度方面做得不够，还未培养出新一代的忠实消费者。

问题：

1. 龙牌酱油渠道是否需要优化调整？
2. 龙牌酱油的渠道优化调整方向是什么？

第五章 渠道模式

学习目标

渠道模式体现了生产企业与分销商之间的合作关系，是渠道体系运行的内在机制，直接影响渠道体系的效果及效率。渠道模式有很多种类型，不同的类型具有不同的优点和缺点。渠道管理者需要掌握渠道模式的特点，才能帮助企业选择合适的渠道模式。

通过本章的学习，读者可以掌握以下知识。
- 传统渠道模式的内容与特点；
- 现代渠道模式的形式及特点；
- 代理、经销、特许经营的相关概念和内涵。

导学视频

能力目标

- 能对企业的渠道模式进行分析与诊断；
- 能根据实际情况合理设计企业的渠道模式。

知识导图

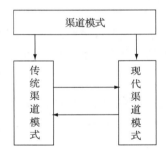

育人目标

融入点	展示形式	目标
（1）渠道模式的核心是生产企业与分销商之间利益分配方案的制定 （2）代理商要在商业利益和道德伦理之间找到均衡点 （3）特许经营是具有法律效力的，必须遵循有关法律规定	（1）阐释格力空调、海澜之家、华为等优秀企业的渠道模式 （2）通过查阅文献资料，了解我国商业特许经营的由来，熟悉《商业特许经营管理条例》	（1）理解现代渠道模式的法律意识、道德法则和伦理认知 （2）理解特许经营的法律效力

第一节　渠道模式类型

任何渠道中都包括若干成员，成员共同努力完成商品的分销过程，这些成员之间的相互关系就构成渠道模式。按渠道成员相互联系的紧密程度，渠道模式可以分为传统渠道模式、现代渠道模式和新型渠道模式。

一、传统渠道模式

在传统渠道模式中，各成员之间是一种松散的合作关系，以买卖交易为核心，以追求各自利益最大化为目标。在某些情况下，渠道成员之间为追求自身利益最大化而进行激烈竞争，甚至不惜牺牲整个渠道系统的利益，最终使整个渠道效率低下。这种渠道关系表现为松散式、简单式、买卖式。麦克·康门把传统渠道模式描述为："高度松散的网络，其中生产企业、批发商和零售商松散地联系在一起，相互间讨价还价，对于销售条件各持己见、互不相让，所以各自为政、各行其是。"

（一）传统渠道模式的优点

从严格意义上来讲，传统渠道模式不能算作一种稳定的渠道模式，但对于实力较弱的中小企业来说，参与其中有以下好处。

（1）渠道成员有较强的独立性，无须承担太多义务，所有成员都可以凭借实力谋求领导位置。

（2）进退灵活，进入或退出完全由各个成员自主决策，各成员根据局势需要可以自由结盟。

（3）由于缺少强有力的"外援"，激励企业不断创新，增强自身实力。

（4）中小企业由于知名度、财力和销售力的缺乏，在进入市场时可以借助这种模式迅速地成长，拓宽市场范围。

具有一定实力的企业不应满足于传统渠道模式，而应该积极地构筑更稳定、更持久、更可靠的渠道模式，因为传统渠道模式缺乏渠道整体运行目标的引导，难以形成渠道合力。

（二）传统渠道模式的缺点

（1）成员之间为临时交易关系，缺乏长期合作的根基。

（2）成员之间的关系不涉及产权和契约关系，不具有长期性和战略性，无法充分利用渠道积累资源。

（3）最大的危险来自于渠道成员对脆弱的安全保障机制的盲目信任。

（4）渠道安全系数小，缺乏有效的监控机制，渠道的安全性完全依赖于成员的自律。

（5）没有形成明确的分工协作关系，使广告、资金、经验、品牌、人员等渠道资源无法有效共享。

（6）成员缺少投身渠道建设的积极性，渠道成员最关心的是自身利益能否实现及商品的售价和销量，而较少考虑渠道的长远发展问题。

要克服上述缺点，企业运作的关键是要加强控制能力，不断积聚力量，吸引优秀资源。

（三）传统渠道模式的适用范围

比较适合选择传统渠道模式的企业：一是小型企业，小型企业资金实力有限，产品类型与标准处于不稳定状态，不适合采取固定的分销系统形式，因为产品类型更新可能涉及渠道变革。二是小规模生产企业，由于产品种类和数量较少，无法形成一个稳定的渠道模式。因为有实力的分销商不会与一个经营规模相差悬殊的企业形成紧密型关系，而小分销商也常常寻求与大生产企业合作的机会。在商品经济不发达的时期，传统的渠道模式非常流行，生产企业与分销商之间就是利用传统渠道模式。在日常用品等小商品生产领域，也普遍采用传统的渠道模式。

二、现代渠道模式

（一）公司型垂直渠道模式

1. 公司型垂直渠道模式的内涵

公司型垂直渠道模式也称为产权型垂直渠道系统或"刚性"一体化渠道模式。公司型垂直渠道模式是一家公司通过建立自己的销售分公司、办事处或通过实施产供销一体化及横向战略而形成的一种关系模式。公司型垂直渠道模式是生产企业、经销商以产权为纽带，通过企业内部的管理组织及管理制度而建立起来的。

2. 公司型垂直渠道模式的建立方式

企业可以通过以下两种方式来建立公司型垂直渠道模式：①生产企业设立销售分公司、建立分支机构或兼并商业机构，采用工商一体化的战略而形成销售网络；②大型商业企业拥有或统一控制众多制造企业和中小商业企业，形成贸工商一体化的销售网络，如日本的"综合商社"、美国的"西尔斯"都属于这种类型，相对于工商一体化，贸工商一体化则具有更为强大的信息及融资优势。

3. 公司型垂直渠道模式的优点

（1）行动的一体化。在公司型垂直渠道模式下，从生产到销售的各个环节都在总公司的严密控制之下，受总公司统一指挥，公司的经营战略能够很好地被贯彻，减少了渠道变动的成本和风险。

（2）品牌的统一化。有利于树立统一的公司形象。

（3）最大限度地接近消费者。

（4）节省费用。将市场交易成本内部化，减少流通环节，节省成本。

（5）有利于生产企业摆脱大零售商的控制。

4. 公司型垂直渠道模式的缺点

（1）生产企业的控制范围有限。

（2）在销售渠道体系稳定后，创新不够。

（3）零售店缺乏独立性。

（4）渠道管理成本增加。

（5）渠道矛盾增加。

（二）管理型垂直渠道模式

1. 管理型垂直渠道模式的概念

管理型垂直渠道模式是指以某一家规模大、实力强的企业为核心，由处于价值链不同环节的众多企业自愿参与而构成的，在核心企业控制下运作的渠道模式。在管理型垂直渠道模式下，渠道成员之间存在着紧密的联系。渠道领袖对其他渠道成员进行分销计划管理。分销计划是一个专门管理生产企业和分销商共同需求的垂直分销系统计划。

2. 管理型垂直渠道模式的特点

（1）会形成一个核心。管理型垂直渠道模式形成的基础是将规模大、实力强的企业作为系统核心，并由其制定渠道策略、规划、方向。各个渠道成员围绕着这个核心从事各种各样的活动，自然地构成一个相对紧密、团结互助的系统。

（2）渠道成员之间的关系相对稳定。企业在建立渠道模式之后，会尽量保持相对的稳定性。因为每一次渠道的调整与变革都会造成一些损失，甚至造成渠道阻塞。管理型垂直渠道模式是围绕着一个核心企业建立的，核心企业对于每一个渠道来说都有一定的信誉度和盈利能力。渠道成员之间形成了一种互相依存的平衡关系，只要核心企业没有发生巨大的变化，就会保持相对稳定的成员关系。

（3）渠道成员的目标趋于一致。渠道由多个环节组成，整体分销效率的高低不仅取决于每个成员的分销效率，更取决于成员之间的合作效率。在传统的渠道模式中，各个成员都在追求自己利益的最大化，最终导致渠道效率受到影响，使每个成员无法实现利益最大化。管理型垂直渠道模式的效率评价，不是以个别成员和短期收益为标准的，而是以全体成员和长期收益为标准，这样才能最终保证各成员都实现利益最大化。

（4）实现社会资源的有机组合。并不是每一种产品和服务的生产企业都适合自己投资建立分销网络的方式，因为这样做一方面会增加投资风险，另一方面会陷入多元化发展的泥坑；还可能使产品的分销范围变小。如果生产企业能够借助市场上现有的分销网络来分销自己的产品，则可以化解一些分销风险，而渠道各成员也可获得更多的业务。

（5）渠道成员具有相对的独立性。渠道各成员在产权上是相互独立的实体，追求自身的物质利益。

3. 管理型垂直渠道模式的要素

（1）龙头企业。由于各成员之间没有产权关系，因此龙头企业必须具备强大的意愿、市场影响力和管理协调能力，并正确运用自己的影响力。龙头企业可以是生产企业，也可以是中间商企业。

（2）组织体系。由生产、营销、物流、广告、分销等各个环节形成一个高效运行的组织体系。

（3）营销策略。由龙头企业供应商品、统一规定价格、统一促销策略等。

4. 管理型垂直渠道模式的优点

（1）对于核心企业而言，其获得的好处主要有：能极大地提高产品的销售量和盈利能力；避免或减轻了相互间的竞争；生产和分销规模扩大，规模经济效益显著，并且可以持续、稳定、有计划地进行促销活动；便于控制和掌握各种分销机构的销售活动，极大地方便了生产调度和库存管理。

（2）对于渠道成员而言，能及时、充分地获得商品的供给；能更好地安排经营资源；减少库存商品及资金占用；可获得生产企业的质量保证和服务支持；能学习到核心企业的管理经验。

（三）合同型渠道模式

1. 合同型渠道系统的概念

作为"柔性"一体化渠道模式的一种形式，合同型渠道系统又称为契约型渠道关系，是指生产企业与分销商之间通过法律契约来确定它们之间的分销权利与义务关系，形成一个独立的分销系统。它与公司型渠道系统的最大区别是成员之间不形成产权关系，而与管理型渠道系统的最大区别是用契约来规范各方的行为。合同型纵向分销系统的成员也有着不同的目标，存在一些为内在目标服务的正式组织，但其决策的制定是由内在结构顶端做出的，并得到了渠道成员的认可。契约系统中的成员虽然独立运作，但通常会同意承担某一部分的渠道功能。这种渠道具有系统稳定的基础。可见，契约型系统的内部结构比管理型系统更为紧密。

2. 合同型渠道关系的优点

企业通过建立契约型渠道关系的好处有以下几个。第一，系统比较容易建立。对于许多生产企业来说，独立投资组建渠道系统并不是一件容易的事，同时涉及产权关系的兼并、收购，过程相对复杂。契约型垂直渠道系统则是在不改变各方产权关系的基础上实行的一种合作，并用契约这种"胶合剂"使其稳定化，是渠道系统建立的一种快速而有效的方法，组建成本较低。第二，系统资源配置较优化。契约型垂直渠道系统可以实现较优化的资源配置，通过对现有社会资源进行重新配置来实现效益提升，并由渠道成员共享。第三，系统具有灵活性。一个分销系统建立后相对稳定，但是随着生产、消费和渠道本身的变化，必然会引起企业自身分销系统的调整。由于契约型渠道系统不涉及产权关系，具有一定的灵活性，可以及时修改和补充契约的有关条款，以适应不断变化的市场和分销要求。

3. 合同型渠道关系的类型

在长期的商业实践中，涌现出了多种形式的契约型渠道关系，归纳起来有以下几种。

（1）以批发商为核心的自愿连锁。在实践中，许多批发商将独立的零售商组织起来，批发商不仅为其零售商提供各种货物，还在许多方面提供服务，如销售活动的标准化、共同店标、订货、共同采购、库存管理、配送货、融资、培训等。这种分销网络往往集中在日杂用品、五金配件等领域。自愿连锁和一般连锁商店的主要差异在于以下几点。一是独立性不同。自愿连锁是若干个独立的中小零售商为了与连锁商店这种大零售商进行竞争而自愿组成的联营组织，参加联营的各个中小零售商仍然保持自身的独立性和经营特色。而连锁商店则隶属于一个大的零售公司，在经营上要服从总部的指导。二是职能不同。自愿连锁实行联合采购分别销售，即联购分销，执行的是批发职能。而连锁商店的总公司虽设有批发机构，但其本身是零售组织。三是目的不同。自愿连锁通常是由一个或一个以上独立批发商倡办的，通过帮助与其有业务往来的一群独立中小零售商组成自愿连锁，统一进货推销其经营的产品，从而达到与大生产企业、大零售商竞争，维护自身利益的目的。比较著名的由批发商倡办的自愿连锁集团是美国的独立杂货联盟。加拿大轮胎公司也是一个很大的自愿批发商，它向有关的商店提供一系列商品，如汽车部件及附件、五金器具、家用品、小用具以及运动用品等。

（2）零售商合作社。在这一网络中，网络成员通过零售商合作社这一商业实体进行集中采购、共同开拓市场。成员间最重要的合作是集中采购，以便获得较大的价格折扣，所得利润按采购比例分配。相对于以批发商为核心组织起来的销售网络，网络成员间的联系程度较松散，合作事项较少。零售商合作常见于食品销售领域，如美国的托普克协会和卡特公司。托普克协会是由一群全国范围内的超级连锁市场和位于不同市场的杂货批发商共同组成的。其核心功能是在购买、产品开发、品质控制、包装，以及大多数自有品牌食品及非食品产品的促销等方面为它的 25 家会员公司服务。卡特公司则在美国五金器具行业发起成立了最大的零售商合作组织，它也是世界上最大的完全由成员所有的五金器具及相关产品批发商。该公司拥有 15 个销售中心，拥有自身的生产设施、一家财政公司，以及基于现金及运送基础上运作的一家批发子公司。它拥有超过 6 000 家零售商成员，通过合作始终把销售成本保持在较低的水平，并实施全国的广告规划。要想加入该合作组织，零售商必须拥有一家五金器具商店或者提供一个市场上还没有成员加入的投资机会，之后以 100 美元 1 份的价格购买 10 份 A 等选举股票，并接受一年内的最低购买量要求。卡特拥有包括手工工具在内的各种专有标志产品、涂料、铅工业、电路，以及室外发电设备。

从理论上看，由于渠道组织的差别，由批发商倡办的自愿连锁应当比零售商合作社在竞争上更有效率。在前一种形式下，批发商代表系统内权力的位置，从而可以提供强大的领导力量。

而在后一种形式下，权力通过成员来发散，这样就导致任务专门化及资源配置的困难。然而，事实上是有些零售商合作社比批发商倡办的自愿连锁更成功。

三、新型渠道模式

（一）水平渠道模式

1. 水平渠道模式的概念

水平渠道模式，又称共生型营销渠道关系，是指由两个或两个以上成员联合在一起，共同开发新的营销机会，其特点是两家或两家以上的公司横向联合共同形成新的机构，发挥各自的优势，实现分销系统有效、快速地运行，这实际上是一种横向的联合经营。如可口可乐公司和雀巢咖啡公司合作，组建新的公司。雀巢公司以其专门的技术开发新的咖啡及茶饮料，然后交由熟悉饮料市场分销的可口可乐公司去销售。

2. 水平渠道模式的类型

水平渠道模式包括以下 3 种主要形式：生产企业水平渠道模式、中间商水平渠道模式和促销联盟合作渠道模式。

（1）生产企业水平渠道模式。生产企业水平渠道模式是指同一层次的生产企业共同组建和利用渠道，或共同利用服务及维修网、订货程序系统、物流系统、销售人员和场地等。例如，2003 年，由格兰仕牵头，全国 11 家知名家电生产企业加盟，在北京推出了一项联合促销计划——消费者购买联盟内任一企业的任一产品，均可获赠总价值不超过 5 000 元的优惠券，消费者凭优惠券到指定地点购买产品，可享受与优惠券同等面值的折扣。虽然这是"一场短命的联合促销"，却是国内家电生产企业建立生产企业水平渠道模式的一次尝试。

（2）中间商水平渠道模式。中间商水平渠道模式的组织表现形式为：连锁店中的特许连锁和自愿连锁、零售商的合作组织等。

（3）促销联盟合作渠道模式。促销联盟是指产品或业务相关联的多家企业，共同开展促销活动或其他有助于促进销售的活动。主要形式有：共享品牌、共享推销队伍和场所、交叉向对方的顾客销售产品、互相购买产品、共同开展营业推广和公关活动等。促销联盟能使多家企业共享资源，节省渠道成本，提高渠道效率。根据联盟企业提供的产品或服务之间的关联关系，促销联盟又可分为以下 4 种。一是同类产品的促销联盟。例如，由同类产品共同举办的产品展销会、共同做品牌宣传广告等。这类促销联盟可以由企业自行组织，也可以由中介机构、行业协会组织。二是互补产品的促销联盟。计算机与外置设备、相机与胶卷、洗衣机与洗衣粉等都属于互补产品。例如，小天鹅与广州某公司曾建立促销联盟，在高校中组建"小天鹅碧浪洗衣房"。三是替代产品的促销联盟。四是非直接相关产品的促销联盟。即两种产品没有直接关系，但是都有以销售优惠为促销方式的意图，于是两家企业自愿联系在一起，一家企业的产品或服务成为另一家企业提供产品或服务时给予消费者的消费优惠。如可口可乐的新包装产品在做有奖销售时，就以联想计算机为奖品。

水平渠道模式的优点是通过合作实现优势互补和规模效益，节省成本，快速地拓展市场。但水平渠道模式也具有一定的缺陷：合作时有一定冲突和困难。因此，水平渠道模式比较适合于实力相当而营销优势互补的企业。

（二）合作渠道模式

单纯依靠技术占领市场的时代早已过去。在现实经济活动中，小规模企业的资金实力有限，管理水平低下，但在某些技术（产品）方面却具有独特的优势。这些企业如何化技术（产品）

优势为市场优势，摆脱现实困境？大多数企业通常会采用"企业+经销商"的方式运作市场。这种方式适用于有一定实力和具有把握市场能力的企业。但由于受到合作的程度、范围、时间等因素的限制，那些无资金优势、无管理优势、无市场营销优势的"三无"企业，如果完全依赖于经销商，销售动力可能不足，难以拓展市场，于是大多选择"企业+经销商+广告商"的合作模式。

1. "企业+经销商+广告商"合作模式的内涵

（1）企业在某一特定区域（省级市场）选择一个合适的经销商，承担企业产品流向销售终端的分销任务费用。

（2）企业在该特定区域（与经销商相对应）内选择一家合适的广告公司，承担代理企业产品的营销策划、广告宣传和推广促销工作及相应费用。

（3）企业提供产品，并以一定比例的销售收入（回款）向经销商支付返利。广告公司的收入一部分来自经销商，一部分来自企业以销售收入的固定比例支付的返利。

（4）成立产品专营小组。由企业派驻一名营销代表，广告公司派驻部分工作人员，经销商选定部分专门人员共同成立产品专营小组。企业营销代表负责产品推广指导、市场管理、生产企业联络、监督回款等工作；广告公司人员负责营销企划、产品推广等工作；经销商提供办公场所及仓储设施，并由指派的专门人员负责具体的业务洽谈、铺货、促销、回款等实施工作；产品专营小组采取经销商指导下的生产企业代表负责制，由广告公司人员协助。

2. "企业+经销商+广告商"合作模式的特点

企业、经销商、广告公司将其各自的产品优势、网络优势和专业传播优势有机整合，形成"优势互补、风险共担、利益共享"的利益机制和约束机制，成立战略联盟，合作营销，共同开发市场。该模式带有"前向一体化"的性质。

3. 启用"企业+经销商+广告商"合作模式的条件

（1）政策的稳定性和长期性。这是三方合作的基石。合作渠道模式产生的作用和效果是长期的、累积的。短期行为、政策不稳定、合同承诺不能兑现，将挫伤三方合作的积极性。保持政策的稳定性和长期性并不代表一成不变，三方合作可根据市场的发展变化进行适当的调整，使之更趋合理，推动三方合作向前发展。

（2）合作的条件与标准。合格的经销商需符合以下条件：具备合法的营业执照和固定的办公场所及仓储设施；具备项目所需的专营资金；具备经营该产品类别的市场经验；具有使该产品覆盖终端网络的能力；经营者有稳健的经营风格和营销思想。评价经销商的指标有市场覆盖率、销售量、回款率、市场开拓进程等。合格的广告公司需符合以下标准：具备合法的营业手续和广告传播经验；对该市场有比较全面的了解和独特的见解，能够把握行业动态、时态、业态、市场趋势等；具有成功推广该产品类别的经验和个案；在行业内具有一定的实力和声望。

（3）合作的利益机制和约束机制。这是合作的关键点。商场中"没有永恒的朋友，只有永恒的利益"。如何合理地分配利润，如何采取有效的约束措施，如何部署前期投入，如何具体地安排分工与协作，业务范围的界定，以及三方有一方被排除或退出合作的应对措施等都是要关注的方面，都必须在合作协议里加以明确。合作明确后，可采用类似独立公司的形式，进行单独的经营核算；也可采用其他简化形式，以投入定成本，以产出计利润。

（4）产品及价格。在该模式下，企业应该把"产品"和"价格"这两个可控因素控制好。根据不同的市场或同一市场的不同阶段，分别进行科学的配货，保持合理的库存，以减少企业的资金占用。设计合理的价格垂直体系和横向体系，严格控制返利、赠品和各项宣传促销费用的发放，才能避免窜货等扰乱市场、侵害其他经销商利益的行为发生。因为价格体系不合理，费用控制不力是导致窜货的根本原因。窜货、盲目铺货最终可能导致市场通路阻滞、销路不畅。

4. "企业+经销商+广告商"合作模式的利弊

该模式的优点：①有利于企业迅速拓展市场；②有利于降低企业的渠道成本；③有利于减少企业的经营风险。该模式的缺点：①企业的收益受到限制；②经销商、广告商选择困难；③三方合作机制不稳定。

（三）拉动式供应链管理模式

1. 拉动式供应链管理模式的内涵

目前，国际上有两种不同的供应链管理模式：一种称为推动式供应链管理模式；另一种称为拉动式供应链管理模式。推动式供应链管理模式以生产企业为核心，生产企业向供货商购买原材料生产产品，产品生产出来后经分销商逐级推向客户。在这种模式中，分销商和零售商都处于被动接受的地位，各个企业之间集成度较低，通常采取提高安全库存量的方法来应对市场需求的变动。拉动式供应链管理模式，其原动力产生于最终客户，由客户的需求拉动上游的生产行为，进而拉动整条供应链。在这种模式中，供应链的集成度高，信息交换迅速，缓冲库存量低，能够实现对市场的快速反应。

2. 拉动式供应链管理模式的特点

拉动式供应链管理模式以客户为中心，以市场需求为原动力，强调了真正的客户导向，它将客户分为大客户和中小客户，大客户由一个部门专门负责，提供一对一的服务；小客户也由专门的人员全程服务，以满足客户的个性化需求。根据客户的需求，企业从采购服务逐步发展起一系列的增值服务，并扮演简单代理商、增值代理商、贸易供货商等多种角色。

拉动式供应链管理模式的管理思想是企业核心能力要素组合优化的最佳实践。例如，即使自己经营物流业务，但是对于小批量短途运输和物流，企业还是外包给当地专业的短途物流公司。企业只提供高附加值的前后价值链的产品和服务，强调与供应商、生产企业、零售商等能力要素互补，以及价值链的互补。这不仅是供应链和价值链交集思想的体现，还是企业能力要素组合的体现，并且将企业的价值创造与成本交集网络化和系统化，构成综合竞争优势。

3. 拉动式供应链管理模式的利弊

拉动式供应链管理模式主要适用于大中型企业。该模式的优点：①形成以客户需求为中心的体系；②有利于增强产品的核心竞争力；③有利于渠道体系的渗透。该模式的缺点：①渠道成员之间合作的深度化不够；②链条中大企业主导利益的分配；③中小企业进入门槛高并有收益限制。

（四）共享渠道模式

2000 年之后，随着互联网 web2.0 时代的到来，各种网络虚拟社区、BBS、论坛开始出现，用户开始在网络空间向陌生人表达观点、分享信息。但网络社区以匿名为主，社区的分享形式主要局限于信息分享或者用户提供内容（User Generated Content，UGC），并不涉及任何实物的交割。2010 年前后，随着一系列实物共享平台的出现，共享开始从纯粹的无偿分享、信息分享，发展为以获得一定报酬为主要目的，基于陌生人且存在物品使用权暂时转移的"共享经济"。

1. 共享渠道模式的主要形式

（1）国外共享形式。Uber 作为世界上最大的出租车公司，通过移动应用建造了一个共享经济的平台，在由出租车或租赁公司控制的租车领域实现了突破。Airbnb 通过一个网站在全世界192 个国家、30 000 座城市为旅行者提供 300 万套房间，而且是各具特色的民宿。旅行意味着享受生活，在这些短租平台上选择民宿或短租房，不仅价格比星级酒店更低廉，还能体验当地风土人情特色。

（2）国内共享形式。优客工场通过在一些租金较为便宜的地区租用楼面，并进行二次设计，将楼面设计为风格时尚、可定制且社交功能较齐全的办公空间，打破了原有的办公室整体租赁的习惯，按需出租工位，这种办公空间的共享方式因高效、低成本、便利化再次引领了当今共享经济的潮流。从 2014 年开始，爱大厨、好厨师等应用软件纷纷上线。"回家吃饭"利用社区内闲暇中年人的烹饪能力共享家庭厨师，将菜肴以外卖的形式送到办公场所，类似于邻里"搭伙吃饭"的模式，比餐馆的价格更便宜，菜式更丰富，也更健康。

2. 共享渠道模式的利弊

该模式的主要优点：①极大地丰富和方便了个人生活；②共享经济是一个风口，企业不仅可以通过参与共享经济获利，还可以通过共享经济为自家产品引流；③有利于社会环境的优化；④促进了政府管理思维的发展。

该模式的主要缺点：①共享渠道模式的实施还不够成熟；②共享渠道模式的创新还有待提升；③消费者共享意识还不够，共享消费环境的培育还有待于进一步加强。

第二节　经销和代理

按照产品在分销过程中是否涉及所有权转移，中间商可以分为经销商和代理商。经销商与生产企业之间是买方与卖方的关系，而且是较为持续、固定的买卖关系。严格地从法律上来说，生产企业与代理商之间的关系是代理关系。代理商只是以生产企业的名义进行销售。经销与代理这两种分销形式存在本质区别。

一、经销与经销商

（一）经销的概念

经销是指经销商从生产企业购买产品，取得产品所有权，然后作为自己的产品销售出去。其特征是经销商拥有产品所有权。经销商与生产企业的关系是一种法律上的买卖关系；经销商依据经销合同可以享受某些权利，如独家专卖或货物供应数量的承诺等，但也常须承担诸多义务，如一定时期内最低经销金额或数量。它与一般贸易商的区别是，它与生产企业的关系是一种持续的、特殊的买卖关系。它与代理商的主要区别是，代理商不是从生产企业采购产品并进行销售，只是以生产企业的名义，代替生产企业销售，与生产企业构成一种法律上的代理关系。而经销商则是从生产企业持续地购入产品并进行销售服务，与生产企业之间构成法律上的买卖关系。

在贸易活动中，生产企业若指定某特定的公司为其产品交易的中间商，双方签订合同，约定由原厂持续地供给该中间商一定产品进行销售，我们就称该中间商为经销商。这个贸易合同也就是"经销合同"，合同中除了明确该中间商的销售权利外，同时明确了其销售义务。实务中的经销商与生产企业的关系是一种法律上的买卖关系。

（二）经销商的类型

经销商一般分为独家经销与非独家经销。

1. 独家经销

独家经销是指中间商以买方的身份从生产企业购入产品并销售，该中间商自负盈亏，而且在一定的区域内，对该生产企业的特定产品享有独家购买权、销售权。因此，独家经销商与生产企业之间的关系，在法律上与一般的买卖关系并无本质区别，只是该经销商在一定时期、一定区域内对特定的产品享有独家购买权、销售权。

独家经销合同是规定生产企业将独家经销权授予经销商的有法律效力的文书。独家经销合同一经签订，原则上授权人再不得通过其他途径将该产品销售权授予合同上约定的经销地区内的任何其他企业或个人。同时，独家经销商从原则上来讲也失去了经销具有竞争性的其他生产企业的产品的权利与自由。

在国际营销中，将独家经销权授予某一进口商并予以保护，是获得进口商充分合作的好办法。国外的进口商也往往主动要求授予独家经销权。

对于生产企业来说，独家经销有以下优点。

（1）可获得经销商的充分合作。

（2）独家经销商一般会更为用心。生产企业可避免与顾客的直接接触，从而节省开支。

（3）在宣传、广告方面易获得合作。

（4）可减少国外顾客的信用风险。

（5）彼此间的意见容易沟通，由此可获得必要的支援与建议，发生争议时较容易解决。

（6）独家经销商对售后服务更为专心，从而使产品获得良好的声誉。

2．非独家经销

非独家经销（分经销）是指生产企业的某一特定产品由几家经销商共同经销。在这种经销方式下，生产企业除了可以通过这几家经销商销售产品外，还可以通过其他渠道进行销售。

非独家经销可以避免独家经销的许多弊端，具有如下优点。

（1）生产企业由于有较多的经销商，可避免完全被某一个经销商垄断销售。

（2）在非独家经销制度下，经销商数目众多，销售力量更为强大。

（3）在独家经销制度下，中间商一旦取得独家经销权，就容易消极依赖生产企业，缺乏竞争动力；而在非独家经销制度下，经销商之间相互竞争，共同开拓市场。

（4）独家经销商由于拥有独家经销权，容易拥兵自重，缺乏服务意识，而非独家经销商则不会。

二、代理和代理商

（一）代理的概念

代理是指中间商受生产企业的委托，在未获得产品所有权的条件下，代表生产企业来销售产品。代理的形式包括商品经纪人、生产企业的代理、销售代理、拍卖行、进口和出口代理等。

（二）代理商的种类

一般来说，代理商按是否有独家代理权分为独家代理与多家代理；按其是否有权授予代理权分为总代理与分代理；按其与生产企业的交易方式分为佣金代理与买断代理。

1．独家代理与多家代理

独家代理是指生产企业授予代理商在某一市场（可能以地域、产品、消费群体等区分）的独家代理权利，生产企业的产品全部由该代理商代理销售。以地域划分的独家代理是指该代理商在某地区有独家代理权，这一地区的销售事务由其负责。各地区代理不得"越区代理"，生产企业也不得在该地区进行直销或批发产品。以产品划分，独家代理是指某代理商拥有生产企业的某种或某几种产品的独家代理权。

多家代理是指生产企业不授予代理商在某一地区、产品的独家代理权，代理商之间也无代理区域划分，都为生产企业收集订单，生产企业也可在各地直销或批发产品。多家代理在有些国家较为流行，因为有些国家或地区的法律限制不能采用独家代理的方式。

2. 总代理与分代理

总代理是指代理商统一代理某生产企业某产品在某地区的销售事务，同时它有权指定分代理商，有权代表生产企业处理其他事务。由此可见，总代理一定是独家代理，但独家代理不一定是总代理。

一般来说，总代理商通常会选择并统一管理二级或三级分代理商，并报请生产企业批准备案。有时会由生产企业直接指定分代理商。

3. 佣金代理与买断代理

这是按代理商是否承担货物买卖风险，以及其与原厂的业务关系来划分的代理形式。

佣金代理商的收入主要是佣金收入，代理商的价格决策权受到一定限制。

买断代理商与生产企业是一种完全的"买断"关系，其对产品的销售价格拥有完全决定权，其收入来自买卖的差价，而不是佣金。买断代理商需要承担货物滞销的风险。买断代理商与生产企业的关系与经销商相似，但买断代理商常被要求履行广告宣传义务，而经销商无须履行这种义务。

（三）代理的特点

代理中的双方是一种代理关系，代理商只需准备样品，无须存货，依据订单进货。对于索赔事件，代理商一般会在销售代理合同中事先声明不承担相关责任。

三、经销商与代理商的区别

如前所述，经销商与生产企业之间是一种买方与卖方的关系，而且是一种较为持续、固定的买卖关系，经销商必须自负盈亏。代理商，从法律的严格意义上来说，它们与生产企业之间的关系只是一种代理关系，并不从生产企业直接购入产品后再转卖，只是以生产企业的名义招揽订单，与顾客签订销售合同，以生产企业的名义履行其他职责，如售后服务等，从而获得佣金。经销商与代理商的主要区别如表 5-1 所示。

表 5-1   经销商与代理商的主要区别

	经销商	代理商
产品所有权	拥有产品所有权	没有产品所有权
与生产企业的关系	与生产企业是一种买卖关系	与生产企业是一种代理关系
签订合同的方式	通常以自己的名义签订合同	通常以生产企业名义签订合同
收入来源	收入来源是产品的买卖差价	收入来源是佣金或提成
自身实力	需要较大的资金实力	不需要太大的资金实力
承担风险	承担销售风险	不承担销售风险

由于经销商与代理商有本质区别，经销合同与销售代理合同也有本质区别。经销合同的本质是买卖合同，生产企业与经销商之间是买卖关系，经销商与顾客之间也是买卖关系，但生产企业与顾客之间并无买卖关系。销售代理合同并不是买卖合同，而是生产企业与销售代理商划分权利和义务的契约。生产企业与销售代理商之间是代理与被代理的关系，销售代理商与顾客之间为媒介交易关系，而生产企业与顾客之间才是买卖关系。

第三节　连锁经营与特许经营

一、连锁经营

连锁经营是一种被普遍采用的现代经营组织形式。自 20 世纪 80 年代连锁经营被引入我国以后，特别是 20 世纪 90 年代后期，全国各地的连锁店如雨后春笋，以超乎想象的速度迅速发展。连锁经营对现代商业产生了巨大的影响，同时也影响和改变了人们的消费习惯和生活方式。我国的连锁经营已成为最具增长活力的经营模式之一，在我国第三产业的发展中占据重要位置。

（一）连锁经营的类型

连锁经营是指由同一公司统一经营管理的两个或两个以上的商店，实施统一的集中采购、统一的销售政策，通过标准化技术和多店铺扩张方式发展的一种经营方式，一般使用统一的外部标志。

连锁经营按照不同的划分标准可分为以下几种类型。

1. 按照所有权构成划分

（1）正规连锁（Regular Chain，RC）。正规连锁是指由单一资本经营，有两家或多家分店，按照统一的经营模式经营管理的零售行业组织。正规连锁是最典型的连锁，容易形成权力集中的大资本，而且在事实上对企业经营管理的各个方面实行高度集中、统一的管理，包括战略和政策的决定，统一制定规划，对采购、人事、财务、广告、销售、定价的统一管理。分店的一切经营管理策略，几乎都听从于总部，分店经理是总部委派的雇员，只负责组织分店的销售及提供服务。

（2）自愿连锁（Voluntary Chain，VC）。自愿连锁是指由许多零售企业自发组织，在保持各自经营独立的前提下，联合一个或几个批发企业，建立起总部组织，统一经营、统一采购，以实现规模效益，使每一个加盟企业都能获取较大的利润。自愿连锁的成员店自主经营，资产独立，但必须全部或大部分从总部或同盟内的批发企业进货，而批发企业则需向零售企业提供规定的服务。

（3）特许连锁（Franchise Chain，FC）。连锁分店与总部签订合同，取得使用总部商标、商号、经营技术及销售总部开发的商品的特许权，经营权仍集中于总部。典型的例子是麦当劳、肯德基等。一般来说，连锁企业在开设一定数量的正规连锁店后，就会考虑以特许连锁的方式来发展加盟店。20 世纪 80 年代以来，特许连锁的发展速度已超过其他两种连锁形式。

2. 按照业种形式划分

（1）零售业连锁经营。连锁作为一种组织形式可用于各种零售经营形式，如超级市场、折扣商店、专业店、便利店和百货商店，因此产生了超市连锁、百货商店连锁、专业商店连锁、便利店连锁等，如天客隆超市。

（2）餐饮业连锁经营。企业提供标准化、系列化、大众化的餐饮服务，典型的例子是麦当劳和肯德基等遍及世界的快餐连锁店。从西方国家发展连锁的经验可以看出，餐饮行业非常适用于采用连锁经营。

（3）服务业连锁经营。这种连锁主要是同一服务项目间的连锁。从服务业连锁经营的历史来看，采用正规连锁、自愿加盟和特许连锁进行扩展的方式普遍存在。例如，美国的洗衣店大多数采取正规连锁经营的形式，我国的美容美发店也较多采用正规连锁经营的形式。

3. 按照分布区域划分

按照分布区域，连锁经营分为国际性连锁、全国性连锁和区域性连锁。

大多数国际性连锁、全国性连锁都是从区域性连锁发展而来的，国际性连锁、全国性连锁由于分布地区广阔、距离远、区域差距大，还可按层次设立区域性管理机构，协调本区域内各分店的经营活动，但整个经营决策仍在总部统一控制之下。虽然区域性连锁的规模不及全国性连锁，但其所在的区域内分店密度更大，更接近于居民的生活区，并在集中化、市场细分化方面做得更好。例如，美国的普尔斯马特等都已在我国设立连锁经营店，我国的超市发、天客隆连锁公司一开始仅在北京设立连锁店，后又在全国一些大中城市设立连锁店，现在已在莫斯科等东欧城市设立了连锁经营店。

（二）连锁经营企业的特征

连锁经营企业即连锁店，是指经营同类商品、使用统一商号的若干门店，在同一总部的管理下，采取统一采购或授予特许权等方式，实现规模效益的经营组织形式，由总部、门店和配送中心构成。其中，总部是连锁店经营管理的核心，职能主要包括市场调研、商品开发、促销策划、采购配送、财务管理、质量管理、经营指导和教育培训等；门店是连锁店的基础，主要职责是按照总部的指示和服务规范的要求，承担日常销售业务；配送中心是连锁店的物流机构，承担着各门店所需商品的进货、库存、分货、加工、集配、运输和送货等任务。

与传统零售商店相比，连锁店具有以下4个基本特征。

1. 组织联合化

连锁店在组织形式上不再采用传统的一家一店的形式，而是由一个总部（店）和多家门店（或分店）构成"联合体"，分店将丧失部分权力，把这部分权力交由总部统一行使。每一家连锁分店的经营业务不同程度地受总店的控制。

2. 经营统一化

连锁店在经营方式上不再是传统的分店式经营，而是按照统一的标准、统一的程序、统一的方式，实行经营统一化。经营统一化包括经营理念统一化，即各连锁分店的市场定位、企业文化、信息传播、营销策划的统一；视觉识别系统统一化，即店名、标志、商标、店貌、装饰、陈列、商品及设备的统一；经营行为统一化，即经营方式、服务准则、行为规范、管理标准、岗位操作和营销策略的统一。

3. 作业专门化

由于连锁经营使得经营规模越来越大，因而连锁店可以采用分工协作的方式作业，以提高工作效率和经济效益。总部负责全面的管理，并通过配送中心集中进货和配送，门店负责分散销售，实行购销分离。同时，总部的管理职能又进一步分解为经营规划与政策的制定、门店开发与设计、商品配置与陈列、采购与配送、库存与保管、财务与会计、人事与培训、促销与广告等，由专业化职能管理部门统一操作，形成集中规划下的专业管理式经营组织网络。

4. 管理规范化

连锁经营的规模化不仅在经济上产生了影响，而且在管理方式上也产生了变革。企业必须有一套规范化的管理制度和调控体系，才能保证庞大而又分散的连锁经营体系内部的各个职能机构协调、有效地运转，减少人为不规范因素对经营的影响。现代化管理手段如互联网、远程通信网络、管理信息系统、监视系统等电子信息技术使连锁经营的优势得以更为充分地发挥。

（三）连锁经营的优势和不足

1. 连锁经营的优势

（1）连锁经营通过各个分散的经营主体的加盟，形成一个经济联合体，具有规模优势。组织联合化使分散的经营主体组合成一个规模庞大的经营整体，通过总部的统一管理和集中采购，使经营费用大大降低，具有明显的规模优势；同时，通过"星罗棋布、遍地开花"的连锁分店，有效解决了企业经营的规模经济性要求与消费者分布的分散性及其对购物便利性要求的矛盾，兼顾了经营者、供应商及消费者三方的利益。

（2）由于分店众多，管理集中统一，连锁企业内部可实行高度的专业化分工，聘用优秀专业人士，在营销策划、销售预测、存货控制、商品配送、商品定价、广告促销、新店选址、货场布置、售后服务、绩效评估和财务管理等方面实现更为细致、更为科学的管理。

（3）连锁店集批发和零售的功能为一体，而独立零售商店必须与众多的批发商打交道。通常，连锁店可直接向生产企业购货，有时甚至直接向海外生产企业下达订单。对一些不具有品牌垄断力的大类商品，连锁店只要拥有足够的财力和销售能力，还可利用自己的品牌优势反过来向生产企业下达订单，从而进一步控制市场。

（4）连锁经营使各个分店按照统一的标准、统一的规范运作，既提高了企业的管理、运作效率，实现了系统的整体优化，形成了市场整合效应、资源共享效应和无形资产倍增效应等，避免了一些营销费用的重复支出；同时又塑造了一致的形象，增强了消费者信任，减少了消费者风险，提高了消费者忠诚度。例如，我国专营美容化妆品的绿丹兰连锁店，店容外观一律是绿色与丹红，所有城市的分店形象完全一致，大大加强了该品牌在顾客心目中的印象，使顾客产生定向消费的信任和依赖，这正好是连锁店特有的魅力。

（5）连锁企业也给各分店某种程度的经营自由，如在商品构成上可以有某些地方特色，不同地区的商品价格可以有一定程度的上浮或下调，以适应当地的消费特点，增强在当地市场的竞争力。

（6）连锁经营可以把分散的各个分店的财力通过某种方式集中利用，投资于基础设施和管理的现代化建设，如现代化的配送中心和信息中心，甚至租用通信卫星网的线路，结合强大的计算机管理网络，实现信息收集处理和传递功能。管理手段和物质设施的现代化，无疑大大地提高了连锁店的经营效率。

2. 连锁经营的不足

连锁经营的不足也是显而易见的，如各分店的经营自主权非常有限；整个连锁店的管理高度集中、统一，缺乏灵活的经营机制；投资数额巨大，使投资风险进一步增加；在分店增加到一定的数量后，容易发生管理上的冲突与失控等。同时，连锁经营并不适合于所有的零售业，如有些行业经营的商品过于繁杂，不适宜标准化经营；还有些行业的单家企业规模过于分散，如便利店的连锁化程度较综合商店低，餐馆的连锁化程度也较低。此外，由于服务和商品品种比较固定，一些连锁店会失去吸引力。

二、特许经营

特许经营不仅适应社会化生产和现代消费的客观要求，并且通过低成本、标准化的经营达到快速扩张业务范围、实现企业经营规模化的目的，正在成为我国极具影响力的渠道方式之一。

（一）特许经营的含义、特点及分类

1. 特许经营的含义、特点

特许经营是指特许人在一定的期限内，向受许人提供有形或无形的资产、管理方式、训练

以及经营技巧等，受许人则先支付一笔首期特许费，此后每年按销售收入的一定比例支付特许费的一种合作经营的方式。

特许经营特别适合于规模小而且分散的零售和服务业，与其他经营方式相比，具有以下特点。

（1）一个特许经营系统通常由一个特许人和多个受许人组成，核心是特许权的有偿转让，特许人和每一个受许人分别签订合同，而各受许人之间没有横向联系。

（2）在特许经营中，各受许人对自己店铺的所有权没有发生变化，仍然独立管理人事和财务，特许人无权干涉。这不同于连锁经营。

（3）特许人根据契约规定，在特许期间要履行向受许人提供开展经营活动所必要的信息、技术、知识和训练，同时授予受许人在一定区域内独家使用其商号、商标或服务项目等的权利。

（4）受许人在特定期间、特定区域享有使用特许人商号、商标、产品或经营技术的权利，同时又必须按契约的规定履行相应的义务。例如，麦当劳要求受许人定期到公司的汉堡包大学接受如何制作汉堡包及管理方面的培训，对所出售的食品有严格的质量标准和操作程序的要求，以及严格的卫生标准和服务要求，如男士不准留长发、女士必须戴发罩等。

（5）受许人不是特许人的代理人或伙伴，没有权利代表特许人行事，受许人与特许人是两个独立的主体，不能混淆。

（6）在特许经营中，合同约定：特许人按照受许人营业额的一定百分比收取特许费，分享受许人的部分利润，同时也要分担部分费用。例如，麦当劳收取的特许费约为受许人营业额的12%，同时承担培训员工、管理咨询、广告宣传、公共关系和财务咨询等义务。

2．特许经营的类型

（1）产品、商标型特许经营。产品、商标型特许经营也被称作传统特许经营形式。在这种情况下，特许人通常是一个生产企业，同意授权受许人对特许产品或商标进行商业开发。特许人可能提供广告、培训、管理咨询方面的帮助，但受许人仍作为独立的经销商经营业务。在美国，这种特许经营大约占所有零售特许经营的70%，典型的有汽车生产企业授权汽车经销商的特许经营、大石油公司授权加油站的特许经营。

（2）经营模式型特许经营。这种形式的特许人与受许人之间的关系更为密切，受许人不仅被授权使用特许人的商号，还有全套的经营方式、指导和帮助，包括商店选址、产品或服务的质量控制、人员培训、广告、财务系统及产品供应等。这种经营方式常见于餐馆、旅馆、洗衣房等。麦当劳就是这一特许经营形式的成功案例。

此外，受许人也可根据其接受的特许权性质分为两类。

① 区域受许人。即特许人将一定地理区域内的独占特许权授予区域受许人。区域受许人在该区域内可以独立经营，也可以再接受次级受许人经营业务。

② 复合受许人。一般受许人多为一个拥有一家小店的独立商人，但现在越来越多的特许权被拥有许多分店的连锁公司购买，这些公司被称作复合受许人。除了特许业务外，复合受许人通常还经营其他业务。复合受许人加入特许体系的兴趣主要在于为闲置资本寻找投资机会或使业务多样化。

（二）特许经营的优点与缺点

1．特许经营的优点

（1）将经营失败的风险降至最低。对于缺乏某一行业从业经验的投资者来说，独立经营具有很大的风险。尤其是在竞争激烈的行业，风险更是巨大。因此，加盟一家特许经营系统不失为一种明智的选择。国际经营协会统计，普通企业第一年的破产率达35%，5年后的破产率达

92%；而加盟系统的企业第一年的破产率是 4%～6%，5 年后的破产率也只有 12%。

选择一家业绩较好且有实力的特许经营企业，有整个加盟系统的成功实践作为坚强的后盾，又可以从总部获得专业技术的帮助，这对于缺乏经验的投资者来说确实可以省不少事，而且风险大大降低。

（2）受许人还会得到特许人的品牌形象支持。受许人只要拥有足够的资金，借助特许经营总部的商号、技术、服务等，便可以开展商业活动。受许人由于继承了总部的商誉，在开业之前便拥有了良好的企业形象，易于使顾客产生信任，使许多活动都更容易得到推动。

创业的难点在于打开市场，树立形象。实力强大的受许人可以借助广告展开宣传攻势，力争在较短的时间内将自己的品牌推广到市场上，给消费者留下一定的印象。但是，对于一般的中小企业及个体经营者，开展大规模的广告攻势是不现实的。对于受许人来说，由于加盟的品牌已有一定的知名度，且多数已有一定的销路，因此各连锁店就可以借助这种商誉、经营经验等来开拓市场。

（3）分享规模效益，使开业成本降至最低。一是采购的规模效益。特许经营企业一般都实行集中采购，统一配送，所以采购成本较低。相反，个体店铺由于资金、储运措施等有限，所以每次进货都要量出为入，由于采购批量小，折扣较低，商品单价高，无法吸引顾客。二是广告宣传的规模效应。特许经营企业由于实力雄厚，有各受许人的支持，广告费用比较充足。由此创造的商誉，也可由各连锁店分享。各连锁店只需支付千分之一或万分之一的费用。当然，遍布各地的加盟店本身，也是一种广告宣传，其作用不可忽视。

（4）分享企业技术的开发成果。好的企业会经常开发具有独创性、高附加值的商品和服务，以其差别化来领先竞争对手，各连锁店可以分享开发成果。

（5）获得其他方面的支持与服务。例如，通过参加总部的训练课程，受许人可以弥补本身基础知识和专业知识的不足；总部可以帮助受许人选择店址；拟订重新装修的计划，包括符合所有必须遵从的城市规划或条例的规定；帮助受许人获得资金，作为购买经营权的部分款项；招募员工，训练员工；购买设备；挑选或购买货品；帮助受许人开业并顺利运作。

通过以上分析可以看出，受许人既可以拥有自己的业务，又可以从总部不断获得帮助，可谓一举两得。受许人在特许经营合约的范围内独立经营，可以凭借自己的辛勤劳动，赚取最大的经营回报，提高其投资价值。尽管在特许经营网络中，受许人获得的服务和支援都相同，但经营业绩有好有坏，可见受许人有充分的发挥余地。

对特许人来讲，实施特许经营也有许多好处。特许人只需建立一个紧密的组织，无须处理各分店的日常烦琐事务，就可以获取较高的收益。特许人通过许可、培训可以将业务拓展至全国乃至全世界。特许人可以利用受许人对当地人文、地理的了解优势进入自己不了解的地区。生产企业通过特许批发商或零售商，可以建立起稳定的渠道，确保商品的销售。储存和分销设施未得到充分利用的批发商，可以通过特许经营，建立零售网点，使现有设施得以充分利用，等等。

2. 特许经营的缺点

（1）受许人必须遵循特许人的严格要求，自由创新的余地较小。由于总部对全体连锁店的经营标准有严格要求，各连锁店自主独立经营必须是在约定的范围内进行，因此自由发挥的余地很小。连锁店从商店装饰、商品陈列，乃至于经营方法一律要按照总部的规定执行。此外，特许经营体系通常都有一套完整的供给系统，从货品采购、分装到送货、补货，甚至器材供应都是由总部负责。而且，总部提供的一切服务，包括采购、运输、器材供应，甚至各项技术指导都需要收取若干费用，对于受许人来说这笔费用是固定投入。由于总部这种整齐划一的管理，有些总部监督人员并不了解当地的特殊情况，造成指导针对性不强，使一些地区的连锁店遭受经济损失。

（2）如果总部出现决策失误，连锁店会因此受到牵连，甚至陷入经营困境。为了防止这种情况发生，商业法通常规定准备开展特许经营事业的企业有充分说明契约内容的义务。此外，商业界也组织自发性的活动，收集有关信息。如在日本，特许经营协会为想要加入特许经营组织的店铺或投资者，对特许经营总部的情况进行调查。

（3）连锁店将增加对特许人的依赖性。投资者加入特许经营组织，无形中已将自身的投资收益与整个特许系统联系起来，形成命运共同体。加盟特许经营组织会增强依赖性，对许多活动依靠总部来安排和指导，丧失独立性。一旦总部方面出现管理问题，连锁店必然受到牵连，如果个别连锁店经营失败或脱离组织，其他连锁店的形象和信誉都会受到连带影响。

（4）转让或转移连锁店较困难。加盟契约都有限制转让经营业务的规定，这显然会阻止受许人出售其业务。如果要中途终止合同，总部出于自身利益的考虑，往往不会轻易同意。如果受许人计划转让连锁店，或者迁移异地，须得到总部批准。即使该店的土地使用权和建筑物都归受许人所有，也必须受到合同的约束。

（5）总部的政策对连锁店的利润所得有很大的影响。总部的目标、利益与连锁店的目标、利益并非总是一致的。例如，总部可能希望连锁店提高营业额以便提取更多的定期特许费，而受许人可能更想增加利润，营业额的提高未必会使利润增加。总部采取的革新措施一旦失败，会令连锁店蒙受损失。因此，总部应该在直营店使其新方法经受市场的考验之后，再向连锁者示范。同时，受许人的负担有时存在过重的情况，影响经营业绩的表现。原则上，总部对各连锁店一视同仁，但有时总部为了平衡利润率，对各店有不同的要求。如对新开张的店铺，在商品的提供、价格的优惠上都有所偏重，而往往将负担转嫁到老店上，造成老店的业绩不如新店。另外，总部在地区间政策的调节上，也对不同店铺有所差异。

（6）受合同期限的限制。实行特许经营，连锁店在与总部签订的合同中，都有合同的期限，时间可长可短，在一定程度上会影响企业投资和经营的积极性，一旦合同到期，各店又会面临是否续约、能否续约的问题，经营稳定性没有保障。对特许人而言，特许经营也有弊端。连锁店经营得好，受许人可能会认为大部分原因在于自己付出了辛勤的劳动，特许人的贡献有限，却要收取特许费，很不公平，为后期合作留下隐患。有的受许人掌握了经营方式，在合作期满之后独立经营，成为特许人的竞争对手。在受许人对营业场所进行装修和更新设备方面的投资时，较难促成受许人的合作。受许人为支付特许费而计算其收入时，可能隐瞒、少算，以达到节省特许费的目的。

 **基本概念**

渠道模式　经销　特许经营

 **思考题**

1. 试对传统渠道模式与现代渠道模式进行比较分析。
2. 经销和代理有哪些区别？
3. 连锁经营有哪些特征？
4. 特许经营的优缺点分别是什么？

 **案例分析**

特许经营加盟侵权案

来自上海的消息称，××咖啡公司起诉昔日加盟商——上海某餐饮管理有限公司，在加盟合约到期后未续约时，仍在其经营场所内及店招上使用"某某"图文组合商标，店名仍冠以"××咖啡"字样，该行为造成了商标侵权。

日前××咖啡公司办公室刘先生表示，一些加盟商曾经看好"××咖啡"品牌而纷纷与该公司签订加盟合同。经过几年的经营，对于咖啡店的运营和管理，加盟商已经轻车熟路，认为凭借已经成功培养的顾客群，即使抛开"××咖啡"品牌，也并不影响独立经营。

刘先生认为，上海××咖啡公司的加盟管理松散也在某种程度上纵容了那些意图"单干"又舍不得××咖啡品牌的加盟商。截至××××年上半年，该公司已追究7家加盟商的违约行为，大部分加盟商都愿意与其进行和解。

实际上，起诉只是××咖啡公司采用的一种法律手段。刘先生透露，××咖啡公司完全可以选择在拒绝续约的加盟商邻近地点新开店面，抢夺加盟商客源作为对付"叛变"加盟商的方法。

问题：
结合案例分析特许经营存在的风险及其防范措施。

第三篇

渠道管理篇

第六章　渠道成员管理

学习目标

　　由生产企业、批发商、零售商、辅助商、消费者组建成的渠道体系可以看作一个有机系统。在这个系统中，批发商、零售商、辅助商作为渠道成员，对渠道体系建设具有重要的意义，如何选择合适的渠道成员，怎样评估渠道成员是一项非常重要的工作。

　　通过本章的学习，读者可以掌握以下知识。
- 渠道成员的特征、类型和发展趋势；
- 选择渠道成员的步骤；
- 选择渠道成员的标准及评估的方法。

导学视频

能力目标

- 能科学、合理地选择渠道中的生产企业、批发商、零售商和辅助商；
- 能正确地评估渠道中的成员。

知识导图

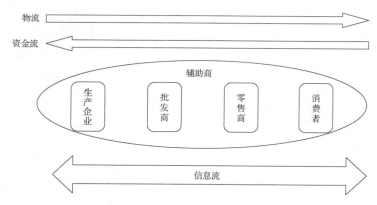

育人目标

融入点	展示形式	目标
（1）批发商对我国商贸流通业发展具有重要的意义 （2）商誉是渠道成员选择标准的核心内容之一 （3）零售业发展要满足消费者转型升级的需求	（1）通过视频、文献等资料展示批发业、批发商对我国商贸业发展的作用 （2）商誉价值在社会主义市场经济活动中的重要地位 （3）展示一批优秀企业的廉洁文化建设内容及方式	（1）强化商誉建设对社会主义市场经济发展的意义 （2）理解商贸流通领域廉洁文化建设的必要性及内容

第一节 渠道成员的类型

一、批发商

批发商是指介于生产者与零售商之间从事产品的买卖交易及其他流通活动的流通机构（企业与个人）。批发商主要从生产企业购进产品，然后转售给其他批发商、零售商、生产用户或各种非营利性组织，一般不直接为消费者提供服务。

（一）批发商的特点

批发商区别于零售商的主要标志是一端联结生产企业，另一端联结零售商。批发商具有以下几个方面的特点。

（1）批量交易和按量定价。批发交易一般要达到一定的交易规模才能进行，通常有最低交易量的规定，即起批点。零售交易则没有最低交易量的限制，因此，批发交易比零售交易平均每笔交易量要大得多。另外，从价格方面来看，批发交易的价格往往与交易量成反比，即批量越大，成交价格越低；批量越小，成交价格越高。

（2）批发交易的对象是各类用户。批发交易的对象大多为商业用户和产业用户，其购买商品的目的不是供自身消费，而是进一步加工或转售。一般而言，通过批发交易活动，商品主要仍停留在流通领域，还没有进入消费领域。

（3）批发交易范围比较广。首先，批发交易的主体来源较广，主要有商业用户、产业用户与业务用户3类采购者；其次，批发交易机构数量少，但服务覆盖面广；最后，中小批发商多集中在地方性的中小城市，并以此为交易范围，大批发商多集中在交通枢纽或大城市，并以全国为交易范围。

（4）批发交易双方购销关系比较稳定。批发交易因其服务对象主要是专门的经营者和使用者，变化比较小，购销关系相对稳定。

（5）批发交易专业化倾向日益明显。科技的进步、生产门类的增多，使得社会商品种类日益增多，采购者采购时选择的余地也越来越大。为了满足客户的要求，批发商商品品种、花色、规格、型号、款式等必须比较齐全，以便供采购者任意挑选。但同时批发商又不可能备齐所有产品，只能有所侧重，从而使得批发交易的专业化倾向日益明显。

（二）批发商的职能

（1）销售与促销职能。批发商通过其销售人员的业务活动，可以使生产企业有效地接触众多的小客户从而发挥促进销售的作用。

（2）采购与搭配职能。批发商代表顾客选购产品，并根据顾客需要将各种品类进行有效的搭配，从而节省顾客选购产品的时间。

（3）商品集散职能。批发商整批地买进货物，然后根据零售商需要的数量批发出去，从而降低零售商的进货成本。

（4）仓储服务职能。批发商将货物储存到出售为止，可以降低供应商和零售商的存货成本与风险。

（5）运输职能。批发商一般距离零售商较近，能够很快地将货物送到零售商手中，可以有效地满足最终消费者的需要。

（6）融资职能。批发商可以直接向客户提供信用条件和融资服务，同时也可以通过提前订货、付款，为供应商提供间接融资服务。

（7）风险承担职能。批发商拥有货物所有权，可以为生产企业分担商品销售中的各种风险。

（8）信息提供职能。批发商通过向生产企业和零售商提供有关的市场信息，可以减少生产企业、零售商因盲目生产、盲目进货而造成的损失。

（9）咨询服务职能。批发商可经常帮助零售商培训推销人员、布置商店以及建立会计系统和存货控制系统，从而提高零售商的经营效益。

（10）市场调节职能。批发商通过商品运输和存储，还可以起到调节产销关系的"蓄水池"作用，有利于实现均衡生产和均衡消费，缓解社会经济运行中供求双方之间的矛盾。

（三）批发商的作用

（1）大规模地销售。批发商使生产企业能够以较小的成本接触更多的中小客户。批发商由于接触面比较广，常常比生产企业更容易得到买方的信任。

（2）产品的集与散。批发商通过广泛地接触不同的生产企业，可以高效率地采购、配置多种产品；迅速把产品供应给零售商和生产企业，提高顾客的采购效率。

（3）产品储存保证。批发商备有一定数量的库存，减少了生产企业和零售商的仓储成本与风险。

（4）提供运输保证。批发商备有充足的库存，可以迅速发货，并提供相关的运输服务保证。

（5）帮助资金融通。批发商可以为顾客提供便利的财务条件，如允许赊账，还可以为供应商提供供货等方面的资金保证。

（6）承担市场风险。批发商购进产品后，承担了经济风险，如生产供求和价格变动带来的风险、产品运输和保管过程中的风险、预购和赊账的呆账风险。

（7）提供产销信息。批发商向供应商和顾客提供有关竞争者的产品、服务及价格变化等方面的信息。

（8）为零售商服务。批发商经常帮助零售商改进经营管理，如培训销售人员、帮助零售商建立会计和存货控制系统。

（四）批发商的类型

批发商主要包括 3 种类型，即商人批发商、代理批发商及生产企业自营销售组织，如图 6-1 所示。

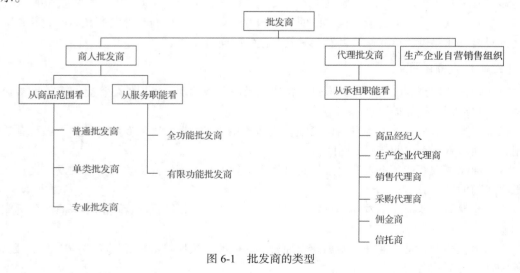

图 6-1　批发商的类型

1. 商人批发商

商人批发商即通常所说的独立批发商，是典型的批发商，是批发商的主要类型。

（1）根据经营商品的范围，商人批发商可大致划分为 3 类。

第一类是普通商品批发商。这种批发商经营的范围广、种类繁多，例如，经营织物、小五金、家具、化妆品、药品、电器、汽车设备等。该类批发商的销售对象主要是普通商店、五金商店、药房、电器商店和小百货商店等。工业品领域中的普通商品批发商是工厂供应商，这种批发商经营品种、规格繁多的附件和供应品。

第二类是单类商品批发商。这种批发商经营的商品仅限于某一类商品（如食品、服装等），经营的商品所涉行业单一，但这种批发商所经营的这一类商品的花色、品种、规格、品牌等非常齐全，与此同时，还经营一些与这类商品密切关联的商品。例如，单类食品杂货批发商通常不仅经营罐头、蔬菜、水果、粮食、茶叶、咖啡等各种食品，而且还经营刀片、肥皂、牙膏等杂货店通常出售的商品。在消费品市场中，单类商品批发商的销售对象是食品杂货、药品、小五金等行业的独立零售商；在工业品市场上，这种批发商叫作"工业分销商"，经营电器电料、铅管、供热器材等，其销售对象包括大大小小的工业用户，这种批发商又被称为整类商品批发商。

第三类是专业批发商。这种批发商的专业化程度较高，专门经营某一类商品中的某种商品，如食品行业中的专业批发商专门经营罐头食品，或者专门经营健康食品，或者专门经营食品调味料等。专业批发商的销售对象主要是专业零售商店；工业品的专业批发商一般都专门从事需要一定的专业技术知识或专业技术性服务才能有效进行销售的工业品批发业务。专业批发商之所以能在一个很小的经营商品范围内活动，是因为这类批发商一般对其目标市场有比较充分的了解，并能有效地利用专业性的技术来服务于自己的目标市场，扎根于某些专业化程度较高的商品领域，如电子产品、橡胶塑料等。专业批发商经营商品范围虽然窄而单一，但业务活动范围和市场覆盖面却十分大，一般是全国性的，如粮食批发商、石油批发商、木材批发商、纸张批发商、金属材料批发商、化工原料批发商、矿产品批发商等。

（2）按职能和提供的服务是否完全来分类，商人批发商可以分为 2 类。

第一类是全功能批发商。这种批发商执行批发商的全部职能。也就是说，对于批发商的批购与批销、分销装配、储运服务、信息咨询和财务融通 5 大功能，这种批发商能够全部、同时提供。属于全功能批发商的有普通商品批发商、单类商品批发商和专业批发商。

第二类是有限功能批发商。这种批发商执行批发商的部分功能。也就是说，对于批发商的五大功能，这种批发商不全部或不同时提供给它的顾客。对于批发商的某种功能，这种批发商或者有时提供，或者部分提供，或者完全不提供。有限功能批发商之所以只执行批发商的一部分功能和提供一部分服务，主要原因是这种批发商要减少经营费用，降低批发价格，以求在激烈的竞争中站稳脚跟。

有限功能批发商又可以具体分为以下 6 种类型。

① 现购自运批发商。这种批发商既不赊销，也不送货，这是它的两个重要特点。顾客要自备货车到这种批发商的仓库去选购货物，当时结清货款，自己把货物运回去。正因为如此，这种有限功能批发商的批发价格比完全功能批发商的批发价格要低一些。现购自运批发商主要经营食品杂货，其销售对象主要是小食品杂货店、饭馆等。

② 卡车批发商。这种批发商主要经营食品等易腐和半易腐商品。一般情况下，卡车批发商从生产者那里把货物装上卡车后，立即运送给各零售商、饭店、旅馆等顾客。正因为这种批发商所经营的商品易腐或半易腐，送货快捷就成为其重要特点。

③ 直运批发商。这种批发商主要经营煤炭、木材等笨重商品。直运批发商先拿到顾客（包

括其他批发商、零售商、用户等）的订货单，然后向生产企业进货，并通知生产企业将货物直运给顾客。直运一方面使这种批发商不需要仓库和商品库存，减少了储存费用；另一方面避免了转折运输，从而减少了运输费用。两方面的费用减少大大降低了直运批发商的整体经营费用。直运批发商有时又称"写字台批发商"，因为它不需要有仓库和商品库存，只要有一间办公室就可以开展工作。但是它与普通捐客有着本质的区别，这是因为直运批发商毕竟是商人批发商，它拥有所经营商品的所有权，并因此承担相关的风险。

④ 邮购批发商。这种批发商是指那些全部批发业务都采取邮购方式的批发商。该种批发商将商品目录寄给边远地区的零售和集体客户，不另派推销员，在获得订单后，以邮寄或其他运输方式交货。邮购批发商经营五金、珠宝、体育用品等商品，其销售对象是边远地区，特别是当地没有批发商的边远小镇中的工业消费者和零售商。

⑤ 生产者合作社。这种批发商在农业地区比较普遍，它是由农民组成的，经营农产品。生产者合作社为顾客提供的服务几乎与其他功能批发商一样，但其对农产品的分级、筛选功能表现更为突出，由此使农产品在市场中的质量信誉得以提高，一些合作社甚至为其农产品树立品牌，然后通过该品牌形象大力推销。生产者合作社有时还通过限产来提高农产品的价格，这是因为农产品的需求弹性较小，限产提价比较容易实现。

⑥ 货架批发商。这种批发商是第二次世界大战以后为适应非食品品种超级市场的经营需要而发展起来的。货架批发商送交一些商品给某些零售商，让它们代为放上货架，以供展销，商品卖出后，零售商才将货款付给批发商。商品所有权归该批发商，属寄售性质，零售商代为出售，从中收取手续费。货架批发商经营的商品主要有家用器皿、玩具、化妆品等。由于需要充足的存货准备和存在零售商代售后拒绝付款的呆账风险等原因，这种批发商的经营费用率比较高。

2. 代理批发商

代理批发商是指从事购买或销售或二者兼备的洽谈业务，属于不取得商品所有权的批发商类型。它与商人批发商的主要区别是代理批发商不拥有商品的所有权，而是促成交易，赚取佣金。根据承担职能的不同，代理批发商可以分为6种。

（1）商品经纪人。商品经纪人是这样一种代理商：替卖主寻找买主或者替买主寻找卖主，把卖主和买主结合在一起，介绍和促成卖主和买主成交；如果成交，由卖主把货物直接运送给买主，而商品经纪人向委托方收取一定数额的佣金。商品经纪人主要经营农产品、食品、矿产品和旧机器等商品。在西方国家，农场主、小型罐头生产企业等生产者往往在一定时期委托经纪人推销产品，因为这些生产者的产品生产和销售存在季节性因素，它们只在某一季节或某几个月大量推销自己的产品。因而这些生产者认为建立自己的固定推销力量是不值得的，也认为没有必要和生产企业的代理商或销售代理商等建立长期的代销关系，商品经纪人反而更为实用灵活。此外，有些生产者，因为要推销新产品，或者因为要开辟新市场，或者因为市场距离产地太遥远，也利用商品经纪人推销自己的产品。

（2）生产企业代理商。生产企业代理商通常与多个生产企业签订长期的代理合同，在一定地区按照这些生产企业规定的销售价格或价格幅度及其他销售条件，替这些生产企业代销全部或部分产品，而生产企业按销售额的一定比例向代理商支付佣金，以鼓励这种代理商积极扩大推销，由此获得最大市场利益。生产企业代理商虽然同时替多个生产企业代销产品，但这些生产企业的产品都是非竞争性的、相互关联的品种，而且代销的商品范围不广泛，因而生产企业代理商比其他中间商更能提供专门的销售力量。从业务流程来看，生产企业代理商与生产企业的推销人员非常相似，但后者是真正独立的中间商。生产企业通常利用代理商推销机器设备、汽车产品、电子器材、家具、服装、食品等产品。这种代理商在某些工业性用品市场和消费品市场起着很重要的作用。如在电子器材等工业用品的销售中，生产企业代理商雇用了一些有技术能力的推销员直接向工业用户推销产品；在家具等耐用消费品的批发贸易中，生产企业代理商雇用了一些推销员向零售商做访问推销。生产企业代理商的主要服务是替委托人推销产品，但是它通常还负责安排将货物从生产企业运送给买主，并且还有少数生产企业代理商提供保管货物的服务；此外，由于这种代理商与市场有密切的联系，它能向生产企业提供相关的市场信息及市场所需要的产品样式、产品设计、定价等方面的建议。

（3）销售代理商。销售代理商和生产企业代理商一样，它同时和许多生产企业签订长期代理合同，替这些生产企业代销产品，但是销售代理商和生产企业代理商有着显著的不同之处，主要表现在以下两点。第一，通常情况下，每一个生产企业只能使用一个销售代理商，而且生产企业将其全部销售工作委托给一个销售代理商办理之后，不得再委托其他代理商代销其产品，也不得再雇用推销员去推销产品；但是，每一个生产企业可以同时使用多个生产企业代理商，与此同时，生产企业还可以设置自己的推销机构。第二，销售代理商通常替生产企业代销全部产品，而且不限定只能在一定地区代销，同时，在规定销售价格和其他销售条件方面有较大的权力；而生产企业代理商只能按照它的委托人规定的销售价格或价格幅度及其他销售条件，在一定地区内，替委托人代销一部分或全部产品。总而言之，生产企业如果使用销售代理商，实际上是将其全部的销售工作委托给销售代理商全权办理，销售代理商实际上是委托人（生产企业）的独家全权销售代理商，行使生产者的市场营销经理的职责。

（4）采购代理商。采购代理商是一种替买主寻找货源，采购所需物资（全部或部分）的购买性代理商。它们不是代理批发某一类产品，而是专为一家或几家企业代理采购物品。采购代理商俗称"买手"，通常熟悉市场、消息灵通，能向企业提供质量高、价格低的采购品。采购代理商通常要负责代理采购、收货、验货、储运并将货物运交买主等业务。

（5）佣金商。佣金商通常备有仓库，替委托人储存、保管货物。此外，佣金商还替委托人发现潜在购买者，获得最好的价格，分等、重新包装和送货；同时佣金商还向委托人和购买者提供商业信用（如预付货款和赊销），提供市场信息等。佣金商对农场主委托代销的货物通常拥有较大的经营权，即佣金商在收到农场主运来的货物以后，虽然对这些农产品不具有真正的所有权，但其有权不经过委托人同意，而以自己的名义，按照当时的供求状况所决定的、可能获得的最好价格出售货物。因为这种代理商经营的商品是蔬菜、水果等易腐商品，在经营过程中，必须因时制宜，根据当时的市场价格尽早脱手。否则，这些商品就会变质、腐烂，给委托人及佣金商带来更大损失。当然，在实际操作中也不排除由于有利的市场状况，佣金商卖出了远远高于平均市场价格的情况。不过，佣金商在经营过程中拥有较大的经营权是相对而言的，因为相关资讯会及时公布这些市场中的成交价，委托人能够据此对佣金商加以监督。佣金商卖出货物后，扣除佣金和其他费用，将余款汇给委托人。佣金商的经营费用一般比较低，因为受托的产品往往是大宗商品，并且零售商总是主动采购，不需要佣金商努力去寻找顾客。

（6）信托商。信托商接受他人的委托，以自己的名义向他人购销或寄售物品，并取得报酬。信托商具有法人地位，在交易活动中多选择远期合约交易，一般要签订信托合同，明确委托事宜及相应的权利。信托商的具体形式有以下几种。第一，委托商行，即面对消费者进行零售的信托商形式，主要以零售形式接受顾客委托，代办转让出售。第二，贸易货栈，从事批发业的信托商形式，是一种古老的居间性商人。贸易货栈的主要功能是在买卖双方之间起代理作用，即代客买卖、代购、代销，同时兼具其他服务功能，如代存、代运等。委托人一般要付一定的佣金。第三，拍卖行，即接受委托人委托，以公开拍卖的方式，组织买卖成交的信托商。拍卖方式在零售中较为少见，主要在批发行业中采用，而且通过拍卖行以公开拍卖的方式进行批发的主要是质量、规格等不够标准、不易分列等级的蔬菜、水果、茶叶、烟草、羊毛皮等农产品和工艺品。

3. 生产企业自营销售组织

这类批发商是生产企业或零售商从事商品批发业务的一种分支机构，不是独立商业企业，可分为两种形式。第一，销售分部和营业所。生产企业为了加强存货控制，改进销售和促销工作，经常开设自己的销售分部和营业所。销售分部备有存货，而营业所没有存货。第二，采购办事处。一些零售商的采购机构或采购办事处被授权在保障零售商供应的前提下，可以从事商品批发业务，将采购或库存的部分货物批发给其他商人。此外，在某些特殊的经济领域，还有一些特殊的批发商，如棉花、谷物、苎麻、蚕丝等农产品的收购商，联合购买石油钻井公司石油的散装石油厂和石油站，拍卖汽车和没收物品给经销商或其他商人的拍卖公司等。

（五）批发商的发展趋势

1. 经营方式日趋多样化

通过几十年市场竞争的演化，除了传统的批发市场、经销商、代理商等经营模式外，一些新的批发经营模式也相继出现。这些模式大多利用批发和零售经营边界模糊化的趋势，综合发挥批发商业和零售商业的优势而形成，如麦德龙模式。这是典型的货架自选批发商，它采取"会员制+现金+自运"的运作方式。其会员主要是中小零售商，通过现金交易和会员自主运输，使其运营成本极低。大规模的卖场、低价位加上自选的方式，对中小零售商具有较大的吸引力，如联华便利模式。上海联华便利公司打出"10万元做个小老板"的广告，吸引一批业主加盟。公司统一组织货源，并相应提供选址指导、配送、统一广告、经营咨询等服务。联华便利公司利用这种特许经营方式，构筑了一个有800多家网点的相对稳定的批零一体化网络。

2. 分销服务不断完备化

批发业在促使商品更畅通、更经济地流通的同时，在商流、物流、信息流、促销流、货币流等方面提供各种服务。在现代产品分销过程中，分销服务已成为产品增值的主要来源之一，其比重呈不断上升趋势。目前，跨国采购公司采用的重要竞争策略之一就是提供销售过程中的各种服务，扩大份额，提高产品竞争力，使对手难以进入该领域。在分销服务中，核心是现代批发企业必须具备完备的信息收集、加工、处理能力，并向生产企业和零售商提供信息服务。传统批发商的经营模式建立在产需信息沟通不畅、信息不对称的基础上，通过对商品异地购销获取差价。在信息经济时代，批发商的一般信息采集优势基本上不复存在，专业批发商应利用自己的专业知识和技术，对市场信息进行梳理，提出沟通供需的最经济的商品流通模式和方案。从表面上看，批发商收益还是买卖差价，但实质已变为信息服务收费。

3. 行业利润呈现微利化

在经济体制转型初期，我国市场上产品供不应求，绝大部分行业都是典型的高利润行业，投入产出回报高。批发商只需拿到生产企业的产品，然后转手卖给零售商，就可以赚取丰厚的价格差利润。但是，随着市场经济向深入发展，众多新生品牌加入暴利行业参与竞争，竞争品牌越来越多，竞争随之日益加剧，产品利润空间越来越小，整个产业也从暴利时代转变为今天的微利时代。此时，生产企业的投入产出比已经非常低，许多生产企业甚至是亏本经营；原本占据整个商业流通格局垄断地位的批发商所得到的利润回报也越来越小。生产企业要生存发展，必然会千方百计压缩批发商的利润空间，即使批发商拥有决定企业命运的营销渠道。这是整个市场环境所导致的。批发商既然是这个市场上的一员，就必须接受和适应这种改变，正面这种挑战。

4. 市场竞争日趋严重化

20世纪80年代，生产企业对批发商的要求只有两点：提货、回款。至于产品是否真正到达每一个终端零售商或被消费者所购买，则并不十分关心。批发商各自掌握着数量不等的经销商、分销商和终端零售商，生产企业直接与批发商联系。随着市场经济的成熟，尤其是国际知名企业的进入，引入了高水平的市场竞争手段，生产企业纷纷开始强调终端销售。"渠道为王、决胜终端"被每个生产企业当作市场营销的"制胜宝典"，减少中间层（批发商层次）、节约营销成本、自建营销渠道、实施密集分销成了生产企业"追捧"的营销改革方向。从最早的代理制到后来的经销制、助销制再到密集分销、设经销商，乃至最后厂方直接设办事处和销售分公司，生产企业的手越伸越长，批发商的垄断经销区域越来越小，原有的垄断经销优势日渐削弱。生产企业通过加大对渠道的掌控力度，逐步削弱了批发商的势力，最终甚至剥夺了批发商的生存"饭碗"。

二、零售商

零售商是指将产品或服务直接销售给最终消费者、处于渠道最末端的中间商（包括企业与个人）。零售商主要从事零售活动，即把商品和劳务直接出售给最终消费者。零售业是商品流通的最终环节，商品经过零售进入消费领域，也是市场竞争最激烈的一个环节。

（一）零售商的特点

（1）零售交易的目的是向最终消费者提供商品或劳务，购买者购买商品的目的是供自己消费，而不是用于转卖或生产。

（2）零售商品的标的物不仅有商品，而且还有各种附加劳务，即为顾客提供各种售前、售中和售后服务，如免费安装、送货上门等，这些服务已成为非常重要的竞争手段。

（3）零售交易中平均每笔交易额较小，但交易频繁。零售交易本身就是零星的买卖，交易对象众多且分散，这就决定了每笔交易量不会太大；同时消费者要生存发展，每天都在不断地进行消费，这也就决定了交易特别频繁。

（4）零售交易产品的品种丰富多彩、富有特色。由于消费者购买商品时一般都要"货比三家"，力争挑选到称心如意、物美价廉的商品。因此，零售交易都非常注重经营特色，同时努力做到商品的花色、品种、规格齐全，以吸引消费者。

（5）零售交易受消费者购买行为的影响较大。零售交易的对象是最终消费者，而不同消费者因其年龄、性别、学识、经历、职业、个性、偏好等差异，其购买行为不仅具有多种类型，而且具有很大的随机性。不同类型的消费者其购买决策和购买行为的差异性将直接决定和影响具体购买活动。

（6）传统零售交易大多在店内进行，且网点较多。零售交易主要通过合理的商品布局和店内陈列来方便消费者购买，因此交易也多在店内完成。同时，由于消费者的广泛性、分散性、多样性和复杂性，为满足广大消费者需要，在一个地区，仅靠少数几个零售网点根本不够，网点必须从规模和布局上满足消费者的需要。随着经济的发展，各种无店铺售货方式也有了较大的发展，并显示出强劲的发展趋势。

（二）零售商的职能

零售商处于连接生产企业、批发商和消费者的渠道中的最终业务环节。零售商提供商品分类及服务，为消费者提供购物环境，并为生产企业、批发商提供市场信息，分担风险。其具体职能包括以下几个方面。

1. 组织商品职能

消费者为了生存和发展，需要衣、食、住、行、用、玩等多方面的商品，由于时间、空间、数量、质量、花色品种和信息沟通等原因，消费者个人不可能自己寻找生产企业，购买自己所需要的商品。而作为生产企业又是一个大群体，每个生产企业只能生产其中较少的产品品种，即使数量较多，其产品也不可能一次性地全部售给某一消费者，因此在很多情况下，必然存在产销之间的矛盾。为解决这一矛盾，零售商必须实施商品组织职能，首先代替消费者垫支资金，从生产企业、批发商甚至其他供应商那里大量购进商品，并按照消费者的要求分类、组合，使消费者不仅能方便地购买，而且能在零售商店里满足需求。

2. 储存商品及承担风险职能

零售商的采购是批量购进，但销售是零散的。为此，零售商为了满足消费者随时购买商品的需要，必须储备一定数量的各种商品。但是商品在储存期间会伴随着各种风险，如数量过多或过少引起的积压与脱销、商品的自然损耗、自然灾害、商品被窃以及商品的更新换代等。这些风险及损失皆由零售商承担。

3. 服务职能

顾客是上帝。零售商必须服务于消费者。首先，要准确、及时地掌握市场供求趋势，组织适销对路的商品，扩大花色品种，保证商品质量，使消费者能及时、充分地选购商品；其次，要正确贯彻商品销售政策，不断研究、改进商品的销售方式、方法，以良好的经营作风维持与消费者之间的良好关系；最后，提供与商品销售直接相关的服务，如包装、免费送货、电话预约、经营礼品、停车场、临时保管物品、为儿童提供游乐场、照看婴儿、提供休息椅等，真正把消费者视为宾客。周到的服务才能给消费者留下良好的印象，使消费者成为回头客，并带来新的顾客。

4. 信息传递职能

零售商处于商品流通的最终环节，能够较快地获得生产与消费的信息。通过广告、促销活动、POP 海报展示、商店销售人员推销等手段及时地将商品的有关信息传递给消费者，平等沟通，解决认知上的矛盾，激发购买欲，让顾客明明白白地消费。生产企业、批发商及其他机构则可以对零售商反馈的市场信息进行分析，得出相应的市场营销结论，加强对市场营销的了解。零售商是消费者和生产企业彼此双向了解的桥梁。

5. 娱乐职能

以顾客需求为导向是零售商经营活动成功的关键，零售商不仅为消费者提供商品，而且还要满足最终消费者的抽象需求，如消费者对购物环境、文化氛围等需求。零售商通过对商品的艺术性陈列、店面的布局装饰和悠扬的音乐、灯光照明、绿色花草等创造出具有魅力的购物环境，不仅满足了消费者的情绪需求，同时还为消费者提供了休闲娱乐和休息的去处。作为最接近消费者的环节，零售商需要给消费者最直观的愉快体验。

（三）零售商的类型

与零售商类型相关的概念是零售业态。根据我国零售业的发展情况，我国先后出台了《零售业态分类》（GB/T 18106—2000）、《零售业态分类》（GB/T 18106—2004）（国标委标批函[2004]102号）以及《零售业态分类》（GB/T 18106—2021）。新版国家标准《零售业态分类》已于 2021 年3 月 9 日发布，10 月 1 日起实施。新版标准在原有标准基础上进行了修订。与 GB/T 18106—2004的主要差异有：取消"食杂店"业态；取消店铺零售分类中"大超市""家居建材商店""厂家直销中心"3 个独立业态，将"大超市"并入超市业态；将"家居建材商店"并入专业店业态；将"厂家直销中心"并入购物中心业态，更名为"奥特莱斯型购物中心"；细化便利店业态分类；按营业面积大小和生鲜食品营业面积细化超市业态分类；细化购物中心业态；增加了集合店业态；增加了无人值守商店业态；在无店铺零售中，增加流动货摊零售业态；将原"网上商店"

变更为"网络零售";将原"电视购物"变更为"电视/广播零售";将原"自动售货亭"变更为"无人售货设备零售"。按销售方式分,零售商主要有店铺零售商、非店铺零售商 2 种类型。

1. 第一种类型:店铺零售商

店铺零售商是指设店经营的零售商。其特点是设有摆放商品供顾客购物的店面,其商品(服务)购销活动主要是在商店内完成的。根据其经营的产品线、规模、价格和服务方式的差异,又可以进一步将零售商店划分为不同的类型,如百货商店、专业店、专卖店、超级市场、大型综合超市、便利店、仓储店、购物中心、折扣店等。

(1)百货商场。

百货商场又称百货公司、百货大楼,是指经营范围广泛、商品齐全,能提供多种服务的零售服务供应商。百货商场产生于 18 世纪中叶,它的产生是零售商业的第一次革命。百货商场在经营面积、经营方式等方面与传统店铺相比有以下 4 个方面的创新。

① 对商品明码标价。这一做法的目的在于迅速沟通商品与顾客之间的联系,从"物有所值"角度便于顾客按各自的消费喜好与能力"对号入座"。对商品明码标价也是零售业第一次规范了自己的价格行为。

② 将商品敞开陈列。这样就便于顾客直接接触商品,增强对商品的直观认识,因而也保证了消费者选择商品的权利。

③ 商品价格低廉。此举意在最大限度地吸引不同层次的消费者,改变许多专业商场服务对象贵族化的倾向。

④ 在一个卖场内分设许多独立的商品部,便于实行统分集合的管理,也便于各商品部进行专业的组货,做到货品齐全、种类繁多,使消费者各得其所。

百货商场出现以来,发展迅速,已成为零售店的主要类型之一。其优点是:拥有各式各样的商品供顾客选购,以节省顾客的时间和精力;客流量大,商场气氛热烈、兴旺,可刺激顾客购买;资金雄厚,能网罗大量人才,分工合作,不断创新,提高管理水平;重视商誉,在采购时关注商品的品质;有优良的购物环境,可吸引大批顾客购买。

(2)超级市场。

超级市场又称"自助商店"或"自选商店",是指实行开放式销售,顾客自助服务,挑选商品后一次性结算的零售商店,其特征如下。

① 商品构成以食品、日用杂货等日常生活用品、必需品为主。

② 实行自助服务和一次集中结算的售货方式,即消费者可以在货架上自由挑选商品,在出口处一次集中结算货款。

③ 薄利多销,商品周转速度快,利润率较其他商店低。

④ 商品包装化,明码标价,并标明商品质量。

超级市场的出现被视为零售业的第二次革命。它给零售商业带来的革命性变革主要体现在两个方面:一是它把现代工业流水线作业的生产方式运用到了商业经营上,实现了商业活动的标准化、专业化、集中化、简单化。二是它使商业经营转变为一种可管理的技术密集型活动,不确定因素大为减少。传统的零售业经营是以柜台为中心,以人对人(即售货员对顾客)操作为主的劳动密集型活动,其交易之成败在很大程度上取决于售货员素质的高低以及操作技巧。超级市场则是开架售货、消费者自选,买卖之前的需求预测、经营计划、商品陈列、价格制定等流程的合理化水平成为决定最终销售状况的主要因素,从而使商业经营转变为类似生产管理的技术密集型活动。因此,对超级市场而言,比柜台操作技巧更为重要的是资本运作及经营管理水平的高低。

超级市场作为现代零售业的主力军,其发展趋势体现了以下 4 个特点。

① 规模化。超级市场规模经营首先表现为扩大单体规模，可以向生产企业、大批发商大批量进货，降低进货成本；可以使商品充分陈列，便于顾客选购；可以节省营业人员，充分利用设备，减少费用；可以增加品种数量和服务功能，更好地满足顾客需要。在西方国家，超级市场已进入成熟期，在激烈的竞争中，规模越办越大，平均单体面积已达 1 000 平方米。大卖场已成为超级市场的主力模式，其单体面积高达几万平方米。随着商业竞争的加剧，城市空心化的加速以及消费需求的提高，我国目前现存的大多数小型超级市场将难以充分展现业态个性和功能，并将逐步失去竞争力和市场发展空间。超级市场规模经营的另一方面就是实行连锁化。超市的大批量进货所依靠的就是多店铺的销售网络，而这种网络又是实现销售的有效形式。连锁经营可以大大降低营运成本，提高流通效率，实现规模经济效益。国际著名的大型超级市场不但单体营业面积大，而且连锁店的数量也非常多。

② 大众化。正因为超级市场实行低价政策，因而其服务对象一般是生活不太富裕、支付能力不强的普通市民和家庭主妇。可以说，超级市场以普通顾客为目标市场的大众化策略，是它大半个世纪以来持续发展、经久不衰的重要原因之一。所以，"为民、便民、利民"应是超市必须坚持的办店宗旨。超级市场选址应遵循就近消费、方便购买、合理布局的原则，根据超市功能、商圈半径内的人口数量、交通及竞争状况综合加以确定，避免在城市中心商业区"扎堆"，而要"退城进郊""退城进居"（居民区）。

③ 规范化。超级市场是大工业协作机理在零售业中的集中体现，它彻底改变了传统零售业的工艺过程，把零售业推向了标准化作业和规模化发展。超市的规范化就如同工业生产领域的标准化一样，是企业运营的基础。超市规范化包括以下几个方面。

a. 商品包装规格化和条码化。商品要按一定的质量标准分类定级、分等定价，按一定的数量或重量标准计量分装，商品可采用小型透明或半透明包装，并有完备的商品说明，以方便顾客自选和使用。另外，超市的商品应广泛采用条形码和店内码，这是实现商业自动化和商品管理自动化的基础。

b. 操作标准化。企业必须有具体量化的服务规范，并要求员工严格执行；制定各项操作规程，运送货物、整理货架、打扫卫生等均要严格执行操作规程；加工间或配送中心的工厂化流水作业方式要严格规范，操作间的货架上必须贴有用品摆放标签，用品不能随意摆放，人或物品都不能阻塞通道；员工应养成良好的卫生习惯，确保加工食品的干净卫生。

c. 经营管理规范化。连锁超市除了统一商号、统一门面、统一着装、统一广告宣传外，最重要的是统一进货、统一配送、统一核算、统一管理。超市公司有条件的可以建立相应的物流枢纽—配送中心，提供社会化配送服务，实行统一的规范化管理，供多个连锁店按统一模式经营，以保证统一的服务质量；针对连锁店网络广泛分散的特点，要使管理制度手册化，并使之成为规范全体员工行为的权威性文件。

④ 自动化。自选售货方式、连锁店组织模式和规范化运作，为实现超级市场的自动化奠定了基础。超市要想在商流、物流、资金流、信息流、促销流的协调管理上运作顺利，必须依赖商业自动化技术的支持。超级市场的购、销、存、运各个流转环节应全面实现自动化，具体包括商品销售管理自动化、会计账务处理自动化、商品配送自动化、商品仓储管理自动化、商品流通加工自动化。为了实现上述各项业务管理自动化，应将现代科技，尤其是电子信息技术全面引入超市这一领域，以电子收款机、计算机、网络技术构成超市的技术骨架，重视并积极推广销售时点信息系统（Point of Sale, POS）、电子订货系统（Electronic Ordering System, EOS）、电子数据交换（Electronic Data Interchange, EDI）系统等。

（3）便利店。

便利店在经济发达国家已有一百多年的历史，现代意义上的便利店是指在商业活动中，以住宅区居民为经营对象，以最贴近居民日常生活的商品和服务为经营范围，以连锁总部为核心，共享统一规范的经营管理技术，实行专业化、标准化的统购分销，并通过强化居民社区服务功能同时取得规模效益的一种现代商业经营管理的组织体系。

便利店作为一种新型的商业零售经营业态，其基本特征大致可概括为以下 4 个方面。

① 选址和店铺面积的特定性。便利店主要是以住宅区居民为服务对象，位置一般选择在居民比较集中的区域中间或附近地区。其服务半径一般为 500 米左右，可方便居民在 10 分钟之内步行到店购物。便利店的店铺面积较小，一般为 80～150 平方米。

② 营业时间和商品供应的专属性。便利店为方便居民，其营业时间普遍长于超级市场和一般零售商店。便利店的营业时间，最长可达每天 24 小时，实行全年无休息日服务。由于贴近、方便居民生活的特性和受场地限制较小，便利店一般以供应居民日常生活必需品为主，其中包括冷热饮料、加工食品、速食、生鲜食品、常用的小百货、杂货、烟酒等小商品，各类食品占商品品种的 80%左右。

③ 服务功能的多样性。现代便利店设在城市化的居民社区，它的服务对象既有广泛性又有专指性。它为居民日常生活必需品提供了即时购买的场所，以"全天候"的时间，提供电信、复印、代收各类公共事业费，为社区家庭提供方便。

④ 商店连锁的统一性。现代便利店以其便利顾客的 CIS 企业形象识别系统、商品组合和全方位的经营管理 3 个方面的一致性，形成了连锁店经营的基础。

（4）折扣店。

折扣店是一种贴近居民日常生活规范的零售业态，以居民生活所在的社区作为依托，与社区的拓展相依相伴。折扣店以低价、便利的双重优势，服务于居民的日常生活，是一种民生业态。它作为现代商业的一种补充形式，具有以下特征。

① 经营范围。店面开设在社区周围，目标客户以工薪阶层、中等收入的社区居民为核心。由于我国经济发展水平的限制和生活习惯的原因，折扣店在较高档的社区也有市场。折扣店经营的商品包括中档日用品、便利品和生鲜食品。

② 竞争优势。基本定位是低价和便利。低廉的产品价格是竞争的立足点，折扣店能够从各个方面降低成本，包括商品的采购、存储、店内陈列和销售等各个环节。另外，靠近居民区、远离商业中心的选址，既意味着可以压缩店面租金成本，又意味着具有巨大的地缘优势。

③ 品牌特征。折扣店经营的商品单品仅需 2～3 个品牌，由自有品牌和知名品牌构成。自有品牌由著名生产企业生产，以保证产品质量。由于供应商仅需承担生产成本，折扣店能以最低的价格购进产品，然后充分利用自己的品牌、渠道和货架优势。这样，只要产品没有明显的品质问题，顾客再次购买率就必然很高。经营知名品牌则可以吸引和满足有品牌偏好的顾客。

④ 规范经营。我国传统的路边摊贩同样是以低价和便利来吸引顾客的，且所售商品品种繁多。折扣店的优势在于规范经营、有固定店铺，所售商品处于质量监管机关和企业检验部门的管理之下。折扣店一般采用连锁经营的方式，品牌价值和对品牌形象的重视是约束其规范经营的关键因素。

（5）专业店。

专业店是以专门经营某一大类商品为主的零售业态，如办公用品的专业店、玩具专业店、家电专业店、药品专业店、服饰店等，其经营具有较强的专业性，一般是按某一特定的顾客群（如男士、女士，妇女、儿童）或某一产品大类（如纺织品、文化用品、家电用品）设店，不少专业店常常以经营的主要产品类别或主要的顾客群来命名。随着市场细分以及产品专业化的发展，专业店发展前景广阔。专业店的主要特征如下。

① 选址。专业店根据经营的商品品类的不同，选址多样化，多数店设在繁华商业区、商业

街等市、区级商业中心，也可以设在百货店、购物中心内。

② 商圈与目标顾客。一般而言，专业店的商圈范围分界并不明显，因为它以有目的选购某类商品的顾客作为主要的目标顾客，满足消费者对某类商品的选择性需求，而选择性需求常常意味着人们愿意为买到合适的商品付出较大的时间和精力代价。另外，不同的主营商品要求不同的经营特色和细化程度，使得商圈进一步模糊。

③ 商品结构。专业店在商品结构上的特点表现为具有专业性、深度性，品种丰富，可供选择的余地大，以某类商品为主，经营的商品具有自己的特色，如利润高。专业店的商品能赢得顾客的关注，是因为其在某一类商品上做到了款式多样、花色齐全。专业店的这种商品结构特征，与出售相同种类商品的其他商店相比，更能满足消费者选择性购买的需要。

④ 服务功能。专业店从业人员大多经过专门培训，接受专业氛围的熏陶，因而具备丰富的专业知识，可以帮助顾客挑选合适的商品并提供更大的退换货自由。一部分以低价和选择性强取胜的专业店采用自助式服务的形式，服务人员仅在顾客需要时给予指导和帮助，既降低了服务的成本，又方便顾客挑选。

（6）专卖店。

专卖店是以专门经营或被授权经营某一主要品牌商品为主的零售业态，可以由生产企业自行开设，也可以特许经营的方式由独立经销商开设。专卖店是专业店中的一种特殊类型，一般通过提供特定的消费者所需要的特定商品，采用系列化的品种策略和高质量的服务措施作为其经营活动的重点，在提供信息、指导消费、集中服务、售后保障等方面比其他零售业态更胜一筹。

① 专卖店的特点。专卖店最基本的特征是仅销售一种或少数几种品牌的产品，专卖店形象以品牌个性为依托，对特定的群体具有吸引力。专卖店的目标顾客是中高档消费者和追求时尚的年轻人，商品结构以某一品牌系列为主，销售量少、质优、利润高。专卖店采取柜台销售或开架面售方式，商店陈列、照明、包装、广告讲究，选址在繁华商业区、商店街或百货店、购物中心内，营业面积根据经营商品的特点而定。在服务方面，专卖店注重品牌声誉，从业人员具备丰富的专业知识，并提供专业性知识服务。

② 专卖店与专业店的异同。二者的相同之处表现在 3 个方面。一是品种专而全。它们经营某一类商品，并把这类商品的所有品种、规格、花色（式样）集中展示销售，形成系列。二是款式新奇，由于专业店或专卖店仅限于某一类或某一品牌商品的经营，因此有条件对专业化市场进行追踪与研究，掌握最新的市场流行趋势，进而组织销售新颖独特的商品。三是经营连锁化，不少专业店或专卖店通过连锁的形式增加店铺数量，从而达到规模效益，甚至垄断某一地区、某一类商品市场。连锁化还有利于运用统一标志来扩大品牌的知名度，树立统一的企业形象。二者的不同之处也表现在 3 个方面。一是归属性质不同。专业店常归属于独立的经营单位，它们经营的唯一目的是获取利润。而专卖店通常是生产企业或是与生产企业有密切联系和契约约束的公司，经营目的不仅是获取利润，还在于推广商品品牌。二是经营范围不同。专业店常常以商品品类作为取舍对象，即只要是本店所经营的品类，就采购进来，转而进行销售，集不同品牌的同类商品于一体。而专卖店常常以商品品牌作为取舍对象，即只要是本店所经营的品牌，就纳入本店商品经营目录，因此品牌的单一性和排他性是专卖店的主要特点。三是品种齐全程度不同。专业店因不排斥品牌，所以可以更为广泛地征集产品，使某一类产品的规格、花色与型号十分齐全，满足众多顾客的需求。专卖店因为将竞争力放在品牌建设上，所以产品花色、品种、规格都是有限的，聚集消费者的能力也不及专业店。

（7）购物中心。

购物中心是多种零售店铺、服务设施集中在由企业有计划地开发、管理、运营的一个建筑物内或一个区域内，向消费者提供综合性服务的商业集合体。人们不仅可以在购物中心买到一切生活用品，而且还可以得到吃喝玩乐的综合享受。因此，它不仅是购物场所，也是生活化的场所。对于购物中心的建设和布局，主要有以下几个方面的要求。

① 观念和技术的先进性。现代购物中心是一种先进的经营方式，其设计、运作和管理突破了传统零售业的种种局限，必须依赖理念、策略与科技取得成功，换句话说，购物中心已经成为零售业中具有高科技特征的经营方式之一。因此，开发购物中心，除了资金之外，对科技的重视和各种专业人士的参与以及核心资源的整合是必不可少的。

② 开发过程的整体性。统一和协调的整体建筑设计计划，包含主题商店和卖场的选择，各方面均需依照计划并考虑内部的风格一致性，从而使整个设施和场地体现整体的主题与概念。同时，购物中心的设计也要考虑在后续的扩充和管理方面具有较大的弹性，以适应未来发展和调整的需要。

③ 地点的便利性。购物中心必须建在交通便利的地理位置，且私家车出入方便，具备充足的停车空间和设备，方便消费者进出；同时也要考虑专用车道及店后空间，以便货车运送商品进出货时使用。此外，周边的交通系统也要一并加以考虑，如附近是否有公共汽车站、地铁站，以便吸引人流量。

④ 景观的一致性。购物中心建筑物及其场地布置，如草木花卉、灯光、招牌、绿地、庭园造景、公共设施等建筑设计均和谐一致，使购物环境优美、舒适，同时需与周边景观与人文环境紧密融合。

⑤ 商品组合和功能多样性。商品组合力求多样化，包括广泛的业种、业态，在商品构成和服务内容上，为消费者提供丰富的消费选择。各类商品的主题商店聚集一处，通过统一的商店和卖场的经营管理模式，为购物者提供方便。购物中心不单是一个"购物"中心，若要吸引顾客，必须将购物中心塑造成一个多功能的生活与服务中心，应更加强调文化、娱乐、教育、服务、展示等各种功能所占的比例，使购物中心富有强大的生命力与成长性。

⑥ 营销策略的灵活性。营销策略被认为是购物中心发展成功的关键因素之一。因此，必须灵活掌握市场的营销趋势，据此来规划营销策略、拟订营销计划，同时充分配合运用广告及事件营销手法，以提升整体购物中心的活力和形象。若能融入部分商家的营销活动，将更有助于整体购物中心营销获得成功。例如，购物中心的经营管理部门可针对购物中心内的某一类商户，展开顾客满意度调查，并将策略性意见提供给商户，使双方之间形成共存共荣的关系。因此，购物中心在规划设计及卖场出租、经营的过程中，应将营销人员纳入开发小组成员，确保以营销为导向的购物中心的逐步发展。

2. 第二种类型：非店铺零售商

非店铺零售商是指不设店面的零售经营者，又称非商店零售商。这类零售商可分为直复零售、直接零售、自动售货和购买服务社等几种经营类型。

（1）直复零售。

直复零售是指利用现代通信工具、多种广告媒体传递销售信息，使之相互作用于消费者，并通常需要消费者做出直接反应的一类零售方式。按利用的通信工具的不同，直复零售又可分为以下几种。

① 邮购。消费者通过各种广告获取信息后，向邮购部汇款并说明需购买的商品，邮购部收到汇款后即按时向消费者寄出商品。广告通常刊登在报刊上或通过广播电视发出，也可以由邮购部向潜在的消费者寄发信息。

② 电话购物。消费者通过电话向供货部求购商品，供货部除邮寄商品外，还可通知求购者所在地的分部送货上门，这就是电话购物。电话购物的关键是付款方法，如果不能保证供货者

收到货款或方便求购者，就会影响电话购物的质量和效率。

③ 电视购物。如果邮购的信息是通过电视发布的，交易办法则包括邮寄和送货上门，这就是电视购物。

④ 网络营销。如果商品的信息媒体是互联网，则构成网络营销。这是目前应用范围最广的一种零售方式。

（2）直接零售。

直接零售指生产企业生产的商品，不经过任何中介，只依靠人与人之间的联系，或由这种联系形成的网络直接销售给消费者。目前应用比较广泛的直接零售方式有以下几种。

① 上门推销，又称单层推销。即由推销员登门拜访，介绍商品并成交。如美国雅芳化妆品就是由营销员通过面对面、人对人的方式销售的。

② 家庭销售会。现代的家庭邻里之间常会互相邀请聚会，把产品带到这种聚会上去推销，往往能既推销产品，又增加聚会的热烈气氛。

（3）自动售货。

自动售货即采用自动销售设备进行的零售服务。

① 自动售货机售货。自动售货机可用于多种商品销售，如饮料、糖果、书报、胶卷、化妆品等。它可以放在商店，也可以放在其他公共场所。

② 自动柜员机。自动柜员机主要是供银行用于自动存取款、查询服务等。

③ 自动服务机。自动服务机可以自动向顾客提供咨询、游戏、点歌等服务。

（4）购买服务社。

购买服务社是一种上门服务的无店面销售方式。例如，配送公司专为某些特定顾客（如学校、医院、工会和政府机关等大型组织的雇员）提供购买服务，在顾客有购买需求时送货上门，价格通常比一般零售价低。

三、辅助商

分销体系中，还有一些辅助商参与这一分销过程，它们在其中也起着很重要的作用。

（一）广告商

广告是指广告客户以公开付费的方式，通过各种媒体传递商品或劳务信息，进而影响消费行为，促进销售，使广告主获得利益的活动。商业广告的对象是广大消费者，内容是商品或劳务信息，手段是通过各种媒体进行，目的在于促销，获取利润。

广告商是为广告主和广告媒介提供双重服务的渠道成员。广告主委托广告商实施广告宣传计划，广告媒体通过广告商承揽广告业务。广告商的主要职能是为广告主提供以策划为主导、市场调查为基础、创意为中心、媒介选择为实施手段的全方位、立体化服务。另外，广告商还要负责广告的监督制作，对反馈信息进行再度收集整理，等等。

（二）物流商

物流，又称实体分配，是指按照顾客需要有效地计划、实行和控制产品从生产地转移到消费地的实体转移过程的业务。从物流的概念来讲，其任务应该包括原料及最终产品从起点到最终使用点或消费点的实体转移，但这里主要研究最终产品的实体转移。物流活动与渠道的决策紧密相关，在整个市场营销中发挥着不可估量的重要作用，它对产品的成本影响很大，物流的总成本占销售额的 8%～10%，削减物流成本已成为企业的重要经营课题。因为物流是降低产品成本并使其合理化的"最后的可开发领域"。另外，物流还会很大程度地影响到企业的市场营销服务水平和竞争力，因为产品的地点效用和时间效用的体现，取决于有效、快速的实体转移。

传统的物流观念从工厂出发来考虑如何有效地以低成本将产品送达使用地或消费地，而现代物流观念即市场后勤学观念则认为，物流系统及其规划都应从市场出发，首先是充分研究和了解市场，根据市场需要来研究如何以适当的成本在适当的时间以适当的方式将适当的产品送到适当的地点，从而及时、有效地满足顾客的需要，并使其满意，同时也能使企业满意，并获得较好的经济效益。关键的问题是"适当"二字，要使这"适当"得以实现就必须做好如下 3 点：第一，运用现代科学技术来建立和运作物流系统；第二，统一管理物流的各种职能和物流系统中的各环节；第三，根据市场需求和产品的特点，既要考虑其统一性，又要实行差异化策略。物流活动主要包括保管、仓储以及运输等，对渠道建设具有重要意义。

（1）保管。保管是重要的物流职能，通过保管，企业可以克服生产和消费在时间上的差异，即能产生时间效用。保管并不是单纯的产品储藏，它还承担着将产品小批量化或收集货物等职能。保管一般包括 8 种基本职能：①接收所送产品；②确认产品；③区分产品；④调整产品储藏；⑤保管产品；⑥检索和选择产品；⑦运送的准备；⑧开始装运。

（2）仓储。仓储管理包含着满足顾客需求的产品配备的计划和维持。库存管理的目的在于，一方面要保持足够数量的产品；而另一方面却要将库存费用控制到最低限度。由此可见，库存管理至关重要，是物流的中心课题。

（3）运输。运输的主要手段有铁路、汽车、水运、航空、管道，各种手段都有其优点，许多企业将两种或两种以上运输手段组合起来使用。运输手段的选择不仅会影响顾客需求的满足，而且对物流成本的影响也较大。因此，在选择运输手段时，必须充分考虑对顾客需求的满足程度、对产品和市场的适应性、速度、成本、可靠性、运输能力、便利性、配货能力、安全性等因素。产品在分销网络中的快速、及时流动有赖于有效的运输。运输业是一个涉及面广、时间性强、环节众多的行业，并且运输方式种类众多，有海洋运输、铁路运输、公路运输、管道运输、航空运输、邮包运输以及联合运输等。

（三）咨询商

企业在发展的各个环节、经营业务的各个方面，无法做到处处都得心应手、游刃有余。特别是在企业进行重要决策的时候，当企业高层无法独立分析和解决问题时，求助于外部支持是很有必要的。咨询商就是这种为企业内在或外在问题提供咨询建议的外部支持，有人把它称为企业的"外脑"。咨询商的基本职能主要有以下 4 项。第一，确立目标，调查研究。咨询商首先必须与委托人一起分析委托人提出的问题，了解委托人的意愿及其现状，由内而外认真进行调查研究。第二，制定解决措施，拿出咨询方案。第三，协助委托人实施计划。第四，收集反馈信息，评价计划实施效果。

（四）服务商

服务商主要包括会计、律师、金融等方面的服务机构。会计师事务所是经国家批准，独立承办注册会计师业务的机构。它由依法执行查账验证和会计咨询业务的会计师组成，以第三者的独立身份，站在公正的立场对承办的委托业务做出客观的评价。会计师事务所独立依法办事，不依附于其他组织和机构，自收自支、独立核算、依法纳税。律师事务所是指直接从事律师业务活动的机构，即律师执行业务的专门机构。律师事务所一般按行政区划设置，受司法行政机关的组织领导和业务监督，律师事务所之间没有隶属关系，都是具有独立地位的事业单位。律师承办业务，由律师事务所统一接受委托并统一收费。银行是处理运营货币和信用的企业组织。银行业务可分为商业银行业务与非商业银行业务。商业银行业务以短期信用为主，不能做长期信用；而非商业银行如信托银行、开发银行、储蓄银行与实业银行等，则发展长期信用，并通过资本市场控制企业风险。商业银行与其他金融机构最不同的地方是以活期存款的形式，接受公众的存款，再由存款人开出各种不同面额的支票，移转于第三方。活期存款在其他的机构不能作为货币流通，而存在商业银行则可流通。现今活期存款已构成各国货币供应量的最大部分，尤其是在工商业发达的国家。

第二节　渠道成员的选择步骤与路径

一、选择渠道成员的步骤

渠道成员的选择是渠道设计的关键环节。理想的渠道成员有助于构建高效的渠道体系。为此，生产企业要按照一定的步骤有序进行渠道成员的选择工作。具体来说，渠道成员的选择包括以下 3 个步骤。

（1）寻找合适的渠道成员。渠道成员的选择，就是从众多相同类型的分销成员中选出适合公司渠道结构的能有效帮助公司完成分销目标的分销伙伴的过程。这个过程主要包括两个方面：一是明确公司的渠道成员对象，包括批发商、零售商、辅助商具体的渠道成员类型、规模、实力等；二是通过各种路径去寻找合适的渠道成员。

（2）对照选择标准作出判断。对目标渠道成员进行评价是非常重要的内容。这个过程主要包括两个方面：一是制定适合公司目标要求的渠道成员评价标准，包括批发商选择标准、零售商选择标准以及辅助商选择标准；二是根据一定的方法对渠道成员进行评价。当然，不同的公司可选择的方法是不同的，每个公司要选择适合自身的评价方法。

（3）确保入选成员最终成为正式渠道成员。选定中间商后，还需要说服对方接受公司的产品，因为并不是所有的中间商都会对公司的产品感兴趣。投资规模大，并有名牌产品的生产企业完成决策并将其付诸实际是比较容易的，而这对那些刚刚成立的中小企业来说则比较困难。

二、寻找渠道成员的路径

一般情况下，公司需要依托销售团队通过多种途径来获得潜在的渠道成员。通常来说，寻找渠道成员时，搜寻的范围越大越好。搜寻的范围越大，找到合适渠道成员的机会就越大。具体来说，公司可以通过以下几种方式寻找合适的渠道成员。

（1）工具书。工具书包括当地的电话号码簿、工商企业名录、地图册、消费指南、专业杂志等。一般情况下，当地比较有经验、有实力的经销商会在当地电话号码簿上刊登自己公司的名称。

（2）消费者。依靠消费者提供信息，最好的办法是进行市场调查。通过正式或非正式的市场调查，可了解消费者对自己所处区域市场内的经销商的不同看法。

（3）经销商。许多企业都通过向那些对本企业产品感兴趣的经销商征询来获得未来成员。通过这种互动，可以彼此了解，获得对方信息。

（4）商业渠道。商业组织、出版物、电话簿、其他出售相关或相似产品的企业是发展新经销商的有效途径。

（5）商业展览会或交易会。大型的贸易交流给企业挑选渠道成员提供了一个很好的场所和平台。举行展览会或交易会时，该领域内的大量批发商或零售商纷纷亮相，生产企业有机会接触到大量可能成为经销商的机构。

（6）媒体广告。到达一个新的市场，可以通过当地各种媒体广告了解同类产品的经销商。当然，刊登招商广告虽然费用高，但是见效快，可以较全面地了解经销商的情况。

（7）网上查询。通过因特网，尤其是访问专业网站，渠道管理人员可以搜寻到某一行业中很多同类型或不同类型的企业，进而找到很多未来可能的合作伙伴。

第三节　渠道成员的选择标准与方法

一、渠道成员的选择标准

（一）中间商的选择标准

选择中间商首先要广泛搜集有关中间商的业务经营、信誉、市场范围、服务水平等方面的信息，确定审核和比较的标准。一般情况下选择中间商必须考虑以下因素。

（1）中间商的市场范围。市场范围是选择中间商最关键的因素。首先要考虑预先确定的中间商的经营范围所包括的地区与产品的预计销售地区是否一致。其次必须考虑中间商的销售对象是否与生产企业所希望的潜在顾客相吻合。

（2）中间商的产品组合情况。许多企业都希望中间商只销售自己一家的产品，集中精力。但在市场运作中，产品线的多少往往决定顾客的多少，也决定产品销售机会的多少，所以产品线较多并不一定是坏事。在经销产品的组合关系中，一般认为如果中间商的产品和自己的产品是竞争产品，应避免选用；而实际情况是，如果产品组合有空档，或者自己的产品竞争优势非常明显，也应选取。

（3）中间商的地理区位情况。选择零售中间商最理想的区位应该是顾客流量较大的地点。批发中间商的选择则要考虑它所处的位置是否利于产品的批量储存与运输，该位置通常以交通枢纽为宜。

（4）中间商的销售能力情况。选择对产品销售有专门经验的中间商可以很快地打开销路。因此，生产企业应根据产品的特征选择有经验的中间商。

（5）中间商的合作程度情况。如果中间商愿意与生产企业合作，就会积极主动地推销产品，对双方都有益处。生产企业应根据产品销售的需要确定与中间商合作的具体方式，然后再选择最理想的合作中间商。

（6）中间商的财务状况。生产企业倾向于选择资金雄厚、财务状况良好的中间商，因为这些中间商能保证及时回款，还可能在财务上向生产企业提供一些帮助，如分担一些销售费用，提供部分预付款或者直接向顾客提供某些资金融通，如允许顾客分期付款等，从而有助于拓宽产品销路，扩大生产发展。反之，若分销商财务状况不佳，则往往会拖欠货款。

（7）中间商的促销政策和技术。采用何种方式推销产品及运用选定的促销手段的能力直接影响销售规模。因此，选择中间商时必须对其所能完成某种产品销售的市场营销政策和技术的实现程度做全面评价。

（8）中间商的声誉情况。在目前市场规则不甚完善的情况下，中间商的信誉显得尤其重要。多数生产企业通常都会避免与缺乏良好声誉的中间商建立关系。固特异轮胎橡胶公司曾指出：

"中间商的经验和财务能力通常可以退而求其次，但是这些中间商的品质是绝对重要和不容商量的。"

（二）批发商的选择标准

1. 批发商的信誉

选择批发商的首要因素是信誉，因为生产企业和批发商的关系实质上是一种信任关系。即使批发商能力很强，在商场上拥有优越地位，但如果信誉欠佳，则能力越强的批发商，其商业欺诈能力也越强，在营销、货款汇回、维护企业形象方面，都会给生产企业带来不利影响。

2. 批发商的经营项目

批发商以前经营的产品决定了其现在拥有的营销网络。因此，生产企业选取的批发商，其现在经营的产品与以前经营的产品应是同类产品。另外，批发商所代理的产品不宜过多。因为经营产品太多，必定引起精力分散，从而影响业绩。

3. 批发商的营业规模

批发商的营业规模涉及以下 3 个方面：①该批发商的员工总人数及营业部门人数，以及所属经销商的多少；②该批发商成立的时间、目前的营业额、营业额的分布情况等；③该批发商目前的营业区域，以及是否有扩展市场区域的计划等。

4. 批发商的销售网络

对于普通的消费性产品，大多数消费者通常在零售终端选购。因此，选择一个与这些零售组织关系良好的批发商是非常重要的。

5. 批发商的业务拓展能力

批发商的业务拓展能力主要包括：①是否拥有专用仓库，若有，是自有的还是共有的、容量有多大、使用和管理状况如何，等等；②对销售员的管理如何、是否有专业化销售团队、是否有完整的销售管理制度；③主要使用何种方式促销、有何营销策略、是否愿意为生产企业提供市场信息，等等；④是否提供特别的服务，如准备报价单、提供售后服务等。

6. 经营地址

批发商的经营地址在商业中心、大型批发市场中或者城郊。经营地址不同的批发商，其物流配送能力、市场拓展能力可能存在较大差异。如经营地址在城市商业中心，意味着生产企业的产品可以快捷、低成本地配送至各个市场区域。

7. 财务能力

当生产企业本身产能很大，或者考虑使用买断代理的方式时，就要求批发商有足够的资金用以支付货款、运费、仓储费、广告费、售后服务费等。对于销往国外的消费品来说，要求批发商具有一定的财务实力。一般的消费品进入国外市场时，都需要批发商协助生产企业投入大量资金，为产品树立知名度。

8. 政治、社会影响力

政府采购在销售业务中占有较大分量时，批发商在政治上的影响力会影响销售业绩。另外，批发商在专业机构（如行业协会）中，是否担任比较重要的职务，可以体现该经销商在行业领域中的地位和影响力。

9. 同行业评价

商业活动的关系对于批发商与生产企业都是十分重要的。若多个同行业的中间商对某个批发商评价过低，则足以说明该批发商有不足之处。

（三）零售商的选择标准

经营能力、财务能力、信誉情况等都是选择零售商时必须考虑的因素。

1. 经营地点

商店的地点会影响产品的销售。不同的产品对于经营地点的要求往往有所不同。因此，在选择零售商时需要考虑零售地点。

2. 服务能力

如果想提高对顾客的服务水准，满足顾客的需求，除了生产企业自身要提供良好的服务外，对零售商所能提供的售后服务也应有所要求。因为有些产品如彩电、冰箱、空调等的销售绝对不是货物出店即结束，售前和售后服务应成为产品销售不可分离的部分。

3. 价格策略

在选择零售商时，要考虑是否能控制零售商的零售价格。因为如果零售商任意变动价格，往往造成零售商相互间的恶性竞争，削弱零售商的力量，而且给消费者留下不良印象，影响公司信誉。

4. 经营品类

在选择零售商时，对于零售店所销售的产品也应加以调查，使零售商所销售的产品与生产企业产品相互补充，以收到相辅相成的效果。这样不但便于消费者购买，还可以实现零售店与生产企业的共赢。

5. 经营能力

事业的成败，在于经营者素质的高低。对于零售商的经营管理能力要加以调查，因为零售商的受教育程度，是否容易接受新观念、新方法以改进经营方式，是否对本行业有深入了解，是否具有推销及管理的专业知识与技术，对于商品的陈列与摆设，对员工与顾客的态度等，都会影响零售商的经营成绩，也影响生产企业产品的经营销售。选择积极进取、富有创新精神，又重视商场信誉与习惯的零售商，是建立完善的销售网络的基本条件。

6. 财务能力

在选择零售商时，财务能力无疑占有相当重要的地位。财务能力的强弱不仅决定着零售商的付款能力与付款速度，而且将影响企业的经营与成长。所以在选择零售商时，对于其财务能力也应加以调查。在调查零售商的财务能力时，通常调查下列各项：注册资本大小；组织形态是独资、合伙还是公司法人；银行信用；有无退票记录；财务结构是否合理；流动资金是否充足等。

7. 信誉情况

对零售商信誉能力进行调查的目的在于防止坏账损失等现象发生，也是为了推断零售商的付款能力，并将其作为拟订销售促进计划的依据。信用调查一般可采用资信机构调查、金融机构调查、同业调查以及自行调查几种方式。

二、渠道成员的选择方法

众所周知，中间商在分销体系中担当着一个特殊的角色，它不仅拥有当地的销售网络，而且承担着营销环节中的储存、配送、分销、收款、服务、风险等多种职能，是生产企业编外的营销队伍，是营销部门职能的延伸。选择中间商的过程是一个复杂的综合评估过程。需要采用科学的方法，才能找到适合自身的中间商，达到不仅节约交易成本，而且真正实现双赢的目的。

1. 评分选择法

评分法是指对已选择作为伙伴的每个中间商，就其从事商品分销的能力和条件进行打分评价。根据不同因素对渠道功能建设重要程度的差异，分别赋予一定的权数。然后计算每个经销商的总分，选择得分较高者。一般来说，评分法主要适用于较小范围内的地区市场，为建立精选的渠道网络而选择理想的中间商。

2. 销量分析法

销量分析法是指生产企业通过实地考察有关潜在中间商的顾客流量和销售情况，并分析其近年来销售额的水平及变化趋势，然后在此基础上，对有关潜在中间商的实际分销能力，尤其是可能达到的销售水平进行评估和评价，最终选择最佳潜在中间商的方法。

3. 费用分析法

生产企业联合中间商进行产品分销是有成本的，主要包括市场开拓费用、让利促销费用、因延迟货款支付而带来的收益损失以及谈判和监督履约的费用等。可以利用费用分析法选择中间商。费用分析法还可细分为总销售费用比较法、单位产品销售费用比较法、费用效率分析法。

4. 配额择优法

配额择优法是指根据目标市场分布和渠道宽度决策，确定各个渠道层次所需要选择的中间商的具体数量，在与中间商达成合作意向后，对各个中间商进行综合考查和评价，从中选出所需的中间商。

 **基本概念**

批发商　零售商　便利店　专业店　专卖店　购物中心　连锁经营　特许经营

 思考题

1. 零售商与批发商的主要类型有哪些？
2. 选择渠道成员的标准有哪些？
3. 选择渠道成员的方法有哪些？

 **案例分析**

零食很忙的跨越式发展

零食很忙起步于 2017 年，定位于普通老百姓的大众需求，以开在社区的门店为主，打造老百姓家门口的零食连锁品牌。它用更低的消费门槛，满足社区居民的零食刚需。当前，零食很忙正立足于湖南，并处在加快全国化布局的进程中。截至目前，零食很忙的门店数量已突破 2 000 家，并以"每天新开 4 家门店"的行业领先速度飞快发展，2022 年门店销售额超过 60 亿元，门店消费日均超过 70 万人次。2021 年 4 月，公司完成了 2.4 亿元人民币的 A 轮融资，由红杉中国与高榕资本联合领投，进一步推动公司的全国化发展和品牌化升级。公司始终倡导廉洁文化：不收不拿，不索取，不业务吃喝，不占便宜，不人情，不世故，不官僚，不形式主义；高效文化：不拖拉，不死板，有目标，有结果，有价值；极致文化：专注，较真，竭尽全力，尽善尽美；利他文化：有利于大局，先为他人考虑，遵循利他准则，并从以下 5 个方面打造了核心优势。

（1）产品优势。零食很忙有对接全国生产企业资源的优势，在选品中仅找全中国最好的或者排名前三的品类生产企业进行合作，并且拥有试吃体系、试卖体系、定制体系、上新体系。

（2）品控优势。零食很忙除了与第三方检测机构中国检验认证集团达成长期合作，还建立了自主品控实验室，以及健全的售后服务体系。

（3）强管门店优势。零食很忙致力于将加盟连锁做得比直营更好，2019 年正式推行门店标准化机制，每月度公布现有门店评分排名，并涵盖奖惩与改善措施。在管理门店上，零食很忙投入高人力、高成本，配合智能化管理模式强管门店。

（4）品牌化优势。零食很忙进行创新式品牌发展，焕然一新的品牌 VI 与年轻潮酷的零小忙 IP 形象的打造，助力品牌辨识度与形象全面提升。品牌先后举办多场城市级"零食狂欢节"，并邀约白举纲、高瀚宇等众多明星助阵。

（5）供应链优势。仅 2021 年，零食很忙在供应链中心打造上的投入就超过 5 000 万元。全面建成科学管理的供应链物流系统、专业的供应链团队、高密度的物流配送网、高周转效率的现代化供应系统。

问题：

1. 作为一家便利店，零食很忙的公司文化有什么特点？
2. 零食很忙的 5 大优势给其他便利店的发展带来哪些启示？

第七章　渠道冲突管理

导学视频

学习目标

随着渠道的精细化运作，销售交易规模的大幅度增长，传统渠道之间的冲突在所难免。随着新技术、新文化的发展，线上线下渠道的冲突也愈演愈烈。

通过本章的学习，读者可以掌握以下知识。

- 渠道冲突的定义、原因、种类；
- 渠道冲突的管理方法；
- 窜货的管理方法。

能力目标

- 能够设计简单的渠道冲突管理方案；
- 根据窜货现状，找到对应的管理方法。

知识导图

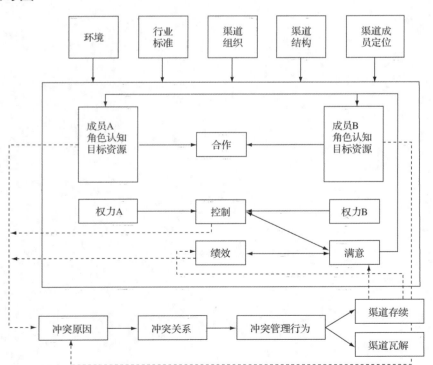

育人目标

融入点	展示形式	目标
（1）商业利益是渠道冲突产生的根本原因 （2）对企业远景的共识有助于消除渠道之间的矛盾与冲突	（1）通过视频、文献等资料展示渠道冲突给渠道成员及社会造成的不利影响 （2）正确理解获取商业利益是现代企业发展的核心价值 （3）展示一批优秀企业的发展远景以及和谐渠道关系的表现	（1）强化正确的商业利益核心价值观 （2）理解和谐渠道关系对渠道成员及社会的正面意义

第一节 渠道冲突概述

在渠道体系中，由于各个渠道成员利益的不一致性，渠道成员之间有可能产生各种冲突，从而影响渠道成员之间的和谐共处以及渠道管理制度的有序执行。

一、渠道冲突的定义

在任一社会体系中，当某一成员认为另一成员的行为妨碍了其目标的实现或其有效行为模式的合理呈现时，冲突就可能产生。同样，渠道体系作为一个整体系统，当系统中两个或者两个以上的渠道成员之间出现矛盾时，冲突就出现了。

庄贵军教授认为，渠道冲突是一种状态，即一个渠道成员认为另外一个渠道成员的行为正在干扰自己目标的实现，使其利益受到威胁。斯特恩认为，渠道冲突就是一个渠道成员妨碍了另外一个渠道成员实现其目标的情况。

我们认为，渠道冲突指的是渠道成员发现其他渠道成员从事的活动阻碍或者不利于本组织实现自身的目标，从而发生的种种矛盾和纠纷。

二、渠道冲突的类型

（一）垂直渠道冲突

垂直渠道冲突也称为纵向渠道冲突，是指在同一渠道体系中不同层次渠道成员之间的冲突。例如，中间商没有按照合同要求及时支付生产企业的货款；或者中间商没有遵守约定实施生产企业的价格策略或者促销策略；或者生产企业没有按照约定在规定区域范围内授权中间商的独家代理权。

垂直渠道冲突也称为渠道上下游冲突。一方面，越来越多的中间商从自己的利益出发，采取直销和分销相结合的方式销售产品，这就不可避免地要同下游中间商争夺客户，大大影响了下游渠道的积极性；另一方面，下游中间商在实力增强以后，不甘心目前所处的地位，希望在渠道体系中有更大的权力，会向上游发起竞争。在某些情况下，生产企业为了推广自己的产品，越过一级中间商直接向二级中间商供货，使上下游渠道成员产生矛盾。因此，不同层次的渠道成员之间，尤其是生产企业与中间商之间，要有效解决垂直渠道冲突，以促进渠道成员间更好地合作。

（二）水平渠道冲突

水平渠道冲突也称为横向渠道冲突，是指某个渠道体系中处于同一层次的渠道成员之间的冲突。产生水平渠道冲突的原因大多是生产企业没有对目标市场的中间商数量分管区域做出合理的规划，使中间商为了争取自身的利益互相倾轧。中间商为了获取更多的利益必然要争取更多的市场份额，在目标市场上展开"抢占地盘行动"，如同一产品的 A 中间商与 B 中间商之间在同一区域范围内的恶性价格竞争。某一地区经营多家企业产品的中间商，可能认为同一地区经营多家企业产品的另一家中间商在定价、促销和售后服务等方面过于进取，抢占了它的市场份额，如果发生了这类矛盾，生产企业应及时采取有效措施，缓和并协调这些矛盾，否则就会影响渠道成员的合作及产品的销售。

（三）不同渠道间的冲突

不同渠道间的冲突也称为交叉渠道冲突，是指在两个不同渠道体系中处于同一层次上的中间商之间的冲突。随着顾客细分市场和可利用的渠道不断增加，越来越多的企业采用多渠道分销系统即运用渠道组合、整合，由此导致不同渠道间的冲突。例如，线上渠道和线下渠道之间的价格竞争和客户抢夺，或者大客户部、KA 卖场、直销部以及经销商之间的客户资源争夺。例如，美国的李维斯牌牛仔裤原来通过特约经销店销售，当它决定将西尔斯百货公司和彭尼公司也纳为自己的分销伙伴时，特约经销店表示了强烈的不满。

三、渠道冲突产生的原因

（一）渠道冲突产生的根本原因

（1）不同利益主体之间的矛盾。渠道成员之间合作的基础是利益，合作的关键点也是利益。因此，渠道冲突产生的根本原因之一在于利益的分配。例如，供货商希望以高价出售，并倾向于现金交易，而购买者则希望以低价购买，并要求分期付款。此外，渠道冲突产生的根本原因还包括：生产企业与中间商有不同的利益诉求，生产企业希望占有更大的市场，获得更多的销售增长额及利润，但大多数零售商，尤其是小型零售商，希望在本地市场上维持一种稳定的地位，即当销售额及利润达到满意的水平时，就满足于现状；生产企业希望中间商只销售自己的产品，但中间商只关心销量而不关心销售哪种品牌；生产企业希望将折扣让利给最终消费者，而中间商则要求生产企业负担广告费用。

（2）专业化渠道企业发展缺乏稳定性。从渠道体系建设的现状来看，无论是渠道体系、渠道模式，还是渠道规模和专业化深度，都缺乏一定的整体性，专业化渠道企业发展缺乏稳定性，渠道企业自身缺少明确的职能定位和一体化发展的理念。在这种背景下，专业化渠道企业在发展时容易陷入迷茫和徘徊的境地，不得不在业务和融资方面寻求多元化。这会导致渠道企业自身缺乏稳定性，降低渠道企业分销和服务方面的集中投入。

（3）渠道成员的任务和权力不明确。例如，有些企业通过自身的销售队伍向大客户供货，同时其授权中间商也努力向大客户推销。地区边界、销售信贷等方面任务和权力的界定模糊和混乱会导致诸多冲突。冲突还可能来自渠道成员的市场认知差异。例如，生产企业预测近期经济前景较好，要求中间商提高存货水平，而中间商却可能认为经济前景不容乐观，不愿保留较多的存货。

（4）生产企业对中间商的依赖程度过高。在现实中，企业过分依赖中间商的现象十分普遍。中间商由于良好的市场机遇，掌握了巨大的市场资源，规模迅速扩大，但经营能力却提升缓慢。它们不能主动适应新市场、新环境，甚至不能全力提高销量，不能贯彻生产企业的销售政策，往往使生产企业的努力付诸东流。目前，中间商队伍大多是以个体户为基础发展起来的，整体素质不高，这些中间商在市场开发能力、促销能力、管理能力和自我提高能力各方面存在不足，缺乏战略眼光和信息处理能力，甚至不能正确处理自身和生产企业的关系。另外，由于过分依赖中间商，生产企业对市场情况不能准确把握，缺乏市场资料用于制定分销战略，并降低了企业对渠道的控制力。很少有生产企业能够将渠道激励贯彻得当，生产企业价格体系不健全、不合理或者对中间商的奖励方法方式不适当，都使得中间商利润过高或过低。

（二）渠道冲突产生的直接原因

（1）价格原因。各级批发价的价差常是渠道冲突的诱因。生产企业常抱怨中间商的价格过高或过低，从而影响其产品的形象与定位。而中间商则抱怨生产企业给的折扣过低而无利可图。

（2）存货水平。生产企业和中间商为了自身的经济效益，都希望把存货控制在最低水平。而存货水平低又会导致中间商无法及时向用户提供产品而造成销售损失甚至用户流失。同时，中间商的低存货水平往往会导致生产企业的高存货水平，从而影响生产企业的经济效益。此外，存货过多还会产生产品过时的风险。因此，存货水平也容易造成渠道冲突。

（3）技术咨询与服务提供。中间商不能提供良好的技术咨询及服务，常被生产企业作为采用直接销售方式的重要理由。

（4）中间商经营竞争对手的产品。生产企业显然不希望出现这种情况，尤其在当前的工业品市场，用户品牌忠诚度较低，经营第二产品线会给生产企业带来较大的竞争压力。另外，中间商常常希望经营第二甚至第三产品线，以扩大其经营规模，逃避生产企业的控制。

四、渠道冲突的结果

（一）积极影响

良性渠道冲突的结果是有利的，建设性的。良性渠道冲突不会破坏任何渠道成员之间的关系，相反，会互相促进，提高渠道成员的绩效，形成合理的竞争激励。在没有任何冲突的渠道中，渠道成员会不求创新，最终导致整个渠道系统失去竞争力。因此，不存在任何冲突的渠道成员间的关系并不一定是健康的。在现实经营活动中，没有冲突的渠道体系是不存在的。

应该如何保证渠道冲突产生良性结果呢？首先，渠道成员应当是尽责的，能够承担起渠道所分配的职责。其次，渠道成员应当把产生冲突看作正常现象，对冲突持忍耐的态度，不因冲突而丧失相互间的信任。最后，还需要针对冲突和分歧采取适当的办法，使冲突得到及时化解。

（二）消极影响

由于恶性渠道冲突会导致渠道成员蓄意破坏、损害或阻挠其他渠道成员的行为，因此，这类冲突无论是对于渠道成员有关各方，还是整个渠道系统都是一种恶意的破坏行为。因此，我们必须尽可能避免这类冲突。

第二节　渠道冲突的管理

一、渠道冲突的管理策略

（一）明确主导渠道模式

企业必须首先明确渠道的发展方向，即是以直销方式为主渠道还是以分销方式为主渠道。这两者具有不同的操作模式。假如是以直销方式为主，由生产企业完全控制整个渠道的关键环节。这就要求不能进行区域划分，因为区域市场的主动权由中间商掌握，企业将对中间商区域市场失去控制力，使中间商有能力与直销渠道对抗。

若采用分销方式，生产企业的直销队伍应承担辅助职能，由生产企业训练有素的直销队伍开发空白市场，但是在空白市场成熟后就必须将其移交给中间商，以形成中间商体系的优势，使分销渠道和直销渠道双方保持共同的利益目标。

（二）合理分配渠道利益

在传统渠道下，企业对渠道网络的掌控具有一定的优势，通过与渠道成员之间建立良好的人际关系，构建一个完善的渠道网络，并通过时间和关系的积累，最终形成良好的渠道关系网络。为了保障分销渠道的正常运转，企业在市场上实行严格的级差价格体系，以确保分销渠道销售网络内部各个层次、各个环节都能获得相应利润，使整个渠道网络得以正常运转。

（三）适时推进渠道变革

企业在时机不成熟的情况下应尽量避免改变其他渠道成员的经营方式。对渠道的改造不可一蹴而就，若在分销渠道不完善、中间商的实力较弱、没有经验的情况下实现渠道的扁平化，会促使一批中间商直接面向终端。这种变革渠道的行为将加剧渠道成员之间的矛盾。渠道的变革应该在成熟的市场中进行，因此企业应对渠道进行完善，使渠道具有市场优势，在企业对渠道的控制力提高的前提下实现渠道的扁平化，避免形成市场波动。

（四）提供优质渠道服务

企业应把中间商看作企业的第一顾客，向其提供优质服务，定期、系统地进行指导和培训，统一双方的理念和利益，建立一种共存共荣的伙伴关系。通过完善中间商的管理，使其由原本的粗放型向精细化转变，使中间商向专业化、公司化发展。对销售通路中所有网点做到定区、定点、定人、定时地进行细致的服务与管理，实现对市场状况的全面掌控，使信息得到有效传达和反馈，在销售通路中逐步获得对市场的掌控能力。

二、渠道冲突的管理方法

（一）谈判手段

谈判的目的在于停止成员间的冲突。妥协也许会避免冲突爆发，但不能解决引发冲突的根本问题。只要问题继续存在，冲突终究会产生。谈判是渠道成员之间的一种沟通方式。在谈判过程中，每个成员会放弃一些东西，从而避免冲突发生，谈判结果在一定程度上取决于成员的沟通能力。事实上，解决冲突时，需要对每一位成员采取独立的策略方法以确保能解决问题。

（二）调解手段

调解过程一般如下。①建议。第三方试图劝说冲突双方，要么继续谈判，要么考虑接受调解或者独立的建议。调解人一般会对实际情况有一个全新的看法，并且能发现"局内人"所不能发现的问题和机会。仅仅通过调解人的建议，方案就有可能变得可以接受。②签订协议及监督。有效的调解可以成功地澄清事实，保持与对方的接触，寻求可能达成共识的基础，促使双方同意并遵守协议，而且监督协议的实施。

（三）仲裁手段

仲裁能够代替调解，它可以是强制的或自愿的。强制仲裁的程序是：双方必须按照法律规定服从于第三方做出的最终综合性决定。而自愿仲裁的程序是：双方自愿服从于第三方，由它做出最终的综合性决定。利用仲裁解决问题时，需要第三方的加入。虽然用仲裁来解决问题很普遍，但事实上往往效果欠佳，主要是因为很难找到一个合适的仲裁人，并且提出一个冲突双方都能接受的建议。

（四）法律手段

冲突有时需要通过政府相关部门或者诉诸法院来解决。这意味着渠道中的领导者不起作用，即无法通过谈判、劝说等途径解决问题。

（五）管控手段

企业在中间商达不到分销合同的要求时，可能需要采用优化调整渠道成员的办法。例如，当中间商进行恶意的跨地区冲货销售，或者进行恶性的价格竞争，而对企业的政策和双方的合同条款置之不理时，企业则需要立即停止分销合同的执行，取消对方的中间商资格。

（六）强制手段

解决冲突的最后一种方法就是退出该渠道。当水平渠道冲突或垂直渠道冲突不可调和时，退出是一种可取的方法。从现有渠道中退出可能意味着中断与渠道成员的合同关系。

三、渠道冲突的防范机制

（一）建立渠道调整机制

1. 渠道合作机制调整

（1）合作理念升级，从"唯利"转变为"共同永续发展"。在渠道变革中，首先要改变中间商的经营思路，经营合作的目的不再是获取短期利益，而是通过根本的体制性变革，使中间商之间通力合作，追求共同成长、永续发展。中间商不再只是赚取价差利润，而是开拓市场，追求长期发展，与生产企业形成战略合作伙伴关系。形成整体组织的"核心思想"，是保持协调一致的先决条件。

（2）生产企业互相融合、渗透，合力作战。即改变生产企业相互独立的局面，通过向终端逐步融合、渗透，贴近消费者，实现渠道在实际意义上的扁平化，而不仅仅是在形式上减少层级。因为单纯地减少层级，并不能使中间商的能力快速提升，无法管理更多的下游客户，其效果往往是适得其反。另外，生产企业与中间商联合，可以优势互补，更充分地整合、利用各方资源。

（3）职能统一，共同协调。即在渠道变革中，完善和强化中间商的职能，以达到中间商与生产企业在管理、营销、财务和物流各个方面的纵向协调，甚至逐步在系统内推行标准化的作业流程，建立数据库共享平台等，以提高整个系统的作业与管理效率。

2. 渠道职能分工调整

（1）重塑生产企业职能分工。一般意义上的渠道扁平化，都是试图将中间商降级，通过削弱其固有的职能，来强化产品的市场"推力"。这其实是生产企业的被动选择，也是当前中间商业务能力相对低下的真实写照。作为产业价值链中的重要一环，中间商本该创造自身的"价值"，然而由于能力所限难有作为，导致生产企业只能取而代之。这显然违反了社会分工的原则，也违背了事物的内在规律。因此，对渠道扁平化操作模式进行改进，在某种程度上体现的是一种面向传统分销模式的"回归"。

（2）赋予中间商更多的业务职能。既然生产企业"包办代替"如此"力不从心"，可以考虑重新把职能交还给中间商，这更符合事物内在规律，能够更多地激发市场效益。考虑到中间商现有的实力和业务水平，这种"归还"应该是有目的、有步骤的，而且只是部分归还（如归还一些技术含量比较低的日常操作性工作）。而真正的核心环节（如 KA 的掌控、品牌传播、各种活动的整体规划等）仍然由生产企业掌握。因为渠道扁平化的本意在于确立生产企业的主导地位，进而强化渠道的市场"推力"。

（3）生产企业服务重新"聚焦"中间商。长期以来，生产企业的服务"重心"直接放在了终端。随着中间商职能的重新调整，这种局面必须得到改变，当务之急是为中间商提供业务培训服务。这是中间商得以独当一面的必由之路。生产企业应该充分利用自己在文化、品牌、管理、资源及人才等方面的优势，向"核心"中间商输出文化、理念、管理和人才，以培育中间商独立运作渠道以及管理终端的能力。

（4）重新审视流程，做好分工。把握以生产企业为主导的原则，生产企业完全掌控自身具备相对优势的产业链中的核心环节，将一些不具有相对优势、技术含量较低、劳动密集型的非核心环节交给中间商。

（二）建立渠道沟通机制

渠道之间的沟通，是一种多向的、主动的、整合的信息传播沟通方式，是生产企业为了建立稳定、高效的渠道系统，进而制定的与各级中间商沟通的制度与途径，以创造渠道优势，实现渠道系统的利润最大化。沟通的特征表现为：沟通过程的动态性、结构的复杂性、沟通过程本质的互动性、沟通的推测性、沟通的符号性、沟通对环境的依赖性、沟通的自我反省性等。生产企业在与中间商进行沟通时，完全可以利用沟通的这些特征实现信息、思想、态度等的传递与共享，从而实现渠道系统的共同目标。

1. 理念沟通

每个生产企业在生产经营过程中，都会形成一定的营销理念，这种理念会体现在其分销策略上。而一系列分销策略要真正贯彻下去，产生显著的效果，离不开其渠道成员之间的通力配合。为此，生产企业需要将企业的营销理念与中间商进行沟通，在理念上达成共识。这样生产企业的企业文化、产品形象才能在销售终端被最终顾客所感知，企业的渠道政策、促销政策才能真正在销售过程中得以贯彻，产生效果。

在营销过程中，生产企业可能会面临这样的尴尬局面：中间商拿到企业的政策后，将政策变通，致使企业的投入得不到应有的回报。造成"营销误差"的原因主要是理念的差异。若双方在理念上高度一致，则可以形成强大的营销合力；如果在理念的方向上有偏差，就会削弱营销的合力，甚至成为市场发展的阻力。现代企业实行深度分销，在渠道的每个环节都力争精耕细作，可是在发展的过程中，如果得不到中间商的支持，许多工作只能是事倍功半，因此实现双方的理念认同非常重要。理念的有效沟通并达成一致，才是营销成功的关键。因为只有对理念认同的双方，才会保证行动的一致，在共同的目标激励下创造竞争优势。

2. 信息沟通

渠道中信息能否快速、顺畅地沟通是衡量渠道绩效的一个重要指标。以科学的方法在渠道成员之间分享数据，提高信息沟通的程度，可以大大强化生产企业的市场竞争优势。采用先进的信息管理系统，可以使信息在客户和中间商、生产企业之间准确而及时地沟通，将渠道成员与顾客、市场紧密联系在一起，缩短企业反应时间，实现顾客满意。

生产企业在与中间商的信息沟通中，应避免单纯地由生产企业向渠道下级成员发送信息，这种沟通方式会使下级成员成为一个被动接受者，而且沟通过程深受编码和解码过程的影响，可能造成信息被曲解。有效的信息沟通是一个连续、持久的过程，传达和反馈同时进行，从而使信息产生共享价值，有助于使中间商积极主动地参与沟通。

3. 情感沟通

生产企业与中间商的情感沟通是必需的，是利益沟通、理念沟通、信息沟通的润滑剂、增强剂。如果生产企业与中间商没有感情基础，中间商可能会只考虑自己的利益，而不体谅生产企业的难处，不考虑生产企业的利益。生产企业的业务代表或其他成员应定期对中间商特别是对直接供货的中间商进行拜访与沟通，以加深感情。在业务交往过程中，生产企业与中间商保持良好的关系、业务代表与中间商代表建立良好的私人关系，有助于在业务方面的互相合作与支持，对稳定渠道、贯彻渠道政策有着不可替代的作用。

（三）建立利益分配机制

渠道的冲突实际上是渠道成员之间的一种博弈，在一定的时间内渠道成员是固定的，而各个渠道成员会为了自身获取更多的利益做出对自身有利的决策，这样就有可能损坏上游或者下游的利润，从而造成渠道冲突。这种矛盾在某个时间段可能不会爆发，因为生产企业和中间商、中间商之间可能在经过协调之后达成共识，此时的生产企业和中间商或中间商之间处于纳什均衡点上，不会引发冲突。但是这种"和平"总是短暂的，因为彼此之间的矛盾没有得到真正解决，只是被暂时地隐藏起来，所以，当生产企业与中间商、中间商之间的一方或者双方都不满足于现状时，就需要新一轮的协调，当协调无法达成时，冲突就会出现。所以，纳什均衡点并不是绝对平稳的，只有达到利益分配的帕累托最优时，渠道才是最平稳、最高效的。

现代渠道系统实际上是把生产企业与中间商这个"矛盾的统一体"变成一个纯粹的"利益统一体"。在这一系统中，合作伙伴之间的利益是一致的，目标是统一的，所有成员追求的是整个系统利益最大化前提下的各自利益最大化，而且这种均衡有相对的稳定性和长期性。但在实际操作中，渠道成员之间彼此扮演的角色不同，追求目标的侧重点存在差异。生产企业强调对市场及中间商进行严格控制与管理，中间商则以利润最大化为目的，通过利益沟通，强调渠道最终利益的一致性，以赢得中间商充分的认识和认可，用长期目标化解大家的短期利益纷争，使渠道成员着眼于未来和大局，精诚合作，为实现共同目标而努力。利益沟通成为生产企业与中间商之间最深层次、最主导、最持久和最具有决定作用的沟通。

（四）引入第三方监督机制

垂直渠道的成员之间之所以会发生冲突，在某种程度上是因为缺乏有效的监督或调节机制。由于双方在出现问题时没有统一的判断是非对错的标准，渠道成员都按照自己的利益来判定己方和他方的对错，这显然是有失公允的。因为双方判定的标准不同，所以双方得出的解决问题的方案自然会有很大的差异，这显然会激发双方的矛盾，最后造成冲突。但是，若成员之间有共同认可的第三方机构对双方都进行监督，出现问题时对双方的矛盾进行调解，渠道成员依据统一的标准判定是非，那么问题将会得到更加客观的解释和解决，引发冲突的可能性也会随之降低。

但是这对引入的第三方机构的要求是比较高的。首先，该机构不参与渠道成员之间的任何商业活动，但又必须对渠道成员的活动有详细的了解，以便在出现问题时能够做出公正的评判。其次，该机构要得到双方的认可，只有双方都对其有充分的信任，才会放心将矛盾交给该机构来解决。最后，这个机构要能够做到公正，在公正的前提下高效地解决成员间的矛盾。

第三节 窜货管理

窜货是渠道冲突中最典型的形式之一，也是容易产生负面影响的渠道冲突形式。人们在营销实践活动中常常这样描述：没有窜货的销售，是不红火的销售；大量窜货的销售，是危险的销售。

一、窜货概述

所谓窜货，又叫作冲货或倒货，或者越区销售，指的是分销网络中的各级代理商、分公司等受利益驱动，使所经销的产品跨区域销售，造成价格混乱，从而使其他中间商对产品失去信心，消费者对品牌失去信任的一种现象。常见的形式有以下几种，①分公司与分公司之间产生窜货。某些分公司为了能够完成销售指标，取得良好的业绩，会将产品销售给需求量大的分公司，产生公司之间的窜货现象。②同一区域市场的中间商进行窜货。一种产品常需要从生产企业经各级中间商之后到达消费者，实现自上而下的顺序流通。但若其中某些中间商想获取更多的利益，而跳过了下一级的中间商，直接向批发商跨级供货，会导致窜货的发生。③不同区域的中间商之间进行窜货。同一件产品，当甲、乙两地市场供求关系不平衡，或者两地的同一产品价格相差较大时，低价区域内的中间商就会将其产品售往价格高的区域，形成跨区域低价抛售，发生窜货。

二、窜货的类型

（一）自然窜货

自然窜货是指中间商在正常价格范围内无意识地将产品销往企业划定的销售区域以外的现象，一般发生在销售区域交界处、物质流通中心或物质集散地。企业一般依托城市或区域经济中心划分销售区域，与行政区划基本重合，而处在城市和区域经济中心之间的中间商或消费者在采购过程中，需要综合考虑采购价格、运输成本等各种因素，选择空间距离最近或综合成本最小的采购方案，从而突破企业的销售区域划分。而这会导致自然窜货现象的产生。此外，连锁企业在集中采购和统一配送过程中，也可能出现产品的跨区流动现象。

（二）良性窜货

在市场开发和新产品引入期，为了使产品迅速覆盖市场，业务人员往往会在交通枢纽中心和商品集散地选择中间商，或与流通能力较强的中间商合作，借助流通中心的流通能力或中间商的影响，使产品迅速流向终端，在此过程中出现的产品跨区销售现象，称为良性窜货。与自然窜货不同，良性窜货是市场业务人员有意而为之，目的是使产品低成本进入市场，增加销售额和提高企业知名度，这种方式为许多尚处于市场开发初期或需要快速开发新市场的企业所青睐。

（三）恶性窜货

企业分支机构或市场业务人员、中间商为了获取超额销售提成或商业返点，以低于企业定价的价格向授权区域外销售产品的现象，称为恶性窜货。与良性窜货不同，恶性窜货虽然也是一种主动窜货，但其目的不是低成本地扩大产品的影响和覆盖市场，而是增加销售量以拿到更多的商业返点、提成。判断恶性窜货的依据有两个，一是价格低于企业定价，二是产品跨区域流动。出现恶性窜货的原因比较复杂：按销量给予中间商商业返点、业务人员按销售业绩提成、渠道发展不平衡、存在地区价格差距等都可能导致恶性窜货现象的出现。此外，竞争对手为了扰乱对方的市场价格体系，也可能正价收购少量对方产品，然后低价抛售扰乱市场，导致出现恶性窜货现象。通常所说的窜货是指恶性窜货，这种窜货现象在快速消费品领域最容易出现。

三、窜货的原因

（一）价格体系不完善

价格体系的不完善是造成中间商"越区销售"的原因之一。利润永远是渠道成员所追求的目标，只要有利可图，就会见利而趋。"三级批发定价"是目前许多企业在产品定价方面采用的传统定价方法。这个价格体系呈阶梯状，由总分销价（出厂价）、一批价、二批价、三批价，以及建议零售价组成。每个阶梯之间都有一定比例的折扣，而折扣比例差异构成了利润的源头。

（二）激励措施不科学

生产企业对中间商往往采用年终返利、高额回扣、经销权、特殊奖励等激励措施，但所采用的种种激励措施一般会以中间商完成一定额度为基准，中间商超额完成的百分比越高，则获得的奖励越多，产生的利润也就越大。为完成既定的销售量，以获得高额奖励，许多中间商会不顾一切地来提高销售量，包括向其他区域市场赔本销售，于是形成了中间商之间的窜货。

（三）代理商不恰当

许多生产企业因利益驱使任意指定代理商，也会导致恶意窜货的现象。

（四）渠道管理不规范

有些生产企业为了片面追求销量，采取短期行为，对于窜货现象缺乏重视，不能及时处理；或者处理不严格，更有甚者姑息纵容。

（五）销售任务不合理

许多生产企业为了抢占市场，盲目给各地中间商制定销售目标。中间商一旦在限定的区域内无法达到销售目标，就可能被迫选择跨区销售。还有一些中间商由于售后服务跟不上，造成货物积压又不能退货，为了减少损失将产品拿到畅销的市场上出售，从而形成窜货。

（六）营销人员不道德

营销人员的收入始终与销售业绩挂钩，有些营销人员为了增加收入，无视企业销售政策，鼓动中间商向其他区域发货；有些营销人员缺乏职业道德，与中间商达成某种默契，以种种理由求得生产企业支持，然后向其他地区窜货引起区域冲突。

四、窜货的危害

（一）影响经销商的极性

恶性窜货极易引发中间商之间的恶性竞争和价格战，使中间商利益受损，挫伤中间商的积极性。中间商销售某品牌产品的直接动力是利润。一旦出现价格混乱，中间商的正常销售就会受到严重干扰，利润减少，而利润减少会使中间商对品牌失去信心。

（二）影响销售人员的积极性

通过恶性窜货方式流入市场的产品扰乱了当地市场价格体系，增加了价格维护难度，如不能迅速查清其来源并及时治理，销售人员的工作积极性将严重受挫。

（三）影响消费者对品牌的信心

消费者对品牌的信心来自良好的品牌形象和规范的价格体系。金利来通过大量广告宣传和优质的产品成功塑造了"男人的世界"的良好形象，但早期对窜货现象管理不严，使地区差价达到一倍甚至几倍，让消费者失去对金利来品牌的信任，导致金利来的品牌形象下降严重。

（四）影响企业的可持续发展

当市场中出现恶性窜货时，中间商为了维护自身利益可能要求退货，或要求补足差额以保证其正常盈利，这无疑会使生产企业面临痛失市场份额或者蒙受巨额经济损失的困境。如果既不退货，也不补差额，中间商即便会为了保证自身品种齐全而继续持有少量产品，也很可能向消费者宣讲该产品的种种不足，推荐其他利润相对较高的产品，这不仅会严重损害企业形象，还会直接导致消费者忠诚度下滑。总之，窜货现象将导致价格混乱和渠道受阻，严重威胁着品牌无形资产和企业的正常经营。

五、窜货的防范

（一）制定完善的销售政策

（1）合理的价格政策。企业制定价格政策时不仅要考虑出厂价格，而且还要考虑一批价、二批价、终端零售价。每一级别的利润空间设置不可过大，也不可过小，对每一级的价格须严格执行。

（2）合理的专营权政策。企业在和中间商签订专营权合同时，要对窜货问题做出明确的规定。企业应该在合同中注明区域限定、授权期限、违约处置等内容。

（3）合理的促销政策。在制定促销政策时，大多数企业过分看重结果，而忽视了促销过程和质量，从而造成一促销就窜货，停止促销就销量降低的局面。企业制定完善的促销政策，应考虑合理的促销目标、适度的奖励额度、恰当的促销时间、严格的兑奖措施和有效的市场监控，以确保整个促销活动在计划范围之内进行，防止失控。

（4）合理的返利政策。在返利方面，企业应在合同中注明返利的标准、返利的时间、返利的形式、返利的附属条件等条款。

（二）培养稳健的经营作风

（1）制定现实可行的营销目标。稳健的经营作风可以有效地控制窜货现象。而稳健，就是要制定既有激励效应，又现实可行的营销目标。企业应在对现有市场进行认真总结和现有资源详细清查之后，制定符合实际的营销目标，不急功冒进，不盲目扩张。

（2）提供良好的售后服务。企业应该认识到在今后的营销竞争中取胜的一个关键因素是服务。良好的售后服务能够加强中间商与生产企业之间的联系，提升责任感和忠诚度。良好的售后服务是增进生产企业、中间商和顾客之间感情的纽带。

（三）建立健全的管理体系

（1）加强对销售渠道的管理。一是加强对企业内部中间商的管理。企业应该规范各项规章制度，使每一项政策的提出和执行更加科学和规范，并有一套健全的监督制度。二是加强对销售终端的管理。

（2）建立市场巡视制度，把禁止窜货作为日常工作。市场部门经常性地检查巡视各地市场，及时发现问题，并会同企业各相关部门予以解决。市场部门是制止跨区销售行为的直接管理者，由企业最高层直接领导，一旦发现跨地区销售行为，有权决定处罚事宜。

（3）实行奖罚制。其他中间商可能由于利益受损而向企业举报窜货双方，对于举报的中间商，应该给予奖励；对于窜货双方，则实行四级处罚，即警告、停止广告支持、取消当年返利和取消其经销权，具体按窜货行为的严重程度区别执行。对于有违规行为的营销人员也绝不姑息，轻则处罚，重则开除。

（4）实行产品代码制。实行产品代码制，便于企业对窜货做出准确判断和迅速反应。代码制指为每个销售区域制定一个代码，并将其印在产品内外包装上。这样一旦在甲地发现有乙地代码的产品，即可判断窜货的来源，方便企业迅速做出反应。

基本概念

渠道冲突　良性窜货　恶性窜货

思考题

1. 渠道冲突的类型有哪些？
2. 渠道冲突产生的原因有哪些？
3. 渠道冲突的危害有哪些？
4. 如何管理和控制渠道冲突？

案例分析

某公司渠道冲突管理分析

某公司的渠道冲突管理可以按照结构变量划分为多渠道冲突管理、垂直渠道冲突管理和水平渠道冲突管理3种类型。

1. 该公司的多渠道冲突管理

该公司所处的日化行业属于快速消费品行业，消费者的购买行业具有不同于其他行业的一些特点，最明显的是消费者具有冲动性和习惯性，而品牌忠诚度较低。企业只有拥有高效的渠道才能把产品以最快的速度转移到消费者手中。

一方面，该公司按一定的要求对渠道成员进行分类管理，以便充分发挥它们各自的优势。在该公司的渠道组织划分中，小店主要是月销量低于5箱的小型商店及各种货摊；大店包括百货商店、超级市场、连锁店、平价仓储商场等。同时，该公司对大店和小店的经营进行了准确且互补的定位：小店的优势在于极大地方便消费者随时随地购买，经营品种相对集中，以畅销品为主，销售量受其他因素干扰较小，有足够的毛利率保证其有稳定的利润来源，有较稳定且广泛的客户网络。大店因具有良好的经营环境成为建立企业形象、塑造品牌的有利场所，良好的店内设计和形象展示是配合该公司强大的广告攻势最有力的销售工具。

另一方面，该公司对营销资源进行了合理的配置，通过供货管理和拜访制度的差异管理成功地解决了多渠道冲突。在供货管理上，小店供应价可高于批发市场的发货价，一般以厂价加5%为宜，100%现款现货，在任何情况下都不提倡采用任何形式的代销赊销，并要求中间商向所有的小店提供送货上门服务。大店则严格按照单一中间商供货政策，根据商店经营的历史背景和目前的经营状况，按比例将每一家商店分配至具体中间商，同时其他中间商不得介入。在拜访制度上，小店的拜访频率以成熟品牌不脱销、新产品 4 周内售尽为目标，1.5 周是比较合适的拜访频率。大店则根据其库存周期、销售量大小及货架周转率、送货服务水平以及促销活动频率等综合指标来确定合适的拜访频率。

2. 该公司的垂直渠道冲突管理

从垂直渠道关系来看，导致该公司垂直渠道冲突的主要原因是该公司与中间商的目标差异。该公司希望通过销售终端来拉动市场，通过广告攻势建立强大的品牌力量，实现消费者的高度认同，再配以渠道的协助，提升产品的市场销量。但经销商却更倾向于经营毛利率更高的短期盈利产品，特别是一些区域经销商，大多采用多品牌经营，通过代理其他品牌的产品来增加其盈利途径。例如，许多区域经销商同时经营包括联合利华、花王、高露洁等多个品牌的产品。这样做必然大大地分散经销商运作该公司产品所需要的资金、人力、仓储运输等资源。面对这种目标冲突和经营行为冲突，该公司采用了以渠道合作为核心的经营思路和恰当使用渠道权力的策略来解决其渠道冲突。具体方法如下。

（1）坚持经销商必须专一经营。这项措施基于该公司强大的渠道权力优势，要求经销商必须独立经营该公司的产品，独立设置账户，独立运作资金，业务员独立办公，该公司的产品拥有独立仓库等硬性规定，促使经销商专一经营。

（2）精心选择经销商。该公司在全国各地精选具有一定规模、财务能力、商誉、销售能力、仓储能力、运输能力和客户关系的经销商，特别强调经销商客户关系的深度和广度，以及其对区域市场的覆盖能力。对于新晋经销商，该公司要求其拥有不低于 500 万元的资产抵押及不低于 400 万元的流动资金，并采用公开招标的形式选择经销商。这种对经销商的严格挑选标准，可以促进市场渠道结构的合理分工，以避免因经营职能重复而造成的资源浪费，最大限度地降低渠道成本。

（3）实施端到端的直接合作。即该公司的产品不经过任何中间经销商直接进入销售终端。这是该公司在成熟市场中运用娴熟的传统战术。

（4）推行协助式的渠道管理。该公司不仅注重精选有实力的经销商以形成合理的渠道结构和市场布局，而且向经销商派驻公司代表以协助销售，培训经销商销售人员，招聘区域市场代表，为经销商提供销售辅助。该公司确立了 14 天回款返利 3% 的回款激励制度，协助经销商提高物流管理水平并推行数字化管理。

3. 该公司的水平渠道冲突管理

在拓展市场的竞争中，企业要从水平方向拓展渠道，针对经销商的竞争异常激烈，并且，渠道经销商之间也会频繁发生冲突和竞争。该公司凭借其强大的渠道权力和影响力，较好地运用了渠道冲突管理中利益协调的核心机制，在渠道的各成员之间进行合理的利益分配，最大限度地避免和化解了经销商之间的渠道冲突，具体措施主要如下。

（1）强调对经销商的权责管理。该公司重视对经销商的权责管理，以维持该公司在选择经销商时一贯坚持的高标准、严要求，同时对经销商的区域权力做出了详细的规划安排，以避免水平渠道冲突的发生。例如，在对大的零售商进行管理时，对各经销商的区域权力进行明确划分同时重视对经销商的激励机制，良好的激励机制是对水平渠道冲突进行管理的有效方法。

（2）有效使用对经销商的覆盖服务费。该公司设计并实施了经销商覆盖服务费评估系统，按经销商覆盖业绩来评定覆盖服务费用。经销商提供越好的覆盖服务，将会得到越高的覆盖服务费。经销商覆盖服务费 $=A\% \times$ 经销商所有覆盖人员奖金基数总额 $\times$ 覆盖服务水平，其中，$A\%=270\%$，是一个固定比率，由该公司在每一个阶段根据市场情况而定，CSF 评估系统可以有效激励经销商，同时简化了相关的管理，并使对经销商的日常管理标准化，这对解决水平渠道冲突起到了重要的作用。

（3）充分发挥信息共享的作用。该公司善于利用信息共享来协调各种可能的矛盾，在公司和各级经销商之间、同级经销商之间鼓励充分实现信息共享，从而有效地避免水平渠道中的成员因信息差异所导致的冲突。

（4）注意指导经销商的内部分工。该公司通过尝试实施经销商一体化管理系统，对经销商内部的合理分工进行指导，该系统主要通过经销商运作经理、经销商销售主管、经销商销售组长、大店经销商销售代表、小店货车销售代表等各层级明确的职责和业务指标来保证渠道的畅通和高效运行。

（5）实施一体化营销改造。该公司帮助经销商进行管理改造来增加对渠道管理的可控度，改造步骤如下。首先，该公司内部组成一个跨部门的工作小组，对经销商进行诊断，分析其管理方面的问题和不足，并且与经销商共同制订符合该公司管理标准的改造计划；其次，经销商自行按照计划进行改造，工作小组提供各种支持，特别是为经销商提供导向性的咨询服务；最后，使改造后的经销商及其营销职能部门拥有与该公司相似的组织机构和运作管理方式。

问题：
1. 你认为该公司在处理渠道冲突时有哪些值得借鉴的经验？
2. 你对该公司的渠道冲突管理有哪些改进建议？

第八章　渠道激励管理

学习目标

构建渠道体系后，渠道成员之间要形成良好的合作伙伴关系，以提升整体渠道的经营效率，而这离不开日常工作中的监督和激励。同时，对中间商进行日常监督和激励也是及时处理渠道冲突与矛盾的有效方法之一。

通过本章的学习，读者可以掌握以下知识。

- 渠道激励的内涵；
- 渠道激励的作用及基本原则；
- 渠道激励的策略；
- 激励中间商的方法。

导学视频

能力目标

- 能设计简单的渠道激励管理组合方案；
- 学会使用渠道激励的"三大法宝"。

知识导图

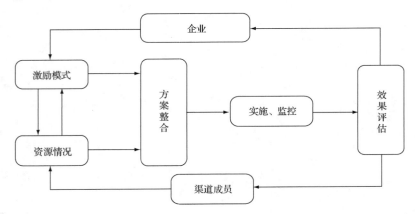

育人目标

融入点	展示形式	目标
（1）激励是提升工作积极性、提高工作绩效的重要手段 （2）以"比学赶帮超"为目标推进渠道管理创新	（1）通过视频、文献等资料展示渠道激励的价值与意义 （2）展示优秀企业渠道激励的主要手段与方法	（1）强调激励能够为组织带来的重要作用与价值 （2）能够在经营活动中合理地利用"比学赶帮超"

第一节　渠道激励策略

一、渠道激励的定义及作用

从心理学的角度来说，激励是指通过刺激和满足人们的需要，激发和培养人们的动机，使人们为了满足需要而积极行动，朝着目标前进的心理过程，其主要原理是遵循人类心理活动过程的自然规律，通过满足需要或研究行为达到引导、鼓励人们的目的。从管理学角度来看，激励是指组织通过设计适当的外部奖酬形式和工作环境，以及一定的行为规范和惩罚性措施，借助信息沟通来激发、引导、保持和归化组织成员的行为，以有效地实现组织及其成员个人目标的系统活动。激励的最终目的是在实现组织预期目标的同时，鼓励组织成员实现其个人目标，即达到组织目标和员工个人目标的客观统一。

在激烈的市场竞争中，企业为了获得竞争优势，分别在产品、价格、促销等方面采取各种措施或手段，但是在瞬息万变的市场格局中，除了应用产品、价格和促销手段外，渠道体系建设也尤为重要，特别是在渠道管理中，对渠道成员的激励是不可或缺的重要内容。美国哈佛大学的心理学教授威廉·詹姆斯在《行为管理学》中指出：合同关系仅仅能使人的潜力发挥到20%～30%；而如果受到充分激励，其潜力可发挥至 80%～90%，这是因为激励可以充分调动人的积极性。

（一）渠道激励的定义

渠道激励，也叫作渠道成员的激励，是指渠道管理者通过强化渠道成员的需要或影响渠道成员的行为，增强渠道成员间的合作精神，提升其工作积极性与经营效率，最终实现企业目标的过程。渠道激励的具体方式是渠道管理者通过持续的激励举措来刺激渠道中的各个成员，以激发渠道成员的积极性和能动性，提高分销效率的管理行为。

激励贯穿于渠道体系建设的全过程，包括对渠道成员的了解、个性的把握、行为过程的控制和行为结果的评价等。实施渠道激励的根本原因在于，在大多数情况下，构成渠道系统的各个渠道成员与生产企业属于完全独立的经济实体。这种渠道系统的构成决定了生产企业与渠道成员之间的关系不是严格意义上的上令下行的关系，而是一种合作关系。维系渠道成员之间、渠道成员与生产企业之间关系的纽带则是双方对利益的一致追求。

（二）渠道激励的作用

对生产企业而言，为了使整个系统有效运作，渠道管理工作的主要内容是不断地增强维系双方关系的利益纽带，针对渠道成员的需求持续提供激励以及经常性地进行渠道促销以增强渠道活力。生产企业只有充分、准确地认识渠道激励的重要性，才能制订科学的、可执行的渠道激励计划。渠道激励的作用主要体现在以下几个方面。

1. 保证稳定的销售业绩，共同完成企业销售目标

企业达成销售目标不仅需要依靠自身销售团队的努力，更需要渠道成员的一起参与。企业对渠道成员进行及时、有效的物质激励和精神激励，有利于激发和保持其产品销售热情，使之能更主动、积极地进行产品陈列、产品展示和各种促销，促使消费者做出购买决策，从而协助企业保持稳定的销售业绩，共同促成销售目标的达成。

2. 提升渠道的排他性，获取渠道竞争优势

目前我国商品市场，尤其是快消品行业和家电行业，产品供大于求，企业实际可选择的渠道成员与渠道利用空间有限。合理的渠道成员激励计划与方式有利于企业占领和巩固有限的渠道资源，对竞争对手形成渠道壁垒，从而帮助企业提升渠道的排他性，获取渠道竞争优势。

3. 提高铺货速度，加大终端铺货密度

市场终端执行力的强弱决定企业是否能够迅速适应市场变化以抓住市场机会。为了尽快将产品顺利地传递到消费者手中，先于竞争对手抢占市场制高点，渠道成员需要充分配合。企业制定相关的激励措施，有助于渠道成员提高终端铺货速度，并在条件成熟时增加产品铺货密度，从而帮助企业获取更多的市场机会。

4. 收集市场反馈信息，了解消费者新需求

随着社会经济的发展和人们收入水平的提高，消费者对产品的需求日益丰富化与个性化，而且需求变化的速度越来越快。中间商（尤其是大型零售商）拥有的终端市场最接近消费者，有能力收集、分析消费者购买行为的相关信息并把握市场变化。因此，企业可以制订相应的渠道激励计划，使其积极地为企业提供消费者的需求信息和市场的变化趋势，及时获取相关市场信息，把握消费者新需求，并调动一切资源去满足这种新需求。

5. 推动新产品成功上市，树立企业品牌形象

企业新产品的推广能否成功主要取决于渠道成员的配合程度。大到中间商购进新产品，小到新产品终端陈列，都需要企业与中间商进行密切配合。因此，企业制定合理的激励措施，在某种程度上能够确保新产品的成功上市，并使中间商成为企业信息的传播者、企业信誉的建立者和产品形象的维护者。

6. 减少窜货现象发生，稳定产品价格系统

产品或服务价格稳定是企业确保将其产品或服务成功推向目标市场并达到预定销售额和市场份额的关键条件之一。而一些渠道成员在经济利益驱使之下，往往会以低于市场的价格侵占其他市场区域，从而造成企业产品价格系统和渠道网络系统混乱，严重损害渠道成员及生产企业的经济利益。企业对渠道成员进行合理、科学的激励，努力平衡各方利益，有助于遏制和减少窜货现象的发生，保持产品价格系统的稳定。

总之，企业制订和实施及时、合理的渠道激励计划，能够激励、规范与渠道成员的合作行为，提高企业产品销量及品牌知名度，在某种程度上降低双方之间的沟通成本，减少利益与情感消耗，确保双方长期、良好的合作关系。

二、渠道激励的基本原则

渠道激励作为调动渠道成员积极性的一种手段，需要遵循一定的规律或原则，否则，不但会失去激励作用，还有可能引起渠道成员的不满、矛盾或者争斗，造成局面混乱。

（一）针对性原则

渠道激励的起点是满足渠道成员的需要。但是，渠道成员的需要存在差异性和动态性，因人而异，因时而异。因此，企业在对渠道成员进行激励时，应该注重调查研究，深入、全面地了解各个渠道成员的实际需求和问题，制定有针对性的激励措施，以获得相应的效果。

（二）及时性原则

及时性原则要求企业在激励过程中要注意对时机的把握，无论是奖励还是惩罚，都应该及时实施。如果时机把握不当，奖励不及时会使渠道成员产生不满情绪，影响其工作积极性；惩

罚不及时则会使渠道成员不知畏惧，继续其错误行为，也会使其他本来遵守政策的渠道成员感到不公平，进而导致整个渠道系统趋于崩溃，造成无法挽回的局面。及时性原则还要求企业把握短期效应和长期效应的整体平衡，否则会使渠道成员产生错误的经营观念，采用不道德的手段销售和竞争，损害企业的形象，影响企业的长远发展。

（三）公平性原则

中间商通常会采用两种标准衡量自身是否得到了公正的待遇，即横向比较与纵向比较。横向比较，就是将自己与他人比较来判断所得是否合理。横向公平的基本标准是：某个渠道成员的所得与所投入的比例基本上与其他成员一致。如果背离标准，会对渠道成员造成消极影响。例如，收入低于贡献的中间商，会产生挫败感，使积极性受到严重影响；而收入高于贡献的中间商则会认为无须努力即可得到奖励，从而影响工作积极性。纵向比较，是将自身的目前状况与过去相比较，以检验是否获得了相应的报酬。所以，激励遵循公平性原则是非常重要的。

（四）适度性原则

适度性原则要求企业对渠道成员的激励应适度，避免渠道成员的需求过度膨胀，或者激励程度过低导致对渠道成员的积极性造成打击。要达到激励适度的目标，企业应尽量避免出现激励过分和激励不足两种情况。当企业给予中间商的条件过于优惠时，激励过分的情况就会出现，其结果是销售量提高而利润减少。当企业给予中间商的条件过于苛刻，无法促使中间商努力工作时，激励不足的情况就会出现，其结果是销售量降低而利润减少。因此，企业必须根据中间商的工作努力程度及业绩情况，给予恰如其分的激励，这样才能既起到激励的作用，又不至于激励过度。

（五）奖惩结合原则

奖惩结合原则要求企业对中间商的激励必须奖励和惩罚相结合。奖励是一种正激励，惩罚是一种负激励，两者都是有必要的。奖励业绩突出的中间商不仅可以调动该中间商的积极性，还可以向其他中间商展示努力工作的结果，使其产生赶超的动力。对业绩不好、行为恶劣的中间商进行惩罚也是必要的，可使中间商有所顾忌，避免其为了个体利益做出损害整体利益的行为。

三、渠道激励的核心要素

（一）目标激励

目标激励就是通过目标的设置来激发人的动机，引导其行为，使其个人目标与组织目标紧密地联系在一起，以激励员工的积极性、主动性和创造性。目标设置理论认为，指向一个目标的工作意向是工作激励的主要源泉。目标激励有 3 个要点：一是如果能力和目标的可行性保持不变，则目标越具体、越困难，绩效水平就会越高；二是当获得工作业绩的反馈时，人们会做得更好，因为反馈能帮助他们认清现实情况和目标之间的差距；三是如果员工有机会参与设置自己的目标，他们会更努力地工作。

目标激励是一种基本的激励形式。企业每年都会为渠道成员制定或协商制定一个年度目标，包括销量目标、费用目标、市场占有率目标等，达到目标的中间商将会获得相应的利益、地位以及渠道权力。因此，对于中间商来说，目标既是一种巨大的挑战，也是一种内在动力。在目标的制定方面，企业往往存在"失当"的问题，大多表现为目标过高的倾向，而过高或过低的目标都不能达到有效激励的效果。因此，要制定科学、合理的目标，必须考虑目标的明确性、可衡量性、挑战性、激励性以及可实现性。

（二）渠道奖励

渠道奖励包括物质奖励和精神奖励两个方面。其中物质奖励主要体现为价格优惠、渠道费用支持、年终返利、渠道促销等，这是渠道激励的基础手段和根本内容。精神激励的作用也不容忽视，因为经济基础决定上层建筑，上层建筑也反作用于经济基础。精神激励包括评优评奖、培训、旅游、"助销"、决策参与等，重在满足中间商成长的需要和精神需求。

（三）工作设计

工作设计的原意是指把合适的人放到合适的位置，使他们能够充分发挥自己的才能。这一思想应用于渠道领域，则是指企业合理划分渠道成员的经营区域（或渠道领域），授予独家（或特约）经营权，合理分配经营产品的品种，恰当定位各渠道成员的角色，互相尊重，平等互利，建立合作伙伴关系，实现共进双赢。

四、渠道激励的主要策略

根据不同企业的性质、渠道成员特性等因素，企业可以制定不同的激励策略。这些策略可以归纳为以下几类。

（一）价格策略

制定渠道的价格策略实际上是将整体的产品利润分配至多个环节，渠道中不同环节的中间商都希望从总利润中分一杯羹。各个渠道成员从总利润中分享多少份额，将形成渠道定价结构。在制定渠道价格策略时要注意以下问题。

（1）防止矛盾冲突。在商品定价过程中，仅仅考虑市场、内部成本、竞争因素是不够的，还必须防止渠道成员之间产生矛盾甚至发生冲突。企业有责任制定合理价格，以促进渠道合作和减少渠道冲突。

（2）价格策略的类型。价格策略的类型包括交易折扣、数量折扣、现金折扣、预期补贴、免费赠品、预约运费、新产品展示及广告补贴（无绩效要求）、季节性折扣、混合装载特权、商务合同。

（二）支援策略

支援策略是指企业为满足渠道成员的需求并帮助其解决销售问题。这种支持能够有效地激发渠道成员的积极性和主动性，从而形成更大的分销效应。为渠道成员提供支持的内容可以分为两大类。

1. 财务支持

财务支持包括传统的借贷方式和信贷延期。

（1）传统的借贷方式。传统的借贷方式包括定期贷款、提供仓储场地、票据融资、应付账款融资、设备分期付款融资、租赁及票据担保、应收账款融资。

（2）信贷延期。信贷延期包括 EOM 信贷延期、季节性信贷延期、ROG 信贷延期、"额外"信贷延期、后信贷延期。

2. 合作方案

在传统的松散型联盟渠道中，批发与零售层面上的生产企业与渠道成员之间的合作方案是最常用的激励渠道成员的手段。

针对渠道的不同层次，生产企业会采用不同的合作方案，如对经销大量个人消费品的零售商如超市、杂货店、大众商品经销商等，提供的是合作性广告补贴、有偿内部展示补贴；而对于批发层面的中间商，特别是那些经销产业用品的中间商，则通常提供销售人员竞赛及培训项目。所有的合作方案都必须在平等对待的基础上提供给相同类型的渠道成员。从生产企业角度来看，所有这些合作方案的基本原理都涉及提供激励，以促使渠道成员加倍努力。

（三）战略联盟

渠道战略联盟是指在同一渠道中两个或两个以上的企业为了实现优势互补、提高竞争力而制定双边或多边的长期或短期的合作协议，并在此基础上进行长期联合的组织形式。

渠道战略联盟主要有以下几种。

1. 股权式战略联盟

这是由渠道各成员作为股东共同创立的联盟。这种联盟拥有独立的资产、人事和管理权限，可以分为对等占有型战略联盟和相互持股型战略联盟，前者指双方各拥有 50% 的股权，以保持相对独立性，后者指双方长期地相互持有对方少量股份。

2. 契约式战略联盟

当渠道成员无法将其资产从核心业务中剥离出来置于同一企业内时，或者为了实现更加灵活的收缩和扩张，合作伙伴不希望建立独立的合资公司时，便可以通过契约式战略联盟的形式合作。契约式战略联盟最常见的形式如下。

（1）技术性协议。渠道成员间相互交流信息技术资料，通过"知识"的相互学习来增强竞争实力。

（2）研究开发合作协议。分享现成的科研成果，共同使用科研设施和生产能力，共同开发新产品。

（3）产销协议。生产企业与中间商之间通过签订协议的方式，形成风险共担、利益共享的联盟体，并按照商定的生产和销售策略，合作开发市场，共同承担市场责任和风险。

（4）渠道协调协议。建立全面协作和分工的渠道合作体系。

由于契约式战略联盟更强调相关企业的协调与默契，因此联盟的本质特征更加明显。同时，契约式战略联盟在经营的灵活性、自主性和经济效益等方面比股权式战略联盟具有更大的优越性。

（四）保护策略

面对激烈竞争的压力，生产企业有时会改变营销策略，借以转变自己在市场上的被动地位。考虑到政策变化可能会给渠道合作伙伴带来伤害，一定要时刻保护渠道成员的利益。

1. 树立"共赢"理念

所谓"共赢"理念，指的是在新型渠道伙伴关系或战略联盟中强调生产企业与渠道成员间保持持续和相互支持的关系，其目的是建立更加主动的团队、网络或者渠道伙伴的联盟。在这种渠道伙伴关系或战略联盟中，传统的"我和你""你的、我的"的观念被"我们""我们的"观念所取代。正如通用电气公司的前董事会主席兼首席执行官杰克·韦尔奇所说的那样："我们在 20 世纪 90 年代的目标是建立一个没有界限的公司，我们要拆掉阻止我们与支持者融为一体的围墙……使他们与我们更好地合作，成为我们工作过程的有机部分，为了共同的目标——满足顾客需要而努力。"具体来说，"共赢"理念包括：合作伙伴双方都应得到利益；尊重合作伙伴；做出的承诺必须是能够实现的；在建立牢固的伙伴关系之前必须确定特定的目标；每一方都必须花一定的时间去了解对方的文化；每一方都必须对伙伴关系的发展提供一定的支持；双方必须保持畅通的交流渠道；决策由双方共同做出；保持关系的连续性。

2. 防止价格策略对合作伙伴的冲击

价格策略会对渠道成员产生影响，因此生产企业必须以保护渠道成员利益为主要任务，如保证每一个有效率的中间商得到能够覆盖其营运成本的价差。

3. 保护策略的扩展

对渠道成员的保护策略还可以扩展到特许销售区域，杜绝交叉授权；制定服务政策和技术保障政策，通过提供良好的维修服务、咨询服务、技术开发支持，为渠道成员营造良好的市场环境，保持对目标市场的高度吸引力。

第二节　对中间商的激励

一、发现中间商的需求

生产企业在与渠道中间商的合作中，要不断发现其新的需求，才能有的放矢地对它们实施激励，实现良好的激励效果，促使其提升销售业绩，从而更好地促进双方的合作，顺利达成渠道目标。因此，发现中间商的需求与问题是生产企业在激励过程中首先要做好的事情。中间商的需求大致可以分为 3 大类：获得利润、降低风险和提高竞争力。

（一）获得利润

通过销售生产企业的产品，获得包括进销差价在内的各种利润是中间商与生产企业合作的根本目的，也是双方合作的基础。生产企业通过制定相应的价格政策，可以控制中间商获得利润的多少，从而刺激中间商加大营销力度，增加销量，实现双赢的目的。

（二）降低风险

中间商通常会想方设法降低风险。风险的主要来源是竞争与不确定性。它们可能来源于中间商在经营过程中所遇到的各种不确定因素，包括生产企业的新产品开发、供货变化、价格变动、竞争对手产品及营销策略的变化、顾客需求的变化等。对这些风险，生产企业可通过加强与中间商的信息沟通来消除。中间商可以通过减少制定经营策略和实际经营过程中的不确定性，增加彼此间的信任度，建立和巩固与生产企业的合作关系，提高满意度。

（三）提高竞争力

在市场竞争过程中，短期利润最大化并不能保证长期持续发展。在市场中，一贯发展良好却突然倒闭的中间商并不少见。因此，大多数中间商都非常注重提高核心竞争力。目前有很多生产企业都在利用各种手段为中间商提供发展机会，如对中间商员工进行培训，辅助其制定决策，帮助其拓展业务等，提高中间商的核心竞争力，从而达到激励目的。

二、激励中间商的方法

在了解中间商的需求之后，生产企业要针对需求采取相应的激励方法。激励中间商的方法多种多样，根据激励手段的不同，可将激励方法分为直接激励和间接激励两种。

（一）直接激励

所谓直接激励，是指通过给予渠道成员物质或金钱的奖励来激发其积极性，从而实现生产企业的销售目标。直接激励是一种有效的激励形式，如果运用得当，会起到非常好的激励效果。中间商大多为独立运营的企业，获取利润是其进行经营活动的根本目标，因此生产企业可以根据各中间商的经营目标和需要，通过优惠条件来实现对中间商的激励。直接激励是最有效、便捷的激励方式。在企业的实际运营中，常用的直接激励方法有以下几种。

1. 折扣

折扣是指为了鼓励中间商的某种行为而对产品价格进行的调整，是几乎所有生产企业都在采用的激励方式之一。折扣一般是由生产企业提出一定的条件，如果中间商满足要求，则生产企业承诺给予一定的折扣。常见的折扣有以下几种。

（1）回款折扣。所谓回款折扣，即生产企业规定回款方式与折扣率相联系，以缩短货款回笼周期。例如，某药厂规定：如果中间商用现款购买，则产品在出厂价的基础上优惠 5%；如果 10 天之内回款，则在出厂价的基础上优惠 3%；20 天之内回款，则优惠 2%；一个月之内回款，优惠 1%；一个月以上回款则取消优惠。此方法可促使一部分有实力的中间商为获得更大的利润，尽可能缩短回款周期，这有利于生产企业的生产经营。

（2）提货折扣。这种折扣是生产企业为那些大量提货的中间商提供的一种降价，以鼓励中间商购买更多的产品。提供提货折扣的一种方法是根据提货数量给予折扣；另一种方法是根据提货金额给予折扣。如某家电企业规定，如果中间商一次提货金额达到 100 万元，可以在出厂价基础上优惠 2%；达到 200 万元，优惠 3%；达到 500 万元，优惠 4%；1 000 万元以上，优惠 5%。

（3）季节折扣。在销售旺季之前，生产企业一般都希望中间商提前订货，达到一定的市场铺货率，为旺季备货，以抢占热销先机。在旺季转入淡季之际，生产企业希望中间商多进货，以减少生产企业仓储和保管压力。而中间商在相应季节提货，可享受更低的折扣。

（4）功能折扣。功能折扣是指生产企业为了促使各中间商愿意执行某种市场营销功能（如推销、仓储、服务）提供的一种折扣，也包括为促使各中间商同意参加生产企业的促销活动而给出的折扣。例如，如果中间商愿意为顾客提供售后服务，生产企业就可以在出厂价基础上提供一定的折扣；如果各中间商同意参加生产企业的统一促销活动，则根据销售额在再次进货时可享受一定的折扣。

2. 返利

返利是指生产企业以一定时期的销量为依据，根据一定的标准，以现金或实物的形式对中间商给予补贴。生产企业采用返利这种方式，是希望最大限度地激发中间商的积极性，通过中间商的资源、网络，促进产品的销售，以期在品牌、渠道、利润等诸多方面取得更高的回报。返利对中间商来说，是经营利润的主要来源之一。返利的特点是滞后兑现，根据奖励目的，返利可以分为过程返利和销量返利两种。

过程返利是一种直接管理销售过程的激励方式，其目的是通过考察中间商市场运作的规范性以确保市场的健康发展。通常情况下，生产企业采用过程返利需要考察以下内容：铺货率、商品陈列生动化、安全库存、指定区域销售、规范价格、专销（即不销售竞品）、守约付款等。当中间商达到相应的要求时，生产企业则对中间商予以一定的返利支持。过程返利是一种很好的管理工具，如果应用得当可以起到既激励中间商又管理和控制中间商的作用。例如，某生产企业的返利政策是：中间商完全按公司的价格制度执行销售，返利 3%；中间商超额完成规定销售量，返利 1%；中间商没有跨区域销售，返利 0.5%；中间商较好地执行市场推广与促销计划，返利 1%。生产企业通过这种过程返利方案设计，既能激励中间商超额完成销量任务，又能规范中间商的运营，避免出现擅自降价、窜货现象，并促使中间商积极参与生产企业的促销活动。

销量返利是指生产企业根据中间商达到的销量提供不同程度的返利。具体来说，如果中间商在一定时期内的销量（或销售额）达到生产企业规定的最低标准，则可以在出厂价的基础上获得一定比例的返利，销量（或销售额）越高，则返利比例越高。例如，某生产企业规定，如果中间商分别完成最低任务 200 万元、争取任务 250 万元和冲刺任务 300 万元，即可享受 1%、3%和 5%的返利比例，对应的返利金额分别为 2 万元、7.5 万元和 15 万元。

销量返利常见的形式是销售竞赛。销售竞赛是指对在规定的区域和时段内销量列前的中间商给予奖励。另外，还可开展针对中间商的销售人员的营销大赛，以激发中间商的推销热情，掀起"比、学、赶、帮、超"的热潮。例如，某生产企业在全国范围内，针对中间商的导购人员，开展销售技能比拼大奖赛。这次规模宏大的比赛不仅激发了导购人员的学习动力，提升了其导购技能，还潜移默化地教化了中间商的导购人员，促使他们主动推销该生产企业的产品。销售大赛在提升员工素质方面，取得了较好的效果。销量返利的实质是一种变相降价，它可以提高中间商的利润，提升中间商的销售积极性。销量返利大多只能促进即时销售，从某种意义上讲，这种销量只是对未来市场需求的提前兑现。其优点是可以挤占中间商的资金，为竞争对手的市场开发设置障碍。缺点是若处理不好，则可能造成中间商过分依赖返利，而不是向市场要利润；同时一部分善于投机的中间商为获得更多的返利，可能会越区销售，导致窜货、价格倒挂等扰乱市场秩序的行为发生。

返利的时间应根据产品特性、货物流转周期来确定。时间不宜过短，一般以不低于 3 个月为佳，要避免中间商为了得到返利而压货，使销售额起伏较大；同时也不宜太长，一般不超过一年，否则，由于时间太长，不确定因素增加，会使中间商失去动力。

3. 信用

相对于生产企业而言，许多中间商的资金实力有限，通常期望生产企业给予资金支持，例如，采取售后付款或先支付部分货款，待产品出售后再全部付清的方式。这种激励方式比较适合生产企业刚进入某一市场或者希望尽快扩大市场份额的情况。生产企业针对此类中间商的特定需要，通过对其诚信度进行调查，适当地放宽对付款方式的限制，甚至可在安全范围内为其提供信用贷款，帮助其克服资金困难，从而达到较好的激励效果。

4. 补贴

针对中间商在市场推广过程中所付出的种种努力，生产企业可以带有奖励性质地对其中一些活动加以补贴，如广告费用的补贴、通路费用的补贴、商铺陈列的补贴等，这样既拓展了产品的市场范围，又增强了推广力度并能提高中间商的工作积极性；还可通过提供一定数额的产品进场费、货架费、堆箱陈列费、POP 张贴费、人员促销费、店庆赞助、商店 DM 等赞助形式向中间商提供资金支持。

概括地说，直接激励作为激励中间商的一种重要手段，能最大限度地满足中间商的利益保障需要，激发其销售热情，但过多地使用物质激励可能导致渠道出现价格失控、管理失控的混乱局面，同时还需要承担生产企业利益受损的风险。因此，生产企业应在了解中间商实际需求的前提下，以建立长远稳定的发展渠道为目标，有针对性地适度使用直接激励。

（二）间接激励

间接激励是指通过帮助中间商提高服务水平，提高销售效率和效果，以增加利益，从而激发其销售积极性。间接激励方式很多，随着社会的发展，其方式还在不断创新之中。目前常见的间接激励方式有以下几种。

1. 优化库存管理

优化库存管理主要包括保证合理安排进货，及时供货，减少订货环节导致的发货延误。生产企业帮助中间商了解特定周期内的实际销货数量和利润，建立进销存报表，形成安全库存数和先进先出库存管理制度，以减少即期品和过期品的出现。例如，在旺季保障供货；妥善处理销售过程中出现的产品损坏、变质、顾客投诉、顾客退货等问题，切实保障中间商利益免受损害；减少因生产企业政策不合理而造成的渠道冲突。

2. 服务零售终端

零售终端的管理内容包括铺货和商品陈列等。中间商的服务水平直接影响顾客对生产企业产品的购买选择。顾客直接感受到的是终端的商品陈列和促销人员的服务质量。良好的终端陈列和服务水平是销售业绩的有效保障。许多中间商受自身水平的限制，其服务难以实现规范化、标准化。生产企业有必要制定严格的终端服务手册，对终端商品陈列、POP 布置、专柜店头制作、广告宣传、促销方法等做出全面规定，并委派业务人员协助中间商工作，提供促销物料，指导商品陈列，加强促销员培训，增强他们对企业及产品的认同，全面了解产品的性能和指标，以提升销售技巧，提高服务质量，树立企业品牌。

某生产企业要求经销商组建产品专营小组，由生产企业代表负责该小组的日常管理。专营小组的人数一般在 10 人以上，具体又可分为大中型零售店、批发市场、深度分销 3 个销售小组。每个销售人员在给定的目标区域、目标客户范围内，运用"路线访销法"开展订货、收款、陈列、POP 张贴等系列销售活动。生产企业代表必须协同专营小组成员拜访经销商，不断对中间商进行实地指导与培训。厂方代表依据销售人员的业绩，以及协同拜访和市场抽查的结果，确定小组成员的奖金额度。该生产企业还要求中间商配备专职文员以及专职仓库人员，其工资、奖金亦由该生产企业承担。这些做法不仅可以有效地帮助中间商提高运营管理水平，使中间商获得更多利益，同时也可以在此过程中向经销商灌输该生产企业的经营理念和企业文化，进一步巩固其与中间商的合作关系。

3. 提升销售能力

生产企业在发展到一定程度后，需要对欠缺管理能力和自我提升能力的中间商进行管理、营销、财务、人力资源等方面的指导。生产企业为提高整体渠道效率，需要统筹规划，有针对性地对中间商及中间商的销售人员进行相关方面的培训，提高他们的素质和能力，从而提高中间商的销售业绩，使中间商能和生产企业共同成长，在合作中实现共赢发展。同时，这种培训也可加强中间商与生产企业的关系，使双方成为长期合作的战略伙伴。例如，联想集团成立的"大联想学院"是一个专门为代理商提供各类培训服务的机构。"大联想学院"的宗旨是落实"大联想"的渠道策略，面向合作伙伴，通过培养联想销售体系需要的专业人才，提高合作伙伴的管理水平、增值能力、销售推广能力和商务、宣传、服务的规范性，提升综合竞争力，促进与合作伙伴的共同成长。

4. 提供市场情报

市场情报是开展营销活动的重要依据。生产企业应将所掌握的市场信息及时传递给中间商，帮助它们制订经营计划。生产企业有必要定期或不定期地与中间商进行座谈，共同研究市场动向，制定切合实际的销售措施；生产企业还可将自己的生产状况、后期的发展计划及生产计划、新品研发计划等信息传递给中间商，为中间商合理安排销售计划提供依据。

5. 支持市场推广

生产企业利用广告宣传、促销活动推广产品，一般会受到中间商的支持。生产企业应当在整个市场中塑造自己的产品形象，提高品牌知名度。中间商在所负责的市场区域内进行促销时，生产企业也应给予大力支持，为中间商提供各种补贴措施，与其形成利益统一体，这样既可以提高自己的品牌知名度，又能帮助中间商赚取利润，激发它们推广产品的热情。广告宣传及促销费用可由生产企业负担，也可由双方合理分担。生产企业还可经常派人协助一些主要的中间商安排产品陈列，举办产品展览和操作表演，训练推销人员。广告促销支持可使中间商的销售额迅速增长，增强中间商对产品的信心。例如，某生产企业在某地与中间商确定合作意向后，承诺为了帮助该中间商尽快开拓市场，将在该地区电视台的黄金时间连续 3 个月投放每天不低于两次的产品广告。这就是典型的广告宣传支持。

6. 给予精神激励

生产企业除了重视物质激励，让中间商获得更多的经济利益之外，还应该重视精神激励的作用。实际上，人们在基本需求得到满足之后，随之提升的是精神需要，如尊重、归属、自我实现等。生产企业如果能根据中间商需求的变化调整激励措施，往往会收到意想不到的效果。常见的精神激励方式如下。

（1）旅游。这是对中间商的一种很好的激励方式。在生意繁忙之余，为销售人员提供放松身心的机会，有助于提升其忠诚度、凝聚力和工作积极性。

（2）大客户会。一些生产企业会定期召开大客户会，邀请主要客户代表参加新产品说明会、培训会、政策解读会等，促使这些核心客户深刻领悟生产企业的营销战略及其策略，明晰生产企业的发展方向，更好地实现其与生产企业携手合作共赢的良好局面。能参加大客户会，对中间商来说意味着得到了生产企业的尊重和承认，也是一种巨大的精神激励。

（3）中间商顾问委员会。一些生产企业为了鼓励大客户参与，及时了解中间商面临的问题及需求，会采取中间商顾问委员会这种激励方式，为参与者颁发聘书，给予一定的补贴待遇，使其参与到生产企业的产品研发、市场管理、渠道政策制定等工作中。中间商由于亲自参与，执行力更强，而生产企业也能够及时了解中间商的问题和需求，与大客户建立牢固的关系，因此销售业绩更为稳定。

（4）荣誉证书。生产企业在召开年度中间商大会时，会对中间商的销售业绩进行评比，对销售额较大或销售额增长较快的中间商进行奖励，并颁发荣誉证书，邀请中间商代表上台发言，邀请优秀中间商的负责人作为宴会抽奖环节的颁奖嘉宾。这些方式对中间商来说也是一种巨大的精神激励。

除上述方式外，生产企业还会想方设法给予优秀中间商精神激励，如提高中间商的经销地位，邀请中间商的负责人与生产企业负责人共进晚餐；聘请在当地有影响力、信誉好的中间商作为生产企业的名誉顾问，定期邀请其参加生产企业的一些经营或公关活动；为大中间商派驻专业顾问等。

7. 建立伙伴关系

上述激励方式的主要目的是获得中间商的合作。除此之外，生产企业还要研究目标市场的产品供应、市场开发、顾客资源、账务要求、技术服务和市场情报等方面的情况，以及生产企业与中间商各自的需求，然后根据实际情况，与中间商共同制定必要的措施，签订相应的合作协议，与中间商建立长期合作关系。如果中间商能认真执行，则生产企业可再给予一定的补助。例如，某生产企业不直接向中间商支付25%的销售佣金，而是按下列标准支付：如保持适度的存货，则支付5%；如达到销售配额，再支付5%；如能有效地服务顾客，再支付5%；如能及时报告最终顾客的购买水平，再支付5%；如能正确管理应收账款，再支付5%。

另外，生产企业可在组织方面与中间商进一步加强合作，将双方的要求结合起来，建立一个有计划、专业化管理的纵向联合销售系统，生产企业可在此系统内设立中间商关系计划部，由该部门与中间商共同规划销售目标、存货水平、商品陈列、培训员工计划以及广告宣传计划。其目的是使中间商认识到，它们与生产企业的利益是一致的，双方都可以从这种良好的合作关系中获益。

8. 实施奖惩结合

根据奖惩结合的原则，在所有的激励方式都不能奏效的情况下，生产企业还必须对有违规行为且不服从指令的中间商采取惩罚措施，例如取消中间商资格或降低经销级别和优惠政策。有奖有罚，才能令行禁止，保证整个渠道系统的稳定、高效。

 **基本概念**

渠道激励　战略联盟　回款折扣　过程返利

 思考题

1. 渠道激励的概念是什么？
2. 渠道激励的作用有哪些？
3. 渠道激励的类型有哪些？

 案例分析

上海太太乐食品有限公司：用积分激励经销商，降本增效

　　上海太太乐食品有限公司，作为鸡精、鸡粉行业的重点企业，自1988年创立以来，一直致力于鲜味科学的研究与推广。加入雀巢集团后，上海太太乐食品有限公司更是借助国际资源，加速了产品和技术的研发，产品线更加丰富，产品线包括鸡精、鸡粉、酱油等多个品类，销售网络更是遍布全球。过去，大多数生产企业激励经销商采取的是发放现金红包的方式，然而，这种方式比较单一，缺乏趣味性和互动性，导致经销商难以留存；而且，现金红包等激励方式，预算难以把控，这导致生产企业的运营成本居高不下。为此，上海太太乐食品有限公司决定引入积分商城系统，引入扫码领积分的方式，通过积分为经销商提供更加多样化的激励方式。上海太太乐食品有限公司搭建了专用的经销商积分商城，并引入相关商品，确保积分的实际价值，并在积分商城中定期开展促销活动，如限时折扣、积分翻倍等，有效提升了经销商的活跃度。

　　通过上述经销商激励方式的创新，上海太太乐食品有限公司成功解决了现金红包激励方式的局限性。经销商对新的激励方式反响热烈，积极参与兑换活动；上海太太乐食品有限公司也实现了降本增效。

　　问题：

1. 上海太太乐食品有限公司的渠道激励有哪些特点？
2. 上海太太乐食品有限公司的渠道激励方式创新对你有哪些启示？

第四篇

渠道控制篇

第九章 渠道控制

学习目标

    按照管理学的基本逻辑关系，控制既是管理的终点，又是下一轮管理活动的起点。在实际的营销活动中，企业面临的内外部环境不断变化，渠道体系也始终是动态变化的，因此，需要对渠道进行及时调整和控制。

    通过本章的学习，读者可以掌握以下知识。
- 渠道控制的特点及分类；
- 影响渠道控制的因素；
- 渠道控制的策略。

导学视频

能力目标

- 能分析企业渠道控制的因素；
- 能对企业渠道控制的策略提出建议。

知识导图

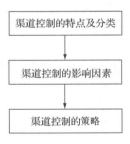

渠道控制的特点及分类

渠道控制的影响因素

渠道控制的策略

育人目标

融入点	展示形式	目标
（1）目标是组织发展的动力，控制是确保目标实现的手段 （2）渠道控制是构建和谐渠道关系的体现	（1）通过视频、文献等资料展示渠道控制的价值与意义 （2）展示优秀企业渠道控制的主要手段与方法	（1）理解渠道控制对组织使命实现的价值与意义 （2）理解构建和谐渠道关系的原因

第一节　渠道控制概述

　　控制是社会化生产的必要职能之一。凡是涉及多方合作的经济活动，为了实现准确的配合与协调，达成预期的总体效率，就必须对各方的生产效率及其合作关系进行监督和控制。所谓控制，是指对多方合作生产系统内的合作与配合状态，根据一定的计划和标准，进行跟踪监测，发现问题并及时纠正的活动或过程。有效的控制系统可以保证各项行动的方向是实现组织目标。确定控制系统有效性的准则是看它在促进组织目标实现时是如何做到的。控制系统越完善，组织目标越容易实现。

一、管理控制

　　管理控制是衡量和矫正工作内容按照计划实施，进而确保组织目标得以实现的手段及过程。具体来说，管理控制是用预定的计划目标来督促组织中的各项工作进展情况、监测实施过程是否与计划相符、取得的目标是否与下达的指标和既定原则相符，以便及时发现差异和存在的问题，采取矫正措施，促使工作按照原定计划进行，或适当调整计划，使之符合客观实际的管理活动。

　　（1）管理控制是基于组织或者系统的整体视角来统筹管理，其中包括两层含义。一是管理控制是系统中各单位的职责，完成计划是系统全体成员的共同责任；二是控制的对象是系统中的各个单位。确保系统各部门和单位工作任务的均衡与协调是管理工作的一项重要内容，管理部门需掌握各部门和单位的工作情况并予以控制。

　　（2）管理控制是随着环境的变化而变化的。管理工作中的控制不同于电器设备中的温度调控，其控制过程是高度程序化的，具有静态的特征。而系统是动态变化的，其内部环境不断地发生变化，控制标准和方法随之变化。

　　（3）管理控制的实施者和被实施者都是人。管理控制是保证工作按计划进行并实现组织目标的管理活动，而组织中的各项工作要靠人来完成，各项控制活动也要靠人去执行，因此管理控制具有人性化特点。这种特点使得管理控制工作具有更明显的人为因素干扰，这种干扰可能是正面的，如其责任心有助于增强控制效果；也可能是负面的，如担心被处罚的心理会影响偏差信息的收集。

　　（4）管理控制的核心任务是实现组织或者系统的发展目标。控制不仅是监督，更重要的是指导和帮助，即通过控制工作，找到影响工作目标实现的因素，分析工作中产生偏差的原因，最终促进组织或系统目标的实现。

二、渠道控制的内涵

　　将渠道控制定义为"一个渠道成员对另一个渠道成员行为和决策变量的成功影响"的观点得到了众多学者的认可。国内学者庄贵军教授认为，渠道控制与一般意义上的管理控制略有不同，它主要是一种跨组织组织——施控者与受控者分属于不同的企业或组织。常永胜教授提出，渠道控制是以渠道成员的分销效率及合作关系为对象，设计控制标准，进行连续的监测与评价，发现问题并采取措施及时纠正错误的管理过程。渠道控制由于其主要对象、核心内容是分销效率，因此也可以称为分销效率控制。另外，渠道控制的内容也可以按照渠道功能来划分，如分为对渠道信息的控制、对所有权转移过程的控制、对资金流的控制和对物流的控制等。

虽然渠道控制是管理控制在渠道领域的具体应用，但是它与一般意义上的管理控制有很大的差别。渠道控制是一个渠道成员对另一个渠道成员的行为与决策变量成功施加影响的过程。渠道控制的本质是对渠道成员（组织）的行为进行控制，同时它也是一种跨组织控制、相互控制（或交叉控制）和结果导向的行为过程。渠道控制根植于相互依赖的渠道关系中，它与渠道关系中的诸多变量存在着千丝万缕的联系。

三、渠道控制的特点

（1）渠道控制的目的具有独特性。渠道控制的目的既区别于其他一般控制，也区别于管理控制。它并不是限制对方行为，更不是限制其发展，而是要建立、发展和维持一种相互依赖、互利互惠的渠道关系；它并不是达成某个渠道成员的管理目标，而是要通过建立稳定的渠道合作纽带，以实现渠道成员之间共同的渠道战略目标。

（2）渠道控制的对象具有相互性。渠道成员之间是彼此独立的，控制者既有可能是生产企业也有可能是中间商，但是不管是谁在控制整个渠道、制定渠道政策，渠道成员之间在法人资格、利益、文化、企业战略和行为方式等方面都有显著的差别。控制者与被控制者所处的位置是动态变化的，有时候甚至互为控制者与被控制者。在某个市场发展阶段，生产企业是控制者，中间商是被控制者；到下一个市场发展阶段，则有可能中间商是控制者，生产企业成为被控制者。此外，某个渠道成员能够在某个方面控制其他成员，但在另外的方面也可能会被其他成员所控制。

（3）渠道控制的手段具有多样性。渠道控制的本质是控制，也是管理控制的重要形式，控制以及管理控制的手段与方法适用于渠道控制；同时，渠道控制是独立成员之间的相互影响和相互依赖关系的体现，既可以借用企业内部的控制手段，如制度、政策、组织力、指挥等，又可以通过品牌价值、合作协议、市场地位等一系列市场手段进行渠道控制。因此，渠道控制的手段和方法是多样化的。

（4）渠道控制的动力具有协同性。从渠道控制的主体来看，生产企业和中间商都是为了通过协同渠道成员之间的关系，依据各自的任务或者责任，按照渠道体系建设的计划，完成渠道体系设计的目标。可见，渠道成员不论是成为渠道控制方，还是成为渠道被控制方，最终都能够享受渠道控制带来的利益或者好处，这种渠道成员之间的关系协同性也是确保渠道控制能够有效实施的动力。

四、渠道控制的分类

（一）按照渠道控制的严重程度分类

1. 高度控制

高度控制是指生产企业或中间商不仅能够决定渠道成员的数量、类型及地理区域分布，而且能够支配这些渠道成员的销售政策和价格政策。高度控制往往要求控制者具备雄厚的实力和强势的产品品牌，如某生产企业将整体市场划分为若干区域。每个区域都由一名业务经理专门负责，业务经理需要详细掌握本区域内所有中间商的资料，并及时根据市场变化及中间商的表现进行政策调整，以保证企业获得良好的经济效益。高度控制的基础一是来源于市场地位的绝对优势，如生产企业的品牌影响力，或者中间商的渠道辐射力；二是基于合作关系中的控制力，如在产权式合作渠道模式中，生产企业或者中间商的股份占比大，从而具有决策的话语权。高度控制的优点是可以防止中间商的恶意竞争，保证企业渠道政策的顺利实施，有效控制渠道成本，有利于维护产品的统一品牌形象。缺点是容易形成完全集权，破坏渠道成员的平等关系。

2. 低度控制

并非所有的生产企业或者中间商都能对渠道进行绝对控制，实力较弱的企业可以通过对渠道成员提供具体支持、协助来影响它们，这种控制称为低度控制，也称为影响控制。大多数企业的控制都属于低度控制，通常采用的方式如下。①向中间商派驻商务代表。一些较大的生产企业一般都会派驻代表对中间商进行监督，同时帮助中间商进行产品的销售活动。②与中间商进行多方位的合作，如联手开展广告宣传、促销、公关活动，共同进行产品研发与改进，以及共同进行市场调查、售后服务等。③对中间商进行培训、激励，如向中间商进行有关销售管理、存货控制以及产品的专业知识培训，奖励业绩突出的中间商或向中间商提供价格、交易条件上的优惠等。相对而言，在这种控制过程中，控制者对渠道的掌控能力相对较弱，但是这种方式有利于渠道成员间形成更为平等和紧密的合作关系，有助于信息的双向交流，民主性较高。

（二）按照渠道控制的具体内容分类

1. 利润控制

利润是渠道成员之间合作的基础。渠道成员的利润取决于产品的销量和附加值，并且与这两个因素正相关。渠道控制者既要保证分配给渠道成员颇具吸引力的利润空间，又要确保渠道成员的利益均衡，避免个别渠道成员因收入过高、实力增长过快而掌握渠道的控制权。

2. 目标控制

目标是渠道体系设计的基础。渠道成员之间拥有一致的战略目标是渠道关系长期稳定发展的前提条件，同时，渠道控制者应在渠道体系建设过程中，协助渠道成员对其营销目标的执行情况进行评估，及时调整实施策略或营销目标，确保渠道体系设定目标的顺利达成。

3. 过程控制

过程是渠道体系建设的主要对象。除以上两点控制内容以外，渠道控制者还应随时控制渠道成员之间的具体经营活动，从而确保渠道成员的努力和投入程度，如对渠道成员进行库存控制、促销方案控制，以及执行情况的监控等。

（三）按照渠道控制的结果导向分类

1. 正向控制

正向控制是指渠道控制者本着与渠道成员之间进行协商与长期合作的原则采取的一系列控制手段，如加强培训、加大支持力度等，其目的是实现渠道成员之间的共赢。

2. 负向控制

负向控制是指渠道控制者对达不到合作与支持要求的渠道成员采用负向控制，如通过终止合作、收紧信用期限、产品线控制等手段来实现对渠道成员的控制。这类控制只适合于对渠道体系进行调整时，多用甚至滥用则会导致渠道成员的不稳定甚至成员间合作关系的破裂。

第二节　渠道控制的意义和效度

一、渠道控制的意义

（一）有助于实现渠道任务，促进产品交易

渠道体系的核心任务就是促进和完成产品交易。渠道控制有助于督促渠道成员的经营活动始终围绕渠道体系的核心任务展开。否则，在产品或服务从生产者流向消费者（用户）的过程中，若控制不当或者控制力度有限，就会导致渠道不完善、建设滞后，从而影响渠道体系目标的实现。

（二）有助于发挥渠道功能，提升经济效益

有效的控制渠道可使渠道功能得到更好的发挥，促使销售过程更顺畅，更有效地节约交易成本，提高交易效率。

（三）有助于协调渠道关系，增强竞争优势

在市场环境迅速变化和竞争日趋激烈的情况下，许多企业的生存发展情况在很大程度上取决于其渠道系统的协调与效率，以及能否满足最终消费者的需求。可以说，如果企业不能对渠道进行有效的管理和控制，就无法有效地保护现有的市场和开拓新市场，无法形成竞争优势。

二、渠道控制的效度

对于渠道体系管理来说，渠道控制的有效性主要是指在渠道设计、建设、维护和调整的过程中，能够根据渠道控制力的大小进行运作后取得的效果。渠道控制的效度主要包括以下 3 个方面。

（一）渠道控制力

渠道控制力是指在渠道体系建设中运行和管理渠道的能力，它在很大程度上取决于渠道控制者对渠道的支配能力。如果渠道控制者能够对渠道体系的各个环节进行支配，则表明其具有很强的控制力；反之，则控制力较弱。从某种意义上来说，渠道控制者对渠道的控制力如何，取决于渠道成员对它的依赖度。依赖度越高，控制力也就越高。因此，企业渠道的竞争力主要取决于其控制力，提高控制力的关键是提高渠道的依赖度。同时，渠道控制力包括渠道链条的整体控制能力和渠道成员依赖度的控制能力两个方面。实际上，渠道成员的依赖度主要来自渠道中各个客户通过合作获得的利益和对未来合作前景的展望。在现代市场条件下，渠道利益的分配及保障体系始终存在巨大的不确定性。因此，渠道成员的依赖度越低，渠道控制者的控制力越弱，这不仅会影响企业的市场占有率和扩张速度，而且常常不可避免地导致核心渠道以及各层次渠道之间发生业务和利益上的冲突与内耗，进而削弱和影响渠道控制的有效性。

（二）渠道控制的效果

渠道控制的效果主要是指在既定的渠道控制成本和控制模式下，渠道控制者通过渠道体系销售产品和服务的出货能力。它可以从数量和质量上反映渠道的投入产出效果，并通过渠道的市场覆盖率、渠道服务能力、维护成本和影响力等指标来描绘和分析，从而对渠道的效果进行优势和劣势的系统评估。渠道控制的效果与产品的细分市场高度相关。渠道控制者的渠道建设、

控制模式只有与其产品的细分市场的特点相匹配，才能从结构上保证所构建渠道的有效性，奠定有效出货的基础，实现对区域市场的有效覆盖。任何一种渠道都不可能有效覆盖所有的细分市场。由于控制模式和渠道体系构成不同，其控制效果是不同的。

此外，渠道体系构成中的客户素质、模式、实力、服务和管理等基本要素决定着渠道控制的效果和质量。只有拥有可控的优质渠道资源并提高渠道控制质量，才能构建起有效的营销链并形成强大的分销力。提高渠道控制效果的基本原则就是要以顾客价值最大化为目标，通过渠道创新、功能发育、策略调整、资源投入等方法，提高整个渠道价值链的服务增值能力和差异化能力；通过为顾客提供针对性的增值服务，使产品获得有效差异，从而提高客户的满意度和忠诚度，使企业从根本上摆脱产品同质化引起的过度无序竞争的销售困境。渠道增值服务能够提高渠道中各环节的收益，增强渠道控制的稳定性和协同性。

（三）渠道控制的效率

渠道控制的效率主要是指渠道控制中的流程运作效率，在现实的渠道流程中，涉及商流、信息流、物流、资金流等的顺畅性和运营维护成本。除取决于渠道的结构、功能以及市场容量、需求、产品特性和地理等其他环境因素的影响外，渠道控制的效率还受渠道控制模式的影响。进行渠道设计应该考虑区域商流的习惯性，合理地设计渠道层次关系，减少不合理的物流和价格环节，实现渠道控制的扁平化。如考虑在区域传统商业集散地设立总代理，利用业已存在的商流联系，直接覆盖地、县等二、三级市场，改变以往由中心城市代理商覆盖地级，再由地级覆盖县级的一般性渠道构建思路。但在集中的专业市场内，由特约中间商设立库存，覆盖其他多个一般渠道客户（无须增加库存），既实现了物流集中和库存集约，又保证了渠道占有面，使渠道的整体效率最大化，同时减少了渠道冲突，调动了各级渠道成员的积极性，稳定了区域市场秩序，有效降低了维护费用。

为了提升渠道控制的效率，必须注意渠道中各环节的协同分工。这一方面是指同一企业利用不同类型的渠道成员覆盖相应细分市场，进行合理分工；另一方面还指渠道中各环节成员间的优势互补和资源共享，有效地获得系统协同效率，即提高分销效能，降低渠道运营费用。如企业利用管理经验、市场能力、技术服务等营销资源优势，承担品牌运作、促销策划、助销支持和市场维护等管理职能；核心中间商利用网络、地缘、资金、配送等资源优势，承担物流、结算、配合促销实施、前期推广等分销职能；各零售终端利用地理优势、影响力、服务特色等优势，承担现场展示、用户沟通、客户服务和信息反馈等销售职能。

实际上，渠道有效控制的核心原则之一就是追求企业渠道价值链的系统协同效率，并以此为基础与中间商、用户和其他物流、服务提供商等相关者之间建立分工协同、长期合作、共同发展的紧密关系，打造以渠道控制者为主导的渠道价值链。在此基础上，渠道控制者利用自身的综合能力逐步确立渠道领导权，承担分销链的构成、协调、领导和服务等管理职能。渠道控制者要提高渠道综合管理能力，引领渠道各级成员有效地协同运作，在市场竞争的关键环节获得优势，有效打击竞争对手，扩大市场份额，使合作各方利益增多，获得各成员的认同和拥护。

第三节　渠道控制的影响因素

影响渠道控制的因素有很多，主要包括控制的欲望与能力、环境的不确定性、渠道成员之间的关系以及顾客需求的差异化等。

一、控制的欲望与能力

因为控制是有成本的，所以并不是所有企业在任何情况下都愿意控制渠道。当渠道控制的成本大于收益时，渠道控制者就会失去控制渠道的动力。另外，渠道控制还受到能力限制。渠道控制的欲望与能力会以某种方式和某种程度影响一个企业渠道控制的结构、方法和水平。例如，渠道控制欲望和能力较强的渠道成员倾向于选择垂直的控制结构，采用较为直接和明确的方式，进行水平较高的渠道控制；渠道控制欲望和能力较弱的渠道成员，倾向于选择市场化的控制结构，通过关系与合作来实施较低水平的渠道控制。控制欲望与能力的各种组合会使渠道控制具有较强的灵活性。

二、环境的不确定性

环境的不确定性包括决策环境的预测难度（外部不确定性）和渠道成员绩效的评价难度（内部不确定性）。环境的不确定性对渠道控制的影响体现为，随着不确定性程度的提高，一方面企业需要通过垂直一体化的方式加强对渠道的控制；另一方面企业需要通过市场化行为来化解不确定性所带来的风险。

三、渠道的功能和流程

渠道的功能是通过渠道流程或渠道中不同成员的职能来完成的。渠道的基本业务流程有实物流、所有权流、促销流、融资流、洽谈流、风险流、支付流和信息流等。这些流程将组成渠道的各类组织机构贯穿起来，形成一条通道。这些渠道的职能和流程，客观上是可以由不同的成员来承担的，而特定的机构往往只承担其中一项或多项职能。每个机构由于资源条件不同，使得其在完成某些流程时有优势、成本低，而在完成其他流程时则情况相反。这导致渠道成员在运作过程中，往往都集中精力去执行自己有优势的职能（流程），而将没有优势的职能向效率更高的成员转移，以获得较高的效益。这种变化虽然客观上能够提高渠道的效率和整个渠道的竞争力，但原本由特定成员执行的职能一旦转移给其他渠道成员，渠道流程和职能实施情况必然发生相应变化，企业对渠道的控制力也会随之减弱。

四、顾客需求的差异化

顾客需求是指顾客希望渠道提供的服务内容。

渠道提供的服务质量则取决于其所掌握的资源、企业的能力以及顾客对服务的需求。顾客需要渠道所提供的服务越多，参与渠道运作的成员就可能越多，企业对渠道的控制力就可能越弱。

影响渠道控制的因素还有技术、文化、自然、社会、政治等。如地理环境、市场范围、人口密度等，对渠道的控制力有着重要影响。当产地较为集中而消费人口比较分散，渠道较长，有较多中间商时，生产企业对渠道的控制力就会减弱。法律法规直接或间接地影响渠道的控制力。例如，当政府要通过许可制度来限制某些机构进入某个渠道时，渠道成员的渠道控制能力会因此受到影响。

第四节　渠道控制力的来源

生产企业、批发商、零售商在渠道体系中的功能不同，获得渠道控制力的具体路径也会存在差异。

一、生产企业渠道控制力的来源

（1）规模经济和市场份额。实力是渠道权力的根本保证，生产企业资金雄厚、生产规模大、销售量大、市场份额高，则控制力较强。因为销售量大、市场份额高、渠道成员流量大、盈利空间大，生产企业具有很强的奖赏力。

（2）品牌忠诚度。若顾客对品牌忠诚度高，则顾客需求会拉动销售量上升，这一方面能够提高生产企业对其他成员的奖赏力，另一方面能够提高其感召力。

（3）较大数量的折扣和较高的销售费用。生产企业通过提供较大数量的折扣和较高的销售费用，获得较强的奖赏力。

（4）较好的渠道培训。生产企业提供较好的渠道培训和支持可获得奖赏力和专长权。

（5）有效的中间商分级管理。生产企业通过向关系紧密的中间商提供紧缺商品，对表现不佳的中间商采取惩罚措施甚至终止合作关系，以及对大客户进行直接交易，获得奖赏力和强制力。

（6）严格合同管理。生产企业通过严格合同管理可获得合法权。

（7）采取特许经营的方式销售。生产企业通过授予特许权的方式销售，在销售指导、采购、店址选择等方面获得更大的发言权，从而获得奖赏力、强制力、合法权、专长权和感召力。

（8）建立竞争渠道或增加渠道内竞争。生产企业在同一销售区域内建立不同类型的新渠道，增加现有渠道与新渠道之间的竞争；或者在现有的渠道内部，增加同类型渠道成员的数量及渠道内的竞争，能够减少对单一渠道和少数渠道成员的依赖，获得控制权。

（9）实施垂直一体化战略。生产企业通过实施垂直一体化战略，自建渠道或合并、兼并现有渠道，获得渠道强制力。

（10）建立渠道信息系统。生产企业建立渠道信息系统，可获得奖赏力、专长权和感召力。

二、批发商渠道控制力的来源

（1）规模经济。实力强的批发商通过规模经济，能够提高与生产企业议价的能力，同时使零售商获得奖赏力、感召力。

（2）客户网络和客户忠诚度。批发商发展客户网络，培养客户忠诚度，从而使生产企业获得强制力。

（3）提供大批量订货折扣。批发商提供大批量订货折扣，可使零售商获得奖赏力。

（4）成为生产企业的独家代理。批发商成为生产企业的独家代理，可获得合法权。

（5）发展自有品牌。批发商发展自有品牌可使供应商为批发商提供品牌产品，运作自有品牌，获得渠道感召力、合法权。

（6）实施垂直一体化战略。批发商通过前向一体化或后向一体化战略，增强渠道控制力。

（7）控制信息。批发商掌握客户及生产企业的信息，通过信息控制，获得专长权。

（8）提供资金。批发商通过给生产企业提供预付款，帮助生产企业解决资金周转问题；通过给零售商提供商品信贷，帮助零售商解决资金周转问题，从而获得奖赏力和专长权。

三、零售商渠道控制力的来源

（1）顾客忠诚度。零售商通过特色经营，获得顾客忠诚度，从而对批发商或生产企业获得强制力。

（2）大量销售。零售商通过大量销售，获得一定的市场份额，从而获得强制力和奖赏力。

（3）品牌建设。零售商通过商店、超市品牌的建设，获得感召力；通过发展自有品牌商品让供应商获得奖赏力和感召力。

（4）连锁经营。零售商通过发展连锁经营，促进商品销售，获得奖赏力和感召力，并且通过连锁企业的集中采购，获得强制力。

（5）签订协议，获得专项权力。一些大的终端零售商，通过签订专项协议，如与生产企业签订直接供货协议，保证从生产企业处获得直接供货，从而保证价格优势；或签订提供专销品协议，保证独家销售某些商品。这些专项权力的获得，保证了终端的竞争优势，同时也使其获得了合法权。

（6）实施垂直一体化战略。零售商通过实施后向一体化战略，控制商品的批发或生产，从而获得对渠道的全面控制。

（7）收取陈列费或其他费用。零售商通过对陈列费、新品上市费等费用的收取，对上市商品进行筛选，获得强制力。

（8）信息控制。零售商通过对终端顾客信息的控制和研究，获得专长权。

（9）参加零售商行业协会。零售商通过参加零售商行业协会，参与行业协会的活动，分享行业协会集体争取的成果和对行业研究的成果，获得强制力、合法权和专长权。

第五节　渠道控制的策略

渠道控制能力的大小及有效性的高低显然与控制策略密切相关。由于与渠道控制有效性相关的企业规模、产品类别、市场化程度、管理水平、品牌价值以及经销商素质等千差万别，因此渠道控制的策略也呈现多样化。

一、品牌控制策略

产品进入同质化时代后，竞争十分激烈。区别产品的唯一特征是品牌，品牌从很多方面来说是重要资产。从渠道管理的角度来看，产品品牌通过对消费者的影响完成对整个渠道的影响。作为渠道成员的中间商等也要树立自己的品牌，渠道成员的品牌只在渠道中起作用，对消费者的作用较小。渠道成员的品牌往往附加在所代理主要产品的品牌上，没有生产企业的支持，渠道成员的品牌价值就会大打折扣。对于渠道成员来讲，一个优秀品牌的产品意味着利润、销量、形象，但是更意味着销售效率的提高。具体表现为，畅销的产品对渠道成员的市场推广依赖度较低，因此渠道成员销售成本较低，还会带动其他产品的销售。同时因为销售速度比较快，提高了渠道成员的资金周转速度，所以企业只需要在消费者层面建立了良好的品牌形象，即可对渠道施加影响，从而增加渠道控制的有效性。

二、愿景控制策略

每一个企业都必须树立战略目标和愿景规划，在行业中确立自身的优势与地位，这是每个企业领导人必须考虑的事。若企业缺乏长远计划与目标，则难以在竞争中保持优势，从而影响企业的发展。虽然渠道成员没有自己的长远规划是很普遍的情况，但是生产企业必须要有自己的长远规划，因为渠道成员会考虑生产企业的发展情况。由于市场机会是有限的，经营甲公司产品的同时可能意味着放弃乙公司同类产品的营销。基于渠道成员的这种考虑，生产企业一方面要通过市场地位与业绩来证明自己；另一方面要定期向渠道成员宣讲自己的长远规划和愿景以获得更多认可。

三、利益控制策略

每一个渠道成员都要以一定的利益作为保障，尤其是短期的利益，因此生产企业必须给渠道成员一定的利益空间。生产企业必须认识到，如果渠道成员不合作，不仅渠道成员会损失合作的利润，生产企业的整体利润也会降低。一般而言，如果生产企业给渠道成员带来的利润很小，渠道成员与生产企业终止合作之后，还能通过其他方式盈利，那么这样的合作关系对渠道成员来说就是无关紧要的，也就表明生产企业对渠道成员没有控制力。所以，生产企业给予渠道成员的利益要达到一定的程度，才有利于控制住渠道成员。具体办法有：增加产品的品牌优势；增加自己的产品优势，降低渠道成员其他产品的销量；降低渠道成员其他产品的单位利润；提高自身产品的返利和折扣，增加渠道成员的单位利润等。

四、服务控制策略

一般而言，渠道成员与生产企业相比管理能力较弱，渠道成员的人员素质也参差不齐。生产企业有专业的财务人员、营销人员、管理人员和市场推广人员，中间商在发展到一定时期后，希望接受管理、营销、人力资源方面的专业指导，如通过专业的咨询公司来帮助自己提高管理水平。渠道成员的这种动机为生产企业提供了契机。生产企业可以通过对渠道成员的培训与咨询来达到管理与控制渠道成员的目的。生产企业对渠道成员的服务包括帮助渠道成员促进销售，提高销售效率，降低销售成本，增加销售利润。也就是说，生产企业给渠道成员一个解决方案，这个解决方案能解决渠道成员目前的盈利问题，也能解决它们长远的盈利问题。生产企业与渠道成员在这种情况下，有利于加深合作，最终实现双方共赢，谋求长远发展。

五、终端控制策略

由于零售企业与消费者直接接触，因此消费品行业企业最常用的一个终端控制方法就是直接控制终端。每个企业的做法可能不完全相同，但控制零售店是最根本的目的，使零售店首先认同产品、认同品牌、认同生产企业，而不是首先认同渠道成员，这样生产企业就可以在渠道成员出现问题的时候，把零售店切换到新的渠道而不影响销量。具体办法包括培训终端员工，开展促销活动，建立零售店的会员体系，建立零售店甚至消费者的基本档案，制作零售店网点分布图以及建立零售店、主要零售店员、竞争对手、渠道成员以及生产企业基本情况档案，这些档案需要经常更新，以保证基本资料的准确性和完整性。生产企业只有建立了强大的基础市场数据库，才能在这个数据库的基础上，开展针对终端的拜访和直达终端的各项活动，增强与渠道成员的谈判能力，更有效地控制渠道。

六、奖惩控制策略

生产企业可以根据不同渠道成员的态度和能力，定期或不定期地进行评估，然后采取不同的激励措施，将所有渠道成员分为可用的和不可用的，对不可用的渠道成员坚决淘汰。生产企业必须消除感情因素的影响，同时也无须顾虑淘汰渠道成员可能对销售量造成的影响。这里将可用的渠道成员分为必须培训的和必须改造的。对于必须培训的渠道成员，要求其无条件接受培训；反之，则将其划入不可用之列，予以淘汰。对于必须改造的渠道成员，重点帮助其建立业务队伍，提升其渠道管理能力，同时在改造中根据其经营能力重新定义其业务区域或细分市场。需要强调的是，对渠道成员的培训具有举足轻重的作用，系统、专业的培训是提升生产企业渠道能力的重要手段。对于优秀的渠道成员必须从战略高度予以激励和支持，但是又要注意不要过于放纵和迁就，控制和激励都要松紧适度。

七、价格控制策略

价格是影响生产企业、中间商和消费者的重要因素，因此，合理而准确的价格政策是保障生产企业利益、调动中间商的积极性、吸引消费者、战胜竞争对手、保证市场占有率的关键。价格控制策略包括价格维持和价格差异化两种策略。

（1）价格维持策略。价格维持策略是指生产企业控制产品价格，使渠道成员不能以低于或高于生产企业制定的价格销售产品。这种策略也称为"转卖价格维持策略"。实施价格维持策略有以下几个方面的优点：①防止随意折扣行为，有利于维持市场秩序，能够保证消费者得到更多的信息和服务；②避免中间商因冲动提价而损害生产企业和消费者的利益，有效维持价格的竞争力；③支持品牌"价格—质量"形象，鼓励中间商尽力推销生产企业的品牌而不是竞争者的品牌；④保证本品牌的广泛分布和易获得性；⑤可观利润使渠道成员退出协议需要付出较高代价，可以在一定程度上维护价格稳定。

（2）价格差异化策略。价格差异化策略是指生产企业对不同的细分市场采取不同的价格策略。生产企业之所以能够采取价格差异化策略，主要是因为市场本身存在差异化，由于市场中存在不同的需求，成本、价格敏感度和竞争通常会因细分市场的不同而显著不同。采取单一价格的销售策略不利于价格竞争，也不利于获得利润。

八、产品控制策略

产品控制策略是指生产企业控制渠道成员经营的产品线的深度和宽度的策略，主要包括独家交易策略。独家交易策略是指生产企业要求中间商只能经营其产品或品牌，禁止经营其直接竞争对手的产品或品牌的交易行为。独家交易策略使中间商更依赖生产企业，提高中间商的忠诚度。具体来说，独家交易策略具有以下几个方面的好处：①排除竞争者通过已与自己签订独家交易协议的中间商销售产品的可能性；②与中间商保持长期独家交易的关系可以使生产企业较好地预测未来的销售情况，有利于生产企业在生产和后勤保障方面的工作安排；③中间商可以获得稳定货源和进货价格并有效地降低管理成本；④中间商可以获得生产企业提供的促销支持和其他帮助，同时避免经营多品牌所带来的存货成本的增加。

九、所有权控制策略

渠道管理者在进行有效的渠道控制时，会通过控制所有权来进行垂直整合。实施垂直整合有自行成立某些渠道功能的组织单位（内部扩张）和收购其他渠道成员（外部扩张）两种方式。无论是通过内部扩张还是外部扩张方式进行整合，都可以降低渠道成本，提高渠道管理效率，对价格控制、产品控制和市场覆盖率控制产生有利影响。

生产企业可以通过控制所有权来达到多渠道分销的目的。多渠道分销策略可以通过价格挤压和水平合并与共谋等方式争取更有利的竞争地位，进一步加强生产企业对渠道和市场的控制。在某一个特定市场中，如果卖方的竞争对手是一个经过垂直整合的公司，就有可能遭到对手的价格挤压。例如，建筑用铝材的生产企业会在原材料价格上涨时面临压力。水平合并与共谋又称为横向整合渠道系统。在多渠道分销的情况下进行横向整合可以有效地控制市场和抵御竞争。

总之，渠道控制的策略有许多类型，其效果取决于渠道的结构与数量、渠道成员之间的力量对比，以及企业采取的不同竞争策略等因素。事实上，并非所有的渠道都是由生产企业控制的，许多有实力的中间商也可能在渠道控制中掌握渠道主动权，它们通过自主选择生产企业，运用大规模的广告宣传和营销手段来吸引和发展消费者，通过建立中间商品牌来促进销售，从而使生产企业依赖它们。例如，家电连锁零售企业国美电器和苏宁电器，经常与家电生产企业发生冲突，其真正原因是对渠道控制权的争夺。

 **基本概念**

低度控制　品牌控制策略　所有权控制策略

 思考题

1. 渠道控制的意义是什么？
2. 渠道控制的特点及类别有哪些？
3. 渠道控制的影响因素有哪些？
4. 渠道控制力的来源有哪些？
5. 渠道控制的策略主要有哪些？

 案例分析

海澜之家的渠道控制

海澜之家（英文缩写：HLA）是海澜之家集团股份有限公司旗下的服装品牌，总部位于中国江苏省无锡市江阴市。海澜之家是一个国际化一站式男装零售品牌，创立于2002年，主要采用连锁零售的模式，致力于为20～45岁的男性提供时尚的设计和优质的产品，主要包括T恤、衬衫、裤子、西装、夹克等类别，丰富的商品几乎能够满足男性在着装方面的全部需求。2022年，公司实现营业收入185.62亿元，归母净利润21.55亿元，连续9年保持国内男装市场占有率第一。从销售来看，海澜之家采取托管式加盟模式。加盟商不参与门店管理，其商品投放、门店管理、经营方式等所有工作全部由海澜之家进行标准化管理，甚至连门店选址都由其确定。从投资收益来看，公开数据显示，海澜之家加盟商每年的投资收益率大概能达到 20%。从销售上游来看，海澜之家采取生产企业联营模式，请代工厂代工，所有的服装设计由供应商的设计师提供。

供应商的设计完成之后，经由海澜之家总部的设计师审核挑选，设计师会根据当下流行的服装趋势，评估哪些款式设计可能畅销，再下生产订单。海澜之家与供应商之间的利益分享机制采用销售后付款、滞销货品退货及二次采购相结合的模式，将供应商、品牌方的利益紧紧捆绑在一起。海澜之家帮助供应商提高动销率，提高专卖店的效率，通过建立利益共享、风险共担机制，将供应商、加盟商和品牌方打造成利益共同体，实现产业链各环节各司其职、各获其利、共同发展。

问题：

1. 海澜之家的渠道控制有哪些特点？
2. 海澜之家的渠道控制有哪些启示？

第十章　渠道绩效评估

学习目标

在目前市场竞争日趋激烈的情况下，企业为了完成自己的销售目标，使销售渠道高效率运作，需要对渠道的绩效进行定期评估，以便为更科学的管理决策提供依据，绩效评估具有重要的战略性意义。

通过本章的学习，读者可以掌握以下知识。
- 渠道绩效评估的概念和流程；
- 评价渠道绩效的基本方法；
- 渠道成员绩效评估的财务方法。

导学视频

能力目标

- 能将渠道绩效评估的方法应用于具体企业中；
- 能掌握渠道绩效评估的财务方法并加以应用。

知识导图

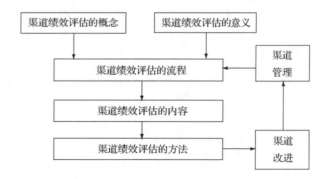

育人目标

融入点	展示形式	目标
（1）绩效是衡量高质量发展的重要内容 （2）渠道绩效评估有助于引导渠道管理朝着正确的方向发展	（1）通过视频、文献等资料展示渠道绩效评估的意义 （2）展示一批优秀企业渠道绩效评估的主要方法	（1）强调渠道绩效评估是促进企业高质量发展的重要手段 （2）渠道绩效评估要采用科学的方法

第一节　渠道绩效评估的定义与流程

渠道管理是一个动态过程，不仅包括确定渠道模式、选择与激励渠道成员，而且包括在必要的时候对渠道模式或渠道成员进行动态调整。渠道建设不是一项一劳永逸的工作，而是需要根据生产企业内外部环境的发展和变化持续改进。因此，渠道绩效评估是渠道管理的一项重要内容。生产企业应定期对渠道系统或渠道系统中的渠道成员进行绩效评估，以确保整个渠道系统或渠道系统中的渠道成员能够按照企业制定的相关管理措施高效运转。

一、渠道绩效评估的定义

渠道绩效评估就是指生产企业通过系统化的手段或措施对其渠道系统的效率和效果进行客观的考核和评价的活动过程。

渠道绩效评估可分为宏观层面和微观层面。从宏观层面来说，渠道绩效是指渠道系统表现出来的对社会的贡献，是站在整个社会的高度来考察的；从微观层面来说，渠道绩效则是指渠道系统或渠道成员对生产企业所创造的价值或服务增值，是从生产企业自身的角度来考察的。本章主要从生产企业的角度阐述如何对渠道系统进行渠道绩效评估，评估的对象既包括整个渠道系统，也包括渠道系统中某一层级的渠道成员。在营销实践中，生产企业会同时对某个层级的渠道成员及整个渠道系统进行评估。尤其是在渠道扁平化的发展趋势下，生产企业加强了对渠道系统中渠道成员的绩效评估，以利于决定是否对某些层级的渠道成员进行扁平化管理。

二、渠道绩效评估的流程

渠道的目的在于实现销售目标。对渠道的评估旨在建立一套与企业特定经营目标相一致的评价指标，引导渠道行为。渠道绩效评估流程如图 10-1 所示。

图 10-1　渠道绩效评估流程图

（一）明确渠道体系的销售目标

如图 10-2 所示，在企业目标与渠道行为之间建立更紧密的联系方式是将企业目标分解成一系列具体、明确的销售目标。销售目标提供了期望值的底线，围绕这个底线，可以建立渠道的绩效评价指标和评估制度。一些企业拥有明确的销售目标，这些销售目标能够将企业目标有效地传达给各个独立的渠道。但在大多数情况下，企业管理层，尤其是运用多渠道体系的企业管理层，几乎无法针对"在市场领域中所有渠道组合后应该完成哪些任务指标"这一问题给出一个完美答案。

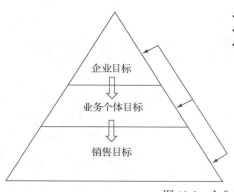

- 提高每股利润的增长速度
- 在主要市场中位居第一
- 提高股东的收益

- 提高销售收入（15%）
- 将毛利率提高到有竞争力的水平
- 提高生产份额至前三位

- 提高整体销售额（15%）
- 降低销售成本（5%）
- 转变销售活动的方向，在主要的战略性市场中进行市场渗透

图 10-2　企业目标分解

通过分解企业目标的以下步骤可以给出答案。

（1）将每一个单个的企业/业务目标一一分解为对应的销售目标。将企业的每一个目标独立分解为一个定量的销售目标，如目标"将经营利润提高到有竞争力的水平"通常被直接转化成诸如"降低 5% 的销售成本"等具体目标。

（2）将企业目标分解成 3 类：增加收入、提高利润和提高客户忠诚度。①增加收入目标要求对应的销售目标致力于获取新客户，扩大客户群的范围，加强对新市场的渗透，以及加强对已有市场的渗透；②提高利润目标要求企业致力于保留老客户，降低交易成本，重点关注能带来利润的客户，更有效地运用销售资源；③提高客户忠诚度目标要求企业着重提高客户服务质量，提供更强大的售后支持，向主要客户提供更灵活的销售资源及渠道配置。

（二）设定渠道绩效评估指标

渠道绩效评估指标是有效渠道管理的核心之一。合理的渠道绩效评估指标的制定离不开对销售目标和销售过程中渠道作用的分析。销售目标指的是所有销售行为的总目标。它说明，一个单独的渠道个体，其目标绩效水平必须以能帮助企业实现其销售目标为导向。设定的渠道绩效评估指标必须能反映销售过程中每个渠道各自扮演的角色。在确定渠道绩效评估指标时，可以遵循图 10-3 所示的流程。在某些情况下，其顺序可以灵活变动，或者重复某些步骤以找到合适的评估指标。这个流程的目的主要在于帮助企业清楚地认识所需评估的方面，确定有针对性的指标。

图 10-3　评估指标确定流程

（1）描述绩效的总体性质。这一步骤的意义在于考虑渠道绩效的多个方面和影响因素，以避免遗漏。绩效的定义可能只针对某些方面，这取决于具体的绩效问题。例如，在评估顾客服务绩效时，顾客满意度可能是一个好的指标，但它并不评估不同顾客服务活动的获利性，也不测量因服务而损失的顾客满意度。

（2）明确有待评估的主要领域。这一步骤的意义在于尽可能地将渠道绩效的细微方面包含在评估指标中。

（3）识别绩效评估的角度。渠道绩效评估至少有 3 个角度：①内部的角度，如渠道的某个成员为了比较自己的绩效与目标之间的差距，进行自我评估；②外部的角度，这是指渠道成员的绩效由其目前（或潜在）的合作伙伴进行评估；③第三方的角度，这是指渠道外部的第三方对渠道绩效进行评估。认定绩效评估的角度是非常重要的，因为它是绩效标准的主要决定因素。

（4）确定所需数据的类型。这一步主要决定需要收集的数据内容及其收集方法：是财务数据还是非财务数据，是主观的数据还是客观的数据，是原始数据还是标准数据，是采用调查、内部审计还是二手资料的收集方法。

（5）形成评估量表或指标。

（三）制定渠道绩效评估制度

渠道的绩效评估制度使生产企业能够随时追踪渠道的绩效状况，确保其与对应的渠道绩效评估指标相符，并揭示存在的绩效问题。

第二节　渠道整体绩效评估

一、从社会的角度评估

斯特恩等提出了评估渠道整体绩效的多维结构——3E 模型。这一模型包括对渠道成员的财务绩效和渠道社会贡献的测量。而渠道的财务绩效又是渠道所承担的其他多种任务与责任的体现，如图 10-4 所示。

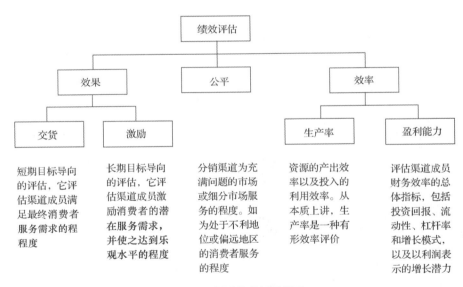

图 10-4　渠道绩效评估模型

3E 模型采取的是一个较为宽广的角度。效果（Effectiveness）是指渠道以尽可能低的成本将服务或产品交付给最终消费者的绩效。总体而言，工业化国家的渠道效果优于非工业化国家的渠道效果。公平（Equity）是指一个国家的所有公民是否有相同的机会去使用现有的渠道，是否有相同的能力去接触现有的渠道。效率（Efficiency）是指以较低的社会资源达成某些具体结果。由于这些具体结果通常是针对细分市场的目标消费者的服务条款，因此效率和效果是紧密相连的。信息技术的发展提高了渠道的效率。

二、从企业的角度评估

从企业的角度评估整个渠道，可以从渠道管理组织、渠道运行状况、渠道服务质量和渠道经济效果4个方面进行。前三者主要是定性分析，后者是从财务角度进行的定量分析。

（一）渠道管理组织评估

渠道管理组织评估包括两个方面的内容：第一是要评估渠道系统中销售经理的素质和能力；第二是要评估生产企业分支机构对零售终端的控制能力。

（二）渠道运行状况评估

渠道的运行状况是指渠道成员之间的配合、协调及积极性发挥等方面的综合表现。它决定渠道的效率和功能。渠道运行状况评估是以渠道建设目标和分销计划为依据，评估任务的分配是否合理、渠道成员的合作意愿与努力程度、渠道冲突的性质与程度、销售是否达到既定目标等。具体分析时可从渠道通畅性、渠道覆盖面、渠道的流通能力及其利用率、渠道冲突等方面展开。渠道运行状况关系如图10-5所示。

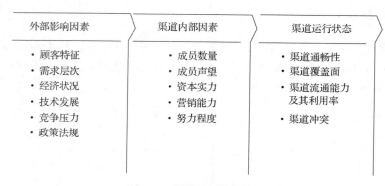

图 10-5　渠道运行状况关系

1. 渠道通畅性

渠道通畅性是指产品经过渠道各环节时的通畅程度，即指产品能否在合适的时间到达顾客手中。这可以通过以下几个方面的情况来判断：渠道的某些环节是否有断货现象，产品是否在中间环节积压，产品到达某一环节的时间是否正常等。

2. 渠道覆盖面

渠道覆盖面是衡量渠道运行状况的一项重要指标，可从渠道成员数量、分布区域和零售商圈的大小等方面进行衡量。对渠道覆盖面的评估可以从渠道中的成员数量、渠道成员分布区域、零售商的商圈大小等几个方面来进行。

（1）渠道中的成员数量。渠道中的成员数量在一定程度上能够反映该渠道的覆盖面。

（2）渠道成员分布区域。目前，越来越多的产品销售渠道的环节数（级次数）趋向于在二级或二级以下，这时，同处于一个环节的中间商数量（渠道宽度）就出现了越来越多的趋势。同一渠道上中间商的合理分布应当是彼此拉开空间距离，不会出现商圈或销售区域的重叠，以避免自相竞争的情况发生。

（3）零售商的商圈大小。零售商的商圈是指在零售商周围，能够方便地进入零售商店铺的潜在顾客的分布范围。一般来说，零售商的商圈受到交通条件、商店声誉、经营规模、竞争者的相对位置（距离）、周围服务环境及顾客购买行为习惯等因素的影响。不同地区零售商的商圈

渠道管理（微课版 第3版）

可能是有差异的。

对应渠道覆盖面，还有另外一个常用的评价指标——渠道覆盖率，它是指在某个特定的市场范围内，企业产品渠道所形成的渠道覆盖面的相对大小。它反映企业所形成的产品渠道在服务某个特定市场范围时的全面性程度，用在该区域内渠道产生的市场覆盖面积和特定市场范围的面积之比来量化说明。具体计算公式为：

$$CR = \frac{S^*}{S_0} \times 100\%$$

式中，CR 为渠道覆盖率，用百分率来表示；S_0 为特定市场范围的面积；S^* 为在该区域内渠道产生的市场覆盖面积。

特定市场范围的面积通常是指企业的目标市场区域。渠道覆盖率也可以用相应区域的目标顾客数量和所有商圈范围内的目标顾客数量来计算。

3. 渠道的流通能力及其利用率

渠道的流通能力是指生产企业在单位时间内经由该渠道将产品转移到顾客手中的平均数量。流通的产品数量与时间的比值则是流速。一般而言，渠道的流通能力取决于渠道的瓶颈部分。流通能力的评估指标可以通过流通能力利用率来衡量，而后者又可以细分为以下指标：平均发货批量、平均发货间隔期、日均零售（销售）数量和平均产品流通时间。

了解渠道中的瓶颈环节有助于将渠道建设的力量投放到合理地方。例如，提高薄弱环节的承担单位数量、增加人员；或者设法改进渠道结构，利用其他渠道来弥补薄弱环节的不足；也可以考虑减少对非瓶颈环节的投入，借以减轻瓶颈环节的压力，避免造成渠道资源的浪费。

在设计和建设渠道时，要特别重视评估渠道的流通能力。在渠道的运转过程中，评估渠道流通能力的重点是评估流通能力的利用率，即实际产品流通量与渠道流通能力的比值。其计算公式是：

$$流通能力利用率 = \frac{实际产品流通量}{渠道的流通能力} \times 100\%$$

流通能力利用率在一定程度上可以说明渠道成员参与商品分销的积极性的发挥程度。具体来说，流通能力利用率的大小与每个生产企业的供货量、仓储运输的效率、批发零售企业的促销努力以及各个环节之间的有效配合有关。常用来考核流通能力利用率的主要指标如下。

（1）平均发货批量。前后环节之间的发货批量是指根据后续环节的销售需要和送货通知，前一环节向后续环节发送一批货物的数量。发货批量直接影响渠道中的产品流通量。一般来说，流通能力利用率与发货批量成正比，发货批量越大，则通过渠道销售的货物就越多，流通能力利用率也就越高。

（2）平均发货间隔期。平均发货间隔期是指前一环节向后续环节先后两次发送货物的平均间隔时间。这个指标可用于说明供应单位向后续环节发送货物的频繁程度，也可从某一方面表明供应单位的供货能力。平均发货间隔期短，说明后续环节日均销售量大、速度快，也表明仓储运输运转效率高。后续环节日均销售量可以用平均发货批量和平均发货间隔期两个指标来计算，计算公式是：

$$后续环节日均销售量 = \frac{平均发货批量}{平均发货间隔期}$$

与平均发货间隔期对应的另一个指标是年均发货次数。平均发货间隔期与年均发货次数的乘积等于一年的天数。平均发货间隔期与年均发货次数成反比。根据平均发货间隔期计算年均发货次数，计算公式如下：

$$年均发货次数 = \frac{365天}{平均发货间隔期}$$

（3）日均零售数量。平均每天的零售数量反映了零售商的销售努力程度，也反映了生产企业与批发商对零售商的服务水平。如果这个指标较高，则说明整个渠道中的产品流通能力也较高，或者说明流通能力利用率较高。

（4）平均产品流通时间。产品流通时间是指产品从生产线下来或出厂日期算起，到最后销售给消费者之日为止所经历的平均时间长度。这个时间长度是产品在流通过程中，占用仓储设施和资金的时间长度。按照渠道中转移的全部产品来计算，若平均产品流通时间较长，则表明在流通过程中产品占用的仓储设施和资金的时间长，进一步说明仓储环节的工作效率较低，或者批发零售环节的销售速度较缓慢。

平均产品流通时间=滞留在流通中的产品数量÷（日平均产出量-日均零售数量）

滞留在流通中的产品数量指的是在一定时期内，在流通领域中停留的产品的数量，这个数量通常用实物量来表示，它反映了流通领域中产品库存的水平。日平均产出量是指企业在一天内生产的产品或服务的数量，这个指标通常用于评估企业的生产效率，以及衡量企业的盈利能力。

4. 渠道冲突

渠道冲突是交换过程的一部分。无论怎样对渠道进行设计和管理，都不可能完全消除冲突。恶性渠道冲突会导致渠道的失调，但良性渠道冲突还能产生建设性的作用，使渠道获得适应环境变化的动力。因此，处理渠道冲突的重点不在于如何消除，而在于如何管理。

（三）渠道服务质量评估

对服务质量的评估可以从信息沟通、实体分配服务、促销效率和顾客抱怨及处理等方面进行。

1. 信息沟通

市场信息的收集者和传送者主要是零售商或批发商，信息的接收者和使用者主要是生产企业或渠道领导者。信息沟通质量评估主要是考察渠道的下游对上游所反馈的市场信息与产品信息是否有效，衡量指标包括沟通频率、沟通内容、沟通时间和沟通方式。在沟通良好的情况下，下游企业在某种程度上可以常年为上游企业承担市场调研的职能。沟通的信息范围可以是当地的经济状况与发展趋势、政府的政策与法规，可以是竞争品牌的营销新举措、新进入者的情况，也可以是自身业务开拓如市场份额变化、宣传与促销等诸多方面。因而，信息沟通质量对于生产企业的营销决策具有重要意义。

2. 实体分配服务

实体分配也称为物流。它指原料和最终产品从生产者向使用者转移，以满足顾客的需要，并使企业从中获利的实物流通的计划、实施和控制。实体分配的基本功能包括物质的运输、保管、装卸、包装、流通加工以及与之相联系的物流信息。实体分配服务质量是指渠道成员满足顾客需求的及时程度。企业要及时满足顾客需求，不仅要快速完成谈判、签订合同，而且要快速交货，以使顾客在产生需求时能立即购买到所希望的产品。

3. 促销效率

促销效率是指促销活动在实施过程中所达到的效果与促销活动投入成本的比较。它反映的是促销活动的有效性，即投入的促销成本能否带来预期的促销效果。促销效率的事后评估是检验促销活动是否达到预期目标以及促销花费是否合理的较好途径，同时也可以为下一次的促销决策提供参考和衡量的标准，从而避免盲目行动的风险。为了提高促销的效率，营销管理者应该坚持记录每一次促销活动的成本和对销售的影响，可以通过统计促销促成的销售比例、赠券回收率、询问人数等来研究促销效率。企业可采用多种方法对渠道的促销效率进行评估，而且在不同市场可采取不同的做法。

4. 顾客抱怨及处理

顾客对产品或服务的不满和责难叫作顾客抱怨。顾客对服务或产品的抱怨即意味着企业提供的产品或服务未达到顾客期望，未满足顾客需求；另外，也表示顾客仍旧对企业抱有期待，希望其能提高服务水平。一位不满意的顾客对企业的负面影响是不容忽视的，会使企业的利益直接或间接地蒙受损失。企业应该全面了解顾客抱怨的前因后果，积极采取应对措施，使顾客由抱怨到满意再到惊喜。消除顾客的抱怨实际上是企业改进工作、提高顾客满意度的体现。

（四）渠道经济效果评估

评估渠道的经济效果，一是评估产出——体现为销售分析和市场占有率分析；二是评估投入——分析渠道的费用。此外，通过对一些财务比率如盈利能力和资产管理效率的计算和比较，可分析较深层次的内容。

1. 销售分析

销售分析是渠道经济效果评估的重要内容，它主要评价销售计划与目标的实现情况。销售分析可以进一步分为区域/产品分析。

区域/产品分析是指按产品类别和销售区域进行比较分析：先找出产生销售额的主要区域/产品，再找出主要影响因素。

2. 市场占有率分析

企业销售额的增加可能是由于企业所处的整个经济环境的发展，也可能是因为其市场营销工作较其竞争者有相对改善。市场占有率正是剔除了一般的环境影响来考察企业本身的经营工作状况的指标。如果企业的市场占有率升高，表明相对于竞争者的情况较好；如果下降，则说明相对于竞争者，其绩效较差。

市场占有率分析的目的在于：通过对市场占有率的严格定义，为决策者提供可比较的市场占有率；通过对市场占有率的构成因素分析，找到市场占有率上升或下降的具体原因，并为企业改进其渠道系统提供明确建议。市场占有率有以下 3 种不同的形式。

全部市场占有率：以企业的销售额占全行业销售额的百分比表示。使用这种测量方法必须做两项决策：一是要以单位销售量或销售额来表示市场占有率；二是要正确认定行业的范围，即明确本行业包括的产品、市场等。

可达市场占有率：以其销售额占企业所服务市场的销售额的百分比表示。可达市场是指企业产品最适合的市场、企业市场营销努力所及的市场。企业可能只有相对较低的全部市场占有率，却有近 100% 的可达市场占有率。

相对市场占有率：企业销售额与主要竞争对手的销售业绩之比。根据比较对象的不同，其又可以分为相对于 3 个最大竞争者的相对市场占有率和相对于市场领导竞争者的相对市场占有率。前者以企业销售额与最大的 3 个竞争者的销售额总和的百分比来表示。例如，某企业有 30% 的市场占有率，其最大的 3 个竞争者的市场占有率分别为 20%、10% 和 10%，则该企业的相对市场占有率是 75%。一般情况下，相对市场占有率高于 33% 即被认为是占有优势的。后者以企业销售额与市场领导竞争者的销售额的百分比来表示。相对市场占有率超过 100%，表明该企业是市场领导者；相对市场占有率等于 100%，表明企业与主要竞争者同为市场领导者。相对市场占有率的增加表明企业正接近市场领导竞争者。

3. 渠道费用分析

渠道系统的成本（费用）直接影响企业的利润。因此，对渠道系统成本的有效控制，对企业来说非常重要。

（1）渠道成本的构成。渠道成本是指以最终用户支持的任何方式将产品从生产者向最终用户转移过程中产生的所有成本。无论企业的渠道采用哪种模式，其单位产品渠道成本都来自建立之初的初始成本和运转中的变动成本，企业通过市场预测和会计核算都可以估算出这两种成本。

在实务操作中，渠道系统中的成本可划分为如下几个方面。

- 直接推销费用（主要包括直销人员工资、奖金、差旅费、培训费以及招待费等）。
- 市场促销费用（主要包括宣传海报、产品介绍等的印刷费、赠品费、展览费、促销人员劳务费等）。
- 渠道成员的代理费用（即给予渠道成员的佣金）。
- 企业自建渠道成本（包括初始投资成本以及此后的营运成本等）。
- 仓储费用（包括租金、维护费、折旧、保险和存货成本等）。
- 包装与品牌管理费用（包括包装费、产品说明书费用、品牌制作费和品牌管理费等）。
- 其他市场营销费用（包括市场营销管理人员工资、办公费用等）。

有些成本与销售额直接相关，称为直接成本；有些成本与销售额并无直接关系，称为间接成本。有时两者很难划分。

（2）渠道运行效率与单位产品渠道成本。渠道运行效率是指通过某个营销渠道的产品流量与该渠道成本之比。实务操作中常计算渠道成本与销售额的比率，即用当期渠道成本除以当期销售总额的比率。该指标主要用来衡量企业渠道系统的运作效率。该比率较高，表明企业的渠道效率较低，应注意渠道成本费用的控制；若该比率较低，则说明企业现行的渠道系统效率较高，应继续保持。渠道成本与销售额的比率，用公式表示为：

$$渠道成本与销售额的比率=\frac{当期渠道成本}{当期销售总额}\times100\%$$

用传统经济学的概念分析渠道成本的构成的假设前提是大多数行业处于垄断竞争状态，产品的价格由激烈的市场竞争所决定，某一供应商对价格控制能力极弱，可以说市场价格是一个既定量。对某一细分市场来说，在某一决策时点上，产品销售量的最大值也是一定的，它将由产品的市场容量和企业总体的供给能力决定：两者之中的较小者就是最大销售量，即 Max 销售量=Min（市场容量，企业总体供给能力）。其中，市场容量由产品的档次、消费者市场的规模、消费者市场与供应者之间的空间距离等因素决定。而企业总体的供给能力则主要受人力、资金、设备设施的影响。在以上条件下，由于价格和最大销售量都是既定的，所以企业渠道效率的最大化将取决于单位产品渠道成本的最小化。单位产品渠道成本是指平均到单位产品中的、由销售环节和其他渠道环节发生的两部分费用。

（3）渠道费用评估原则。一是费用比例与功能地位的匹配性；二是费用增长与销售增长的匹配性。

渠道费用的构成应与分销功能相匹配。各渠道功能的有效运行都需要一定的费用做保证，重要或难度大的分销功能应获得较多的费用支持。理想的费用分配标准应当是：对于每一项功能而言其费用系数与功能系数之比等于 1，否则就表明有些费用支持不合理，对此相关人员应分析原因并加以改进。渠道总费用与产品销售额应保持一个合理的比例。在市场竞争激烈的情况下，常出现渠道费用大幅度增长而销售额却缓慢增长的现象，这表明有些渠道费用支出的效果被竞争抵消了。

4. 盈利能力分析

（1）销售利润率。所谓销售利润率，就是指渠道系统当期利润与当期销售收入之间的比率，表示每销售 100 元时企业获得的利润。用公式表示为：

$$销售利润率=\frac{当期利润}{当期销售收入}\times100\%$$

有些企业销售额的增长是因为采取了大量的促销和低价销售手段。

此时，销售额虽然上升，但是利润下降，而单独考察销售额指标并不能显示这种状况。因此，渠道成员和生产企业会引入销售利润率作为评价一个渠道系统盈利能力的主要指标。对于渠道成员来说，销售利润率在一定程度上影响渠道成员的积极性，进而影响渠道系统的稳定性；而对于生产企业来说，销售利润率则影响生产企业的持续发展能力。

同一行业内各个企业间的负债比率往往大不相同，而对销售利润率的评价又常需要与同行业平均水平进行对比。因此，在评估企业盈利能力时最好同时考虑利息支出和税后利润，以便大体消除由于举债经营而支付的利息对利润水平产生的不同影响，增强在同行业间衡量经营水平时的可比性，以正确地评价市场营销效率。前述的销售利润率计算公式实际应该是：

$$销售利润率=\frac{税后息前利润}{产品销售收入净额}\times100\%$$

（2）资产收益率。资产收益率是指生产企业所创造的当期利润与生产企业资产平均总额的比率。与销售利润率相似，为了在同行业间具有可比性，利润的含义是指税后息前利润。用公式表示为：

$$资产收益率=\frac{当期利润}{资产平均总额}\times100\%$$

$$=\frac{税后息前利润}{资产平均总额}\times100\%$$

式中，资产平均总额=（年初资产总额+年末资产总额）/2。之所以用资产平均总额，是因为年初余额和年末余额相差较大，如果仅用年末余额作为总额显然不合理。

（3）净资产收益率。净资产收益率是指税后利润与净资产平均余额的比率。净资产是指总资产减去负债总额后的净值。这是衡量企业偿债后的剩余资产的收益率，体现的是投资的绩效。其计算公式是：

$$净资产收益率=\frac{税后利润}{净资产平均余额}\times100\%$$

式中的分子不包含利息支出，因为净资产不包括负债。

5. 资产管理效率

（1）资产周转率。资产周转率是指一个企业以产品销售收入净额去除资产平均总额而得出的全部资产周转率。其计算公式为：

$$资产周转率=\frac{产品销售收入净额}{资产平均总额}\times100\%$$

该指标反映的是渠道现有资产循环的次数，用以衡量企业渠道全部投资的利用效率。资产周转率高，说明投资的利用效率高。

（2）存货周转率。存货周转率是指产品销售成本与存货（指产品）平均余额之比。其计算公式为：

$$存货周转率=\frac{产品销售成本}{存货平均余额}\times100\%$$

该指标说明某一时期内存货周转的次数，用于考核存货的流动性。存货平均余额一般取年初余额和年末余额的平均数。一般来说，存货周转率越高越好，说明存货水平较低、周转快、资金使用效率较高。

（五）渠道成员的财务贡献评估

前文主要是从整体的角度对渠道进行评估。但对于生产企业而言，仅了解渠道的整体绩效还不够——需要根据不同渠道成员的不同成本及其获利性特点来调配资源。为了揭示渠道体系中不同渠道成员的成本与获利性，这里主要介绍作业成本法（Activity-Based Costing，ABC）和直接产品利润法（Direct Product Profit，DPP）。

1. 作业成本法

作业成本法是指将成本分解到生产该产品所必需的活动中去的方法。首先对作业成本法给出明确解释的是哈佛大学的学者罗宾·库珀（Robin Cooper）和罗伯特·卡普兰（Robert Kaplan）。他们认为：成本计算的基本对象是作业而非资源；作业消耗资源，产品消耗作业。作业成本法是以作业为中心的。作业成本法的理论基础是成本动因理论，这种理论认为费用的分配应着眼于费用发生的原因，把费用的分配与导致这些费用产生的原因联系起来，按照费用发生的原因分配。这包括后勤、生产、服务、技术、市场、销售、行政和信息资源成本。在产品层面，一旦成本被充分地考虑，管理者就能克服传统成本计算制度对成本的扭曲，认识到哪些产品的成本比其他产品的成本要高。

作业成本法把作业分为 4 个层次：单元作业、批别作业、产品作业、支持作业。其中，单元作业的成本是与产品的产量成正比的，批别作业的成本与产品的生产批数成正比，产品作业的成本与生产产品的品种数量成正比，支持作业与产品生产无直接关系。显然，不同层次的作业具有不同的成本动因。按照传统成本的处理方法，对批别作业和产品作业的成本按产品产量分配必然会导致产品成本计算的扭曲。在多品种、小批量的生产模式下，这种扭曲尤为严重。

作业成本核算的运行需要先确定资源、作业、成本对象以及资源动因和作业动因，并根据实际的消耗关系建立资源向作业的分配和作业向产品的分配。资源就是各项费用，来自企业总分类账户；成本对象通常是各种产品；作业根据企业的实际情况确定。作业成本采用二阶段分配实现成本计算，即资源成本按资源动因分配到各个作业，归集到作业的成本按作业动因分配各产品。

作业成本法的实施一般包括以下几个步骤：第一，设定作业成本法实施的目标、范围，组成实施小组；第二，了解企业的运作流程，收集相关信息；第三，建立企业的作业成本核算模型；第四，选择开发作业成本实施工具系统；第五，运行作业成本；第六，分析解释作业成本运行结果；第七，采取行动。企业是一个变化的实体，在作业成本正常运行后，还需要对作业成本核算模型进行维护，以使其能够反映企业的发展变化。伴随企业的运行，作业成本的运行、解释和行动是一个循环的过程。

作业成本法为企业成本管理提供了良好的基础。若要将这一概念应用到渠道的情境中，只需将"产品"解读为"渠道"或"产品与渠道"，即可以采用作业成本法比较不同渠道的效率，或者比较特定渠道销售不同产品的效率。

渠道的主要作业有采购、销售、库存管理和结算等。采购作业的成本动因包括订货、运输、包装、采购员的工资及差旅费等；销售作业成本动因包括广告费、促销费、宣传费、销售人员工资等；库存作业成本动因包括保管费、整理费和保管人员工资等；结算作业成本动因包括财务费、结算人员工资等；其他作业成本动因有折旧费和职工培训费等。在实际评估时，将发生的成本按照资源动因分配到作业，再依照作业动因分配到产品，从而得出最终产品的成本。

2. 直接产品利润法

直接产品利润法（DPP）是一种会计核算方式，用来检验每一种产品对零售商总利润的贡献，它按单个存货单元，将毛利分摊为净成本和利润。为了确定一个单品的 DPP，有一个特殊的公式用来推导单品的所有直接成本和间接成本。DPP 不涉及管理费用的分摊问题，只涉及与产品直接相关的成本，如订货和存货；ABC 涉及这些管理费用和间接成本。DPP 从渠道下游成员看上游成员的角度，关注单个产品或存货单位（Stock Keeping Unit，SKU）的财务绩效。

DPP 概念是由麦肯锡公司于 20 世纪 60 年代初为通用食品公司建立起来的。这种方法为每个产品建立了独立的损益账目，调整每个项目的毛利率以反映交易、预期收入和现金折扣，识别和测量某一产品的直接组成成本（劳动力、空间、库存和运输）。

这种方法需要详细的会计资料，最好是通过作业成本法得出的资料。信息系统和扫描系统加强了该方法的可操作性。

相对于毛利润、毛利率和单位产品毛利率等传统的价值衡量标准而言，DPP 为批发商和零售商提供了更精确衡量产品盈利能力的标准。DPP 只关注与每种产品相关联的、由运营或销售产生的直接成本，其他的固定成本（如非直接劳动力、总部管理费用等）则不计算在内。表 10-1 显示的是两种不同的产品的成本构成，其中的数据说明两种不同产品的真正价值贡献可能会与其边际利润率完全不同——这也说明边际利润率在实际产品作用评估时可能存在误导性。

表 10-1　直接产品利润示例

项目	产品 A（%）	产品 B（%）
销售收入	100	100
−产品成本	79.5	76.5
毛利润空间	20.5	23.5
+现金付款折扣	1.6	0.0
+交易折扣	2.0	1.2
+预期付款利润（净利润）	1.3	0.0
+回程运费收入	0.8	0.0
调整后的毛利润空间	26.2	24.7
仓库成本		
−劳动力	1.1	1.6
−空间	1.0	1.2
运输成本		
−劳动力/设备	1.2	1.5
商店成本		
−办货劳动力	2.6	2.9
−收银劳动力	1.7	1.9
−空间（能源和占用）	2.2	2.7

项目	产品 A（%）	产品 B（%）
总部成本		
−存货持有成本	0.7	0.4
直接产品成本总计	10.5	12.2
直接产品利润	15.7	12.5

净利率对于单类产品而言通常毫无意义，毛利率忽视了直接运营成本和现金折扣，而 DPP 则在这两者之间实现了平衡。

DPP 使中间商关注仓库和库存的诸多细节，如收货、入库、文书工作、选择和检查货物、装载货物和空间成本。对小宗产品而言，上架和收银成本必须仔细检查、核对；对大件产品来说，保存的货架空间必须计算在内。DPP 尤其有助于改善空间管理。

第三节　渠道成员绩效评估

一、影响渠道成员绩效评估的因素

通常，主要以影响评估的范围和次数的各种因素来讨论对渠道成员绩效评估的影响，包括 4 个主要因素：生产企业对渠道成员的控制程度、渠道成员的重要性、产品特性、渠道成员的数量。

（一）生产企业对渠道成员的控制程度

生产企业本身对其渠道成员的控制程度对生产企业确定其评估范围和次数有重要的影响。如果生产企业对其渠道成员的控制以双方牢固的合同协议为基础，那么该生产企业就可以要求获得渠道成员大量的绩效信息，甚至遍及渠道成员运作的各个方面信息。此外，若生产企业生产的产品市场接受程度很高或在市场上占主导地位，则这些生产企业对渠道成员就会有很大的影响力。对于处于这样的市场地位的生产企业来说，它们就能更容易地从渠道成员处获取大量的绩效数据信息，以便更容易地对渠道成员的绩效进行较为全面的评估。若生产企业的产品市场接受程度不高，即使生产企业以合同条款为基础来实施渠道控制，也不一定能对渠道成员发挥强有力的控制。此外，由于该生产企业的一些特殊品牌的产品可能只占渠道成员销售额很小的百分比，因此，许多渠道成员并不认为该产品品牌对它们来说有很大的重要性，它们就不太愿意花费过多的时间和精力向生产企业提供与此相关的绩效数据。这样生产企业会因为缺少这部分绩效数据而不能对渠道成员进行全面的渠道成员绩效评估。所以，生产企业在确定绩效评估范围和次数时，对其渠道成员的控制程度起着关键性的作用。

（二）渠道成员的重要性

对于通过专业的市场开发代理机构销售其产品的生产企业来说，对渠道成员的绩效评估可能比不太依赖这种专业机构的生产企业要全面、完整得多，这是因为这些企业在市场上的成功直接取决于渠道成员的绩效。例如，工业品生产企业的产品一般都由中间商销售，而这些中间商是公司产品进入最终市场的唯一通道，所以，生产企业就要对这些渠道成员进行仔细而详尽的全面评估。若一家生产高级化妆用品的生产企业利用本公司自营的零售商店或连锁经营的专卖店来销售其大部分产品，同时经由独立的生活用品商店销售少部分产品，这时生产企业只要对这些中间商进行简单的评估即可。

（三）产品特性

一般而言，生产企业的产品结构越简单，就越容易进行评估；产品复杂程度越高，那么对渠道成员绩效评估所涉及的范围就越广。例如，一个大批量生产价格低廉而又几乎不要求售后服务的生产企业，在对渠道成员进行绩效评估时，可能只会以日常销售数据作为评估渠道成员的依据，而不会在很广的范围内进行审查。一个生产相对较复杂的、高价值的甚至需要提供相当全面的售后服务的成套工业设备的生产企业，就必须在相对广阔的范围内，按照不同目标市场的满意度等相关标准来仔细审查它的渠道成员。另外，对于单价很高的产品，获得或失去一个订单对于生产企业来说至关重要，这甚至可能会直接影响它的盈利或亏损。在这种情况下，生产企业可能会非常仔细地审查渠道成员的绩效。

（四）渠道成员的数量

渠道成员的数量会影响生产企业对其进行绩效评估时的工作量。

二、制定绩效评估标准

对于渠道成员绩效的评估，生产企业可能会采用渠道成员的销售业绩、库存维持状况、渠道成员的销售能力、渠道成员的态度、竞争状况和渠道成员的发展前景等指标。

（一）渠道成员的销售业绩

对于生产企业而言，渠道成员的销售业绩毫无疑问是最直接、最重要，且应用最普遍的评估渠道成员绩效的标准。如果渠道成员的销售业绩不佳，生产企业的第一直觉就是该成员的绩效较差。

生产企业在考察渠道成员的销售业绩时，负责绩效评估的渠道管理者应该特别注意区分以下两点：①生产企业将产品销售给渠道成员的销售量；②渠道成员把生产企业的产品销售给渠道成员的客户的销售量。这两者在衡量销售业绩时的作用是不同的。为了对渠道成员进行相对准确的评估，渠道管理者应该尽可能设法取得渠道成员把生产企业的产品销售给其顾客的数据资料。然而，生产企业能否获得这些信息，在很大程度上取决于其对渠道成员实施控制的程度。一方面，若渠道成员是特许经销商，则生产企业可以利用特许经营合约的法律条款约束来获取这些信息。另一方面，若渠道成员是其他类型，生产企业要想获取这些对于绩效评估相当重要的销售资料则比较困难，因为生产企业对其渠道成员的控制程度较低。在这种情况下，生产企业只能近似地使用自身的销售数据作为渠道成员当前的销售量，这时渠道管理者只能依靠经验数据对渠道成员做出绩效评估。

无论使用哪种销售数据，渠道管理者都应该根据下列要点来评估渠道成员的销售数据：①在当前的经济增长水平和竞争状况下与历史同期销售量的对比；②与其他渠道成员销售量的横向比较；③与预先确定的销售定额的比较。

当与历史数据资料比较时，渠道管理者既要注意整个产品线总的销售数据，也要关注某些单项产品的具体销售数据。这些数据按产品类别分得越细，数据资料越详尽，越有助于渠道管理者发现其不同类型产品销售情况的变化，并根据这些销售变化来改变产品线的销售类型。

如果生产企业已经为渠道成员制定了销售定额目标，则应该把渠道成员实际完成的销售业绩与定额相比来做评估。如果将这种定额转化为产品类别，则应该对渠道成员每一类产品的销售业绩进行考核。此外，把渠道成员的销售业绩与定额进行比较时，渠道管理者不仅要关注比例本身，还要考虑在完成这些销售定额的基础上所获得的绩效。如果大多数渠道成员所达到的定额比例普遍较低，则很有可能就不是渠道成员的经营业绩不好，而是销售定额过高。所以，生产企业使用这种方法必须建立在生产企业所定的目标合理的基础上，在制定各渠道成员的销售目标时，应该根据不同渠道成员的具体情况进行深入、全面的分析，为每个渠道成员制定合理的销售目标。

（二）库存维持状况

渠道成员能否维持适当的库存水平是生产企业对其考核的另一项主要的绩效指标。从本质上来讲，生产企业要求渠道成员保持一定的库存水平，特别要求达到生产企业与渠道成员最初签订的合同协议销售额，上述指标通常在生产企业和渠道成员之间的经销或分销合同里有非常明确的规定。为适应个别需要，生产企业和渠道成员可根据对该地区市场销售潜力的预测共同制订一份库存要求计划。渠道成员应自觉遵守协议，并定期接受评估。如果渠道成员达不到协议中的要求，则可能被生产企业淘汰。

即使最初没有在合同中就渠道成员的库存水平做出正式规定，保持一定的库存水平依然是一项重要的评价标准。然而，由于没有正式合同，生产企业无法有力控制渠道成员。因此，如果生产企业将库存维持作为渠道成员绩效考核的标准之一，并把它当作非常重要的问题来看待，则应该在渠道设计的选择阶段将这些内容作为合同条款。但是，许多不具优势的小型生产企业不具备这样的条件，无法使有潜力的渠道成员接受内容苛刻的存货储备条款。

这种维持库存的方法在考核渠道成员库存水平时可能非常简单，也可能非常困难。如果生产企业在批发层次上只与少量渠道成员打交道，那么它通常只要求其销售人员以常规的销售拜访方式来对渠道成员的销售数据进行统计，为生产企业的绩效评估决策提供依据。不管是生产企业自行调查分析其渠道成员的库存，还是由外包公司来做这项工作，都应该考虑以下与库存相关的问题。

（1）库存产品和库存设施的状况如何？

（2）有多少货架或场地可供存货使用？

（3）有多少货架或场地被竞争者的存货占用？

（4）渠道成员库存的总体水平如何？

（5）按件数和金额计算的特殊产品分类细账有哪些？

（6）渠道成员预测购买的相关产品和竞争对手的产品类别相比较，结果如何？

（7）原有剩余库存还有多少？为出清库存做了哪些努力？

（8）渠道成员库存管理和库存记录保管制度是否恰当？

（三）渠道成员的销售能力

生产企业对其渠道成员尤其是批发商进行绩效评估时，通过对渠道成员的销售能力进行分析，从而推断它们将会达到的销售业绩，因此生产企业通常会将渠道成员的销售能力当作绩效评估的一项衡量指标。批发商的销售能力主要是由销售人员的销售能力来决定的，因此生产企业一般通过评价批发商的销售人员来直接评估渠道成员的能力及价值。如果能够获得渠道成员销售人员的个人销售记录，生产企业就可以将这些信息来源作为评估的依据。通过这些个人销售记录，生产企业能够了解销售业绩状况，并对每个渠道成员进行总销售能力评分，然后将此用于渠道成员之间的横向比较。

生产企业通过对这些数据的分析来对渠道成员进行准确的评估。通过分析这些数据，生产企业需要对下列问题做出完整的回答。

（1）渠道成员为生产企业的产品类别配备了多少销售人员？

（2）渠道成员销售人员的业务知识和能力水平如何？

（3）销售人员对生产企业产品的兴趣如何？

（4）中间商及其销售人员对竞争对手的产品和服务的了解程度如何？

（5）该经销商是否具有经营生产企业产品所需的技能？

从渠道成员愿意为生产企业的产品配备销售人员的数目可以大致判断其对生产企业的销售投入的精力和产品的市场覆盖面。

业务知识和能力是评估销售能力的基础。然而，也有生产企业通过其他方法衡量渠道成员的业务知识和能力。例如，该渠道成员完成销售任务需要占用的时长。经销商需要占用的时间越多，说明其销售能力越差。无论使用哪种方法，都需要观察评估结果随时间的变化，生产企业需要进行长期的数据收集。如果渠道成员的销售人员专业知识比较薄弱，就会影响未来的销售业绩。

随着市场化的不断发展，市场竞争日益激烈，市场犹如没有硝烟的战场，所以企业要想守住自己的阵地，百战不殆，就应该做到知己知彼。这就要求渠道成员的销售人员了解竞争对手的产品和服务，分析竞争对手的优势和不足，以便在销售中针对它们的不足培育自己的市场优势。

（四）渠道成员的态度

渠道成员的态度具体表现为渠道成员对生产企业某些政策的服从程度，以渠道成员对生产企业及其各类产品的赞同态度作为评估标准。渠道成员的态度最终会影响销售业绩。然而在实际的应用中，除非渠道成员的销售业绩不能满足要求，生产企业通常不会对其态度进行评估。

因此，只有在销售数据反映不良绩效后，生产企业才会关注渠道成员的态度问题并采取措施。为了在渠道成员的态度问题影响销售绩效之前及早发现这些消极因素，生产企业应该在销售数据以外单独地对渠道成员的态度进行评估。生产企业可以利用自己的调研部门或企业外部的研究机构开展正式调研，以及通过渠道审计和经销商咨询委员会对渠道成员的态度进行评估。渠道管理者还可以利用从销售队伍得到的非正式反馈来观察渠道成员的态度。

（五）竞争状况

在生产企业进行渠道成员绩效评估时，渠道管理者还应该了解渠道成员所处地区的竞争状况，包括以下两种竞争类型：①来自其他中间商的竞争；②来自生产企业自己的渠道成员经营其他产品类别的竞争。

通过渠道成员所在区域内其他中间商的竞争来评估渠道成员的绩效有两个目的。首先，为渠道成员的绩效评估提供参照物，有助于提高渠道成员的销售绩效。其次，如果生产企业决定通过增加新的渠道成员来拓展分销业务，或认为必须替换掉销售绩效不佳的渠道成员时，渠道成员之间的对比信息具有实际意义。虽然渠道成员要获得有关竞争对手绩效的精确而又详尽的数据比较困难，但是生产企业的销售人员和销售管理人员通常能够提供一般的信息和排名资料。

由生产企业渠道成员经营的各类竞争产品的竞争，评估的主要内容是渠道成员为生产企业的产品及竞争对手的产品提供的具体支持。如果渠道成员给予竞争产品的支持更多，而给予生产企业产品的支持较少，在生产企业评估的其他绩效标准（特别是销售业绩标准）中反映为数据差异。

（六）渠道成员的发展前景

通过定期对大部分或全部渠道成员按照下列增长前景问题进行评估，渠道管理者可以较完整地把握整个渠道体系。这将为今后制定切实可行的渠道目标，特别是对公司未来的营销策略规划以及确定渠道中各渠道成员的作用，提供有价值的信息。

（1）渠道成员的历史绩效是否表明生产企业产品的销售情况能与渠道成员所在的销售地区或贸易区的销售规划情况保持同步？

（2）一个时期以来，渠道成员的整体业绩是否与该地区商业活动的一般水平保持一致？

（3）渠道成员的组织机构是否在扩展，是否表现出在设施、资本运作、库存保持和展示产品的质量上有改进迹象？

（4）渠道成员的销售人员是否不仅在数量上有所增加，而且素质也有所提高？

（5）渠道成员以及生产企业在该地区的代表是否有可能在未来某一天由于渠道成员的管理、年龄、健康状况或继任者的安排，而处于不利地位？

（6）渠道成员是否有适应能力以满足该地区有可能出现的市场扩张？

（7）渠道成员对中期和长期的展望有哪些预测或估计？

三、绩效评估的实施

在生产企业制定一系列渠道成员的绩效评估标准以后，渠道管理者就要根据这些指标对其渠道成员进行评估。

（一）绩效评估的一般方法

生产企业根据其制定的绩效评估标准来对渠道成员进行考评时，可以采取以下 3 种方法。

1. 独立绩效评估法

独立绩效评估法指的是生产企业通过一项或多项指标来对渠道成员的绩效进行评估。这种方法适用于密集分销的渠道体系中，尤其适用于渠道成员的数目比较多，并且生产企业所采取的只是销售业绩、库存维持状况和销售能力指标时。生产企业将这 3 项指标用于绩效评估时，各项具体指标是单独进行考核的，一旦生产企业获得了某项考核指标所需的数据信息，就可以对该指标独立地进行考核，而无须收集所有考核数据后再做考核，以提高效率。采用这种方法的优点就是使生产企业对渠道成员的考评变得相对简单、及时、快捷且更有条理。

不过这种方法也有一定的缺陷，因为在追求条理性和快捷性的同时，必然会使绩效评估的综合性有所下降，无法充分地提供对综合绩效的深入分析，特别是当渠道成员在各项评估指标方面的表现不平衡时更为突出。例如从销售数据来看，现有渠道成员有较好的销售业绩，同时库存水平较低，这也许能说明该渠道成员能以较低的库存完成较好的销售业绩。而事实上该渠道成员可能是将它的"库存"积压在生产企业处，使自己的库存管理相对轻松。这种情况在相对较短的时期内可能会令生产企业接受，但从长期看来，这无疑增加了生产企业的成本。

2. 非正式的多重标准组合评估法

非正式的多重标准组合评估法比独立绩效评估法更科学，它将各类指标组合起来对渠道成员的绩效进行综合考核。这种方法就是将每个指标以非正式的形式组合起来，其优点是简单而且灵活。当根据不同的指标进行绩效评估后，渠道管理者再根据自己管理渠道的经验，来决定它们的权重，而无须对每个指标都做明确的权重分析。这种方法的灵活性表现在，当这个指标的相对重要性发生变化时，权重也可做相应的调整，以反映这种变化。

但是这种方法也存在一定的问题。一是渠道管理者在给渠道成员绩效打分时，渠道成员的各方面表现差异较大，这是由于渠道管理者并没有正式对每个指标分别打分，导致综合绩效考核评分出现很大的主观性和任意性。二是非正式的多重标准组合评估法无法提供反映综合绩效的定量指标。

3. 正式的多重标准组合评估法

该方法的实施首先要求生产企业为考评制定相关的标准和操作方法；其次要根据各个指标的重要性分别确定相应的加权数；最后汇总各项指标的加权分数，即可得到每个渠道成员的综合绩效总分。

该方法的主要优点是对各项指标的绩效衡量都做出明确的权重分析，恰好弥补了非正式的标准组合评估法的缺陷。但是如果生产企业对渠道成员的绩效评估采用多种指标，而且每个指标中都有多个操作条款，采用这种方法会造成渠道管理者需要承担相当大的工作量。

（二）绩效评估的财务方法

生产企业和中间商在渠道体系中处于不同的位置，它们分别作为独立的经济实体而存在，因此在进行渠道绩效评估时，双方关注的内容是不同的，各自采用的方法也不是完全相同的。下面针对适用于生产企业的财务绩效方法——贡献率法进行讨论。

贡献率法可以帮助生产企业就不同的分销方式、不同的渠道和不同的渠道中间商对净利润的贡献度进行比较对照，为生产企业的决策提供可靠依据。

贡献率法将与渠道相关的所有成本分为 4 个部分：固定成本、变动成本、直接成本和间接成本。这里的固定成本是指在短期内不会发生变化的成本，与管理会计中的固定成本有所区别。例如，公司员工的工资水平比较稳定，属于贡献率法中的固定成本。变动成本指的是在一定时间内会随一些指标的执行情况变化的成本。

第四节　渠道改进策略

一、渠道改进的必要性

渠道改进又称为渠道调整或渠道创新。企业内外部环境的变化为渠道创新提供了动力，也提供了条件。渠道创新是以价值链增值最大化的理念为指导，以实施目标管理机制的扁平化组织创新为基础，以营销管理信息系统的技术创新为工具的系统工程。一味地盯住传统的销售通路不放，或者一味地追求渠道扁平化，甚至自建终端，都可能流于片面，甚至会由于竞争的变化或利益的驱使而导致大部分中间商一夜之间倒戈。以下 5 种信号标志着渠道需要创新或存在创新的可能。

（1）最终用户不满意。如在计算机行业，戴尔正是在经历了中间商渠道的失败后才创造了计算机直销模式，开创了计算机行业的神话。在现代社会，人们对分销系统的要求越来越高，不合格的渠道将招致最终用户越来越多的不满。最终用户满意是对渠道的最低要求。

（2）存在许多可供利用的渠道。新的渠道会给企业带来全新的顾客期望，并可以重新确定分销成本或服务标准。当面临顾客众多、消费水平参差不齐时，企业运用单一的渠道策略很难达到理想的营销效果，于是多渠道策略应运而生，成为提升业绩和降低费用的良好手段。一般而言，不同的渠道服务于不同的细分市场，这就意味着如果企业放弃一种渠道，就有可能错过整个细分市场，从而造成市场覆盖中的空白，因此，企业需要不断地探索新渠道的可行性。

（3）渠道费用持续上升。随着市场竞争的加剧，企业需要发掘每一寸利润空间。

（4）现有中间商不胜任。在许多成熟的行业中，当生产企业力争取得增长或面对竞争挑战时，那些不愿意主动适应新市场却收入颇丰且贪图安逸、不思进取的中间商则会成为企业发展的最大障碍。事实上，当中间商不去全力提高销量时，企业的任何努力都会付诸东流。

（5）顾客关系管理方法落后。信息技术的发展为企业管理中间商的购销调存创造了十分优越的条件，但许多企业还继续使用尽管重要但并不到位的"走动式"的人员管理。电子信息交换系统和顾客快速反馈系统能帮助中间商管理库存，还可以帮助企业减少成本，最大限度地密切生产企业关系，提高管理效率。信息网络已经能够使产品、服务提供者跳过中间商与最终顾客直接打交道。例如，在线机票预订渐渐取代了传统的旅行社机票预订便是"非中介化"的一个例证。此外，物流领域也涌现出大量革新，包括可靠、高效的隔夜快递和即时跟踪中间商库存状况的信息系统等，这些革新开始淘汰原有的产品和部件库存系统，并为渠道网络的再造创造了条件。

二、渠道改进的策略

在分析了渠道改进的必要性之后，生产企业必须根据目标对现有渠道结构进行改进。改进渠道可以分以下 4 个层次进行。

（一）调整渠道政策

这是渠道的"软性"改进。调整的范围包括但不限于价格政策、铺货政策、市场推广政策、信用政策、激励政策等。

（二）增减渠道成员

在考虑渠道的调整与改进时，生产企业通常会增减某些中间商。生产企业在做出这项决策时要进行渠道改进分析，考虑增减中间商会如何影响生产企业的利润。例如，一家打印机生产企业在做出增减中间商的决策时，应该用该中间商的销量除以总销量，以评估经销商对生产企业的重要程度，以便做出增减决策。常用的分析方法有以下几种。

1. 渠道结构的调整分析

渠道结构调整的原因在前面已经讨论过，最终目的都是要通过调整结构，为生产企业创造更多的利润。因此，生产企业应该通过对渠道结构存在的问题进行分析，确定是否应在渠道结构上进行适当的调整。例如，生产企业决定剔除中间商，直接供货给零售商，缩短渠道长度，通常需要先分析结构与市场环境，再得出结论。

2. 边际问题分析

生产企业进行渠道调整时的一个重要指标是渠道成员的边际影响力，生产企业应该分析增加或减少某一中间商会对整体销量、利润及成本产生什么影响。

3. 中间商替换的影响分析

生产企业的各种经营活动不是独立存在的，而是有千丝万缕的联系。改变渠道结构不仅会影响渠道的正常运作，也会对销售部门、财务部门、物流部门等产生很大的影响，因此，生产企业在进行渠道结构改变前要对因中间商的替换产生的各方面影响进行分析，同时要考虑除销售、利润、成本外，这种替换对渠道整体功能所产生的影响。

（三）增减渠道区域

中间商无法完成销售任务可能是生产企业设定的目标与实际不符造成的，但也不排除其他原因造成中间商的消极表现。例如，竞争者给予中间商更多利润时，中间商更倾向于销售竞争者的产品，对原生产企业的产品关注度则会降低。生产企业有权削减不合格的市场渠道，但是必须考虑削减市场渠道带来的下列负效应。

（1）为保持一定的库存，削减渠道意味着缩减生产。由于制造费用和管理费用被分摊在较少的产品上，单位产品的生产成本将会提高。

（2）可能闲置部分设备，引起有限资源的人为浪费。

（3）原来占有的一些市场机会可能会转移给竞争者，增强竞争者的经营实力。

（4）会对其他中间商的稳定性造成影响。

在考虑以上因素后，如果削减渠道利大于弊，生产企业就可以做出削减渠道的决策。

（四）优化渠道系统

优化渠道系统是较复杂的一种渠道改进决策，因为它不仅涉及改进，还涉及整个渠道系统的修正，如杉杉集团从传统渠道转为特许经营模式，这种决策通常由企业的最高层来制定。

调整渠道，尤其是较大的变革，对企业及整个渠道的影响都很大，而且如果决策失误，短时间内难以补救，将导致更大的损失。所以，生产企业在调整渠道前一定要做好可行性分析与渠道评价工作：认真评估调整结果。从整个渠道系统角度统筹考虑新渠道的费用，进行收益及利润分析，权衡利弊。

有时，限制因素的变化只是暂时现象，这时生产企业不要急于调整渠道。有时，限制因素虽已变化，但未来的情况难以预测，这时生产企业应尽量通过渠道管理适应变化，并注意监测这些因素的进一步变化。渠道的调整基本上表现为中间商的增减，而中间商的增减常常引发许多问题，所以生产企业事先必须周密考虑，以防患于未然。

 基本概念

渠道覆盖面　渠道通畅性　作业成本法

 思考题

1. 渠道绩效评估可从哪几个方面展开？各有何特点？
2. 简述渠道成员综合评估的主要方法。
3. 你如何认识渠道绩效评估在渠道管理中的地位？

 案例分析

大华公司的渠道评估

李明辉是大华公司销售部经理，正在紧锣密鼓地为即将召开的由董事长主持的"下一年公司战略发展讨论会"做准备。公司分管营销的副总经理陈南已经通知他，让他主要谈谈如何调整公司目前的渠道，以达到进一步减少公司营销成本和提高公司干性、湿性农业用途化学产品的销售渠道质量和售后服务质量等问题。

1. 大华公司的组织和销售系统

如图10-6所示，大华公司的组织和销售系统由以下几个部分构成：2家直属的公司是全年生产的工厂，5家签约的直属厂属于季节性生产的工厂，3个负责内部流通的仓库，分布在全国的10家全天候销售中心，分布在全国各地的约100家特约经销商。大华公司主要销售49种商

品。对于销售而言，这些商品可分为两大类：A 类和 B 类。A 类商品由 13 种商品组成，其销售具有很强的季节性，其销售收入占公司总营业收入的 85%。B 类商品由其余 36 种商品组成，虽然是全年都在销售，但同 A 类商品一样，也具有较强的季节性，这类商品的销售收入虽然只占总销售收入的 15%，却贡献了 30%的税前利润。

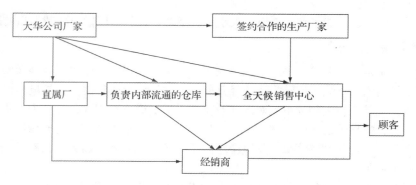

图 10-6   大华公司的组织和销售系统

2. 公司现行的销售政策和销售业绩

为了更好地利用现有的销售渠道，公司对提前 90 天以上向公司订购商品的经销商提供了大量的库存津贴和折扣奖励。因此，目前预先订购的销售额占总销售额的 30%～40%。

然而对经销商而言，这一政策的实施意味着将积压更多的存货。事实上，库存津贴对于全年销售的商品而言是一种特别折扣。为了避免这一优惠的滥用，公司规定了适用于这类优惠措施的最低订购量；同时公司接受低于预先订购量 15%的退货，同时承担货物的运输费用。

显然，这一政策的实施有两点好处：公司可以比较准确地预计装载的货物量，有利于节省运输费用；实施预先订购的经销商可以享受额外的折扣，可以节省成本。

经销商在季节性商品预购期 90 天内向公司订购的产品的销售额占总销售额的 60%～70%。季节性商品的销售量在很大程度上取决于公司运输货物的速度。在季节性商品的销售旺季，大多数经销商希望生产企业能够在短时间内把货物从销售中心送达商家。大华公司的特约经销商更希望生产企业能够将货物连夜送达。在销售旺季，特快物流服务的花费非常高，但经销商仍有利可图。对于经销商来说，选择一个能够快速送货的公司是至关重要的。这类商品的 80%需求集中在中东部各省。

大华公司的销售系统相对比较简单，通过 10 家销售中心销售的商品的销售额占总销售额的 33%，即特约经销商的销售渠道对大华公司的销售额贡献率达 67%。表 10-2 列举了大华公司各销售渠道的销售额和成本花费的情况。

表 10-2   大华公司各销售渠道的销售额和成本花费   单位：元

	传统供销社	新兴专业农药零售店	总体情况
销售额	71 522 500	30 652 500	102 175 000
间接变动成本	23 602 425	12 874 050	36 476 475
直接变动成本	7 152 250	4 291 350	11 443 600
直接固定成本	12 874 050	4 904 400	17 778 450
间接固定成本			3 780 475

3. 分销现状评估

根据副总经理陈南的要求，此次对整个渠道系统进行评估，主要突出两个重点：对公司的现有营销成本和服务成本进行评估。尽管就整体而言，整个渠道系统运行良好，但在每个订货季节之后，仍有一大部分经销商抱怨需求得不到满足，同时还有一部分经销商在退货。但通过新兴专业农药经销商销售的商品退货少，这从侧面说明该渠道的客户服务质量比较高。李明辉分析这也许与新兴农药销售商具有较高的素质和较强的顾客意识分不开，这是他从平时所接触的经销商了解到的情况。

为了制定有效提高公司渠道销售绩效和顾客满意度的策略，李明辉决定首先考察每条渠道的渠道贡献率，找出公司现行渠道结构中，财务绩效较高的渠道，同时分析影响渠道中顾客满意度的原因，提出有效的改进策略。

问题：

1. 结合案例分析渠道评估的流程。
2. 结合案例探讨渠道系统的成本可划分为哪几个方面。

第五篇

新型渠道篇

第十一章 线上渠道

学习目标

随着互联网以及移动互联网的发展，线上渠道的发展成为许多企业营销创新的突破口。因此，企业需要了解和熟悉线上渠道的概念和特点，掌握线上渠道的优势和劣势，并深入理解线上中间商的类型与作用，从而掌握线上渠道管理方法，帮助企业提高销售量，实现营销目标。

导学视频

通过本章的学习，读者可以掌握以下知识。

- 了解线上渠道的概念；
- 了解线上渠道的特点；
- 熟悉线上渠道的优势与劣势；
- 理解线上渠道的类型；
- 理解线上渠道的中间商类型；
- 掌握线上渠道管理的内容。

能力目标

- 能为具体企业的线上渠道构建提供思路；
- 能为具体企业的线上渠道管理提供思路。

知识导图

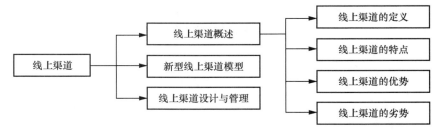

育人目标

融入点	展示形式	目标
（1）线上渠道对生产者的重要性	（1）关于数字经济、市场体系、创新、全国统一大市场、国内国际双循环的讨论	（1）了解新零售渠道在中国的创新发展，增强民族自豪感
（2）数字经济背景下线上渠道的创新发展	（2）案例讨论：天猫 App、抖音 App、微信小程序等移动互联网渠道创新	（2）引导学生关注移动互联网渠道的最新发展，并积极投入到移动互联网的创新中

第一节　线上渠道概述

　　网络的兴起与发展，改变了人类的生活方式、工作方式，也改变了商业活动中的许多模式。截至 2022 年 12 月，我国网民规模达到 10.67 亿，互联网普及率达 75.6%。阿里巴巴旗下平台 2022 年全网总交易规模达到 5 571 亿元。线上交易逐步成为商品交易的重要渠道方式之一。

一、线上渠道的定义

　　线上渠道根据终端设备的差异，可以分为互联网渠道和移动互联网渠道。

　　互联网渠道的定义可分为两种类型。一种类型是从互联网作为信息传播媒介的视角界定互联网渠道。Berrman（1998）提出，互联网渠道是一个以卖方为主导，通过向消费者提供相应的单向信息来实现"广告"推广的渠道。Evans、Wurster（1999）认为，互联网渠道是传统营销渠道的附属，是一个能让终端的消费者接触交易，能丰富交易环节的分支渠道。Allen、Fjermestad（2001）指出，互联网渠道是以便捷、低成本向消费者传递信息的渠道。张卫东（2005）给互联网渠道下的定义是，为了能使某一产品或服务实现其价值与使用价值而配合起来完全利用或不完全利用互联网履行供应、生产、分销和消费等功能的所有企业与个人。另一种类型是从互联网作为一种商务交易平台载体的视角来界定互联网渠道。McDonald、Wilson（2002）把互联网渠道看作为买方提供商品和服务的平台。通过互联网营销平台，网络消费者可以完成选购商品、在线支付和选择配送方式等功能。Coughlan（2003）认为，互联网渠道指应用互联网作为工具来接近最终用户的渠道，且可划分为企业面向消费者销售（Business-to-Consumer，B2C）和企业与企业间销售（Business-to-Business，B2B）两种形式。瞿彭志（2001）认为，网络营销渠道是借助互联网将商品从生产者转移到消费者的中间环节。一个完善的网络营销渠道应有 3 大功能：订货功能、结算功能和配送功能。

　　移动互联网渠道，是指应用移动互联网提供可利用的商品和服务，以便使用计算机或其他能够使用技术手段的目标市场，通过移动渠道媒介完成交易活动。移动渠道的媒介多为移动终端 App。移动终端 App（Application 的简称），就是移动应用服务，是针对智能手机等移动终端设备连接到互联网的业务或者无线网卡业务而开发的应用程序。

信息快车

　　近几年，移动互联网渠道的市场交易额逐年上升，2022 年中国移动电商市场交易额突破 31 万亿元。移动互联网渠道的新业态、新模式彰显活力。商务部重点监测电商平台累计直播场次超 1.2 亿场，累计观看超 1.1 万亿人次，直播商品超 9 500 万个，活跃主播近 110 万人。即时零售渗透的行业和品类持续扩大，覆盖更多应用场景，加速万物到家。

二、线上渠道的特点

（一）虚拟性

　　线上空间是一个虚拟的世界。交易双方通过网络店铺达成交易，消费者通过网络店铺中商品和服务的相关信息，如商品和服务的价格、规格、特性，以及既有消费者留下的交易和使用评论了解产品；交易过程中所需要的信息流、资金流借助互联网完成，而商流则是虚实结合，甚至完全虚拟，有形产品的流动则是虚拟的信息流与传统营销渠道的物流配送体系相结合，无形的数字化产品（如文字、图形、声音和视频等）和服务则完全通过虚拟的互联网空间完成商品转移流通。

（二）精准性

网络打破了信息的不对称性，线上渠道为交易双方提供了一个高水平、低成本的一对一信息双向沟通和互动的交易平台，使双方可以快速反馈各种信息。网络店铺可以通过个性化推荐系统的推荐引擎深度挖掘目标市场消费者的行为偏好，并根据这一行为偏好向消费者推荐商品和服务，即向目标市场消费者展示符合其兴趣偏好和购买意图的定制化商品和服务，提升消费者的交易体验。

（三）整合性

线上渠道以电子信息技术为工具，将企业价值链和供应链中的活动整合在一起。线上的营销活动包括商品和服务的信息收集和交易支付、物流配送和售后服务，因此，线上渠道是一种全程营销渠道。另外，企业可以借助网络将不同的传播营销活动进行统一设计规划和协调实施，以统一的传播内容向消费者传达信息，避免传播内容的不一致性产生的消极影响。

（四）高效性

网络服务器可存储大量的信息，方便消费者查询，可传送的信息数量与精确度远超其他媒体，并能因市场需求及时更新商品或调整价格，因此能及时、有效地了解并满足消费者的需求。此外，线上渠道大大降低了渠道中间商的数量，缩短了企业与消费者的距离，并大大降低了企业建立直销渠道的难度。企业可利用网络服务平台发布企业和商品方面的信息，接受目标市场消费者的访问和订购。

（五）网络外部性

网络外部性，是指当网络用户数量增加以后，每个用户从中得到的效用会增加，而加入网络的成本却不会随之增加。

三、线上渠道的优势

（一）降低交易成本

交易成本是经济行为的主体在市场交易活动中为实现交易所支出的费用，包括事前发生的为达成合同而发生的成本和事后发生的监督、贯彻该合同而发生的成本。企业为了降低市场交易费用，将市场交易行为内部化，从而节约了交易费用。由于网络的存在，线上渠道为市场提供了最低的交易成本途径。以 GE 公司订单处理为例，每一个订单处理包括接收、确认、输入系统、交货确认或订单更改等诸多环节，每个传统订单的处理成本约为 100 美元，而采用线上渠道后，数据的调整和传输更为方便快捷，而且减少了很多常见的规格、数字错误，这样每个订单处理成本可降到 25 美元。GE 公司每年的交易订单多达 10 亿个，通过线上渠道降低的交易成本高达 250 亿美元。

（二）降低流通成本

流通成本分为纯粹流通费用、保管费用和运输费用 3 个部分，纯粹流通费用包括直接与买

第十一章 线上渠道

卖商品有关的费用、簿记费用等，这些费用可以看作由商流和资金流所形成的成本，而保管费用和运输费用则是物流方面的成本。线上渠道所具有的时空无限性，以及其对商品交易中的信息流、商流、资金流的整合，使得流通时间大大缩短，节约了流通中垫付的资金，加快了资金周转速度。

（三）提高分销效率

一个完善的线上渠道应具有 3 大功能：订货功能、结算功能和配货功能。线上渠道的订货功能不仅可以使客户通过网络了解有关信息，进行比较后直接下达订单，而且可以通过网络直接了解订单执行情况。同时由于网上交易大大加快了客户反馈的速度，无形中提高了客户忠诚度。1998 年 11 月，英特尔耗时 12 个月完成了基于网络的客户订购系统，1999 年在线销售额迅速上升至每月 10 亿美元。明基有 90% 的订单是通过网络直接进行的，整个订单的处理过程只需 10 分钟，从而可以做到全国任何地方 48 小时到货。同时，线上渠道的在线结算功能也加快了企业资金的流通速度，传统营销渠道两三个月回收的资金，在线上渠道只需要十几天便可收回。

（四）提高渠道透明化程度

线上渠道可通过互联网对信息流、商流和资金流进行实时监控，就可以使渠道透明起来。企业可以引进及时管理（Just In Time，JIT），动态跟踪商品的流通情况，在商品的运输过程中，通过引入全球定位系统（Global Positioning System，GSP），实时动态跟踪商品的在途情况。对生产企业而言，其可以及时跟踪商品的运动过程，了解渠道是否畅通、商品是否畅销，了解库存状况，从而可以更加准确地把握市场动态，更加了解消费者需求，进而制订准确的生产计划。例如，世界速递业 3 大巨头之一的敦豪快递公司（DHL）引入 WAP 系统，及时跟踪在途邮件，为消费者提供满意的速递服务，从而使其在新的经济环境中保持勃勃生机。

四、线上渠道的劣势

（一）交易安全的隐患

交易安全是线上渠道得以健康发展的保障。网络交易是虚拟性的，这就使企业和消费者对网络交易的安全问题存在顾虑，并由此影响企业的渠道策略和消费者进行线上购物的积极性。调查显示，虽然《中华人民共和国电子商务法》自 2019 年 1 月 1 日已施行，但是一些企业和消费者仍然非常关注网络交易安全问题，认为网上支付和网上产品的安全性仍低于传统线下渠道。

（二）物流配送的制约

有形产品通过线上渠道从生产者转移至消费者的过程中需要物流配送。消费者期望能获取与线上渠道交易相匹配的高效、便捷的物流配送系统，其中消费者对生鲜类农产品的快速物流配送尤为关注。但是，线上购物的消费者经常遇到交货延迟的现象。"电诉宝"显示，2022 年中国生鲜电商用户投诉问题中发货及物流问题位居第三，占比为 13.75%，这严重影响了消费者利用互联网购买生鲜产品的信心和热情。

（三）体验感的缺失

消费者能在实体店观察、触碰商品实物，现实感受到商品的品质、触感、气味以及食物商品的口感等，尤其是服饰和穿搭类商品的品质。实体店销售人员能为消费者提供面对面的服务，能根据现场对消费者的观察提供更贴心的服务。并且，实体商业内有丰富的商品品类和业态类型，能使消费者享受购物消费和餐饮娱乐的快乐。而线上购物是基于不可触碰的虚拟商品展示形式的交易，使消费者缺乏体验感。

第二节　新型线上渠道模式

一、移动网络直销

（一）移动网络直销的概念

所谓移动网络直销，即利用企业专属移动终端实现交易，一类是开发专属 App，另一类是平台搭载小程序专属移动终端。

很多企业开发了企业专属 App，在 App 上发布企业介绍、产品介绍、活动信息，让用户实时购买和互动。例如，华为的华为商城、王府井百货的王府井 Mall 、华润万家的万家 MART，大润发优鲜等，这些企业都通过自行开发的 App 拓展了线上渠道。

随着微信小程序的兴起，越来越多的企业在微信、抖音、百度智能、支付宝、快手、华为 HarmonyOS 原子化服务等平台搭载企业的专属小程序，让用户在社交、信息检索等活动中也能达成交易，并与企业互动。据阿拉丁研究院统计测算，截至 2022 年年末，移动互联网小程序超过 780 万个，DAU 突破 8 亿人，人均使用次数超过 12 次，小程序已经融入网民生活的方方面面。包括餐饮、服饰、美妆、母婴等 10 个品类在内的近千个品牌中，近 75%完成了小程序与公众号或视频号的关联，25.9%的品牌拥有完备的组件转化链路。小程序成为用户日常购物、大促囤货以及首发抢购的重要渠道。

同时，随着移动互联网技术的进步，越来越多的企业依托淘宝直播、多多直播、抖音直播、快手直播、蘑菇街、京东直播、小红书、苏宁直播、海淘直播、得物等直播带货平台，采用短视频、直播等屏幕化场景直销。据艾媒咨询统计，2020 年关闭外链、参与自建供应链的抖音直播商品成交额超 5 000 亿元，店铺主播所获成交额占近九成，店铺自播成为常态。

（二）移动网络直销构建流程

1. 自主构建移动终端 App

自主构建移动终端 App 的流程如下。

（1）组建企业自有移动终端 App 的开发与运营管理团队。

（2）根据企业需求以及目标市场客户特征定位 App 功能。

（3）移动终端 App 开发与运营管理团队根据 App 功能要求设计应用程序，并进行目标市场客户的测试。

（4）根据目标市场客户偏好，选择适宜的 App 应用程序平台注册。注册前需要仔细查看平台审查指南，Android、iOS、Blackberry 等系统不尽相同，iOS 的审查过程中有一些强制执行的设定规则。

（5）移动终端 App 开发与运营管理团队对 App 进行后期管理维护更新。

2. 外包购买移动终端 App

外包购买移动终端 App 的流程如下。

（1）根据企业战略目标，选择合适的互联网技术服务公司。

（2）协助互联网技术服务公司，根据企业需求以及目标市场客户特征定位 App 功能。

（3）外包互联网技术服务公司开发和管理企业移动终端 App。

3. 平台搭载小程序移动终端

以微信小程序为例，企业构建平台搭载小程序移动终端的流程如下。

（1）注册，在微信公众平台注册小程序，完成注册后可同步进行信息完善和开发。

（2）小程序信息完善，根据企业需求以及目标市场客户特征填写小程序基本信息，包括名称、头像、介绍及服务范围等。

（3）开发小程序，完成小程序开发者绑定。开发信息配置后，开发者可下载开发者工具，参考开发文档，结合企业差异化优势进行开发和调试。

（4）提交审核和发布，完成小程序开发后，提交代码至微信团队审核，审核通过后即可发布（公测期间不能发布）。

4. 依托平台直播带货

以抖音为例，企业构建依托平台直播带货的流程如下。

（1）开通直播功能，开启抖音，完成实名认证开通普通直播。再完成 10 个以上的公共视频，积累 1 000 个粉丝后，在"我"界面点击右上角三横，找到"创作者服务中心"，选择"商品橱窗"选项，找到"成为带货达人"，然后点击带货权限申请即可。

（2）搭建直播间。初级的直播间只需高清视频画质的手机和具备调光功能的稳定支架即可。企业直播间需占用一个隔音良好的空间，搭配专业摄像机、麦克风、三脚架、导播一体机/计算机设备、灯光、收音设备、提词器、背景墙（货架/绿幕）和调音台。

（3）直播前准备。首先做好选品，选择企业类目销量最高、品质稳定的产品，并根据产品的卖点撰写直播文案，并拍摄其中引流款的 15 秒左右的介绍短视频，该短视频用于直播前的引流。

（4）直播。按照引流款—利润款—引流款—利润款的排品顺序直播讲解产品，在讲解过程中还可以设计一些福利—以福袋的形式发放，增加直播间的互动和人气。如直播初期自然流量较少，可选择付费流量。直播过程中需注意正确措辞，注意及时回复观众提问，并将产品以合适的方式展现给观众。

（5）直播复盘。直播后需对直播内容进行复盘，总结经验教训。

二、专业移动交易平台

（一）专业移动交易平台的概念

专业移动交易平台是一个第三方交易平台，是在移动互联网渠道中为交易双方或多方提供交易撮合及相关服务的移动终端 App 平台。在交易过程中买卖双方可以通过专业移动交易平台提供商提供的移动网络平台开辟的专用交易通道，随时进行信息交换和网上谈判，在双方达成协议后，通过专业移动交易平台提供商提供的相关接口获得支付结算和物流等服务。专业移动交易平台提供商的收入主要来源于交易双方对使用移动交易平台的租金或移动系统管理费用等。

（二）常用的专业移动交易平台

目前，国内比较常用的专业移动交易平台有淘宝移动客户端、天猫移动客户端、京东移动客户端、拼多多移动客户端、闲鱼移动客户端等。

1. 淘宝移动客户端

淘宝 App 是淘宝网官方出品的移动客户端 App，其支撑系统有 iOS 和 Android 两个系统。

2022 年淘宝移动客户端交易额突破 100 亿元，"双十二"期间日访客数为 3 000 万，交易额达到 2 亿元。淘宝移动客户端广告标语为"太好逛了吧"。

淘宝 App 的 Android 版 v10.22.10 具有以下核心功能。①购物比价：通过关键词、条码、语音及二维码等多重搜索，动态比价。②便民充值：话费充值、游戏点卡充值、Q 币充值，简单方便，支付宝支付又快又安全。③淘宝团购：海量商品实惠出售，畅享聚划算的乐趣。④折扣优惠：提供店铺热销商品、天天特价单品，更多手机专属优惠折扣，同城购物更优惠。⑤物流查询：商品物流实时更新，随时随地跟踪物流状态。⑥类目浏览：找准目标，快速直达；有机票的专属购物通道，有省流量的小图版和高清的大图版。⑦阿里旺旺：客户端直接启动阿里旺旺，支持与多个卖家即时联系沟通，无须下载安装旺旺客户端。⑧分享惊喜：同步新浪微博，直接@好友名字，通过图片、文字、二维码、短信与好友分享优惠，支持 8 亿淘宝商品的二维码分享。⑨宝贝筛选：更直接，搜索关键词后可根据人气、信用、价格及销量进行排序，也可根据类目、地区进行筛选后，实现快速查询购买。⑩宝贝浏览：支持大图和小图浏览，小图使用节省流量，大图查看更清晰。⑪ 宝贝详情：提供文字版及图文版宝贝描述，可根据网络使用情况随时切换。⑫支持 Wi-Fi、CMWAP、cmnet、uninet 等多种联网方式。⑬提供默认登录及本地验证码功能，无须通过计算机或 wap 再次验证登录。⑭阿里旺旺：支持能与多个卖家即时联系的 IM 工具。

2. 天猫移动客户端

天猫 App 是天猫商城的移动客户端延伸。天猫移动客户端可应用于 iOS 和 Android 两个系统。天猫商城整合 4 亿多买家、5 万多家商户、7 万多个品牌，为商家和消费者提供一站式解决方案。天猫 App 是针对天猫商场用户设计，从"逛"和"购"两个方面进行定位的手机客户端。

天猫 App 的 Android 版 v13.9.0 具有以下功能。①上线 3D 购物，全面开启沉浸式购物，使用户无须借助外接设备即可进入 3D 世界，体验逛街购物、看艺术展、去户外漫游，甚至参加一场新品发布会。用户可以 360 度查看商品细节，通过 AR 试穿试戴，预览商品摆放在真实场景中的效果。天猫 App 还开设了数字潮玩分区，充分展示 3D 数字商品，这些数字商品均由天猫 App 联合艺术家、设计师同步推出，极具收藏价值。②拍立享，识别最优同款商品，使用户无须跳转页面即可直接下单，拍图找同款时，从推荐多款到只推荐最优一款，系统会综合考量价格、销量、服务等因素，筛选出最优一款商品，帮用户节省挑选时间。③商品推荐由"猜你喜欢"升级为选我喜欢，根据用户自主订阅的兴趣标签来推荐商品，方便用户发现兴趣圈子里更多的未知好物。④搜索支持筛选送货上门商品。用户在下单时，可以主动选择可以送货上门的商品，提升购买体验。⑤上线新猫享频道、天猫排行、猫猫币、AR 交互等多个全新功能。天猫 App 保持每两周一迭代的频率，会不断根据用户的反馈完善商品体验，争取达到让用户在购物的过程中有乐趣，买得轻松、买得简单。

3. 京东移动客户端

京东移动客户端（京东 App）是京东商城在移动客户端的延伸。京东移动客户端可应用于 iOS 和 Android 两个系统。

京东 App 的 v11.6.4 版本具有以下特色功能。①劲爆促销：手机专享、降价排行、优惠券、限时满减等，优惠多多。②生活：京东超市、京东到家、电影、酒店机票等，应有尽有。③特色频道：全球购、京东众筹、京东拍卖、白条商城、清仓二手等，无限精彩。④精彩发现：呈现穿搭、智能、美妆、数码等精品推荐与时尚买手们的故事。⑤趋势播报，京东官网权威榜单。同时，京东 App 可切换为让老年用户更舒心的版本。

4. 拼多多移动客户端

拼多多作为新电商开创者，致力于将娱乐社交的元素融入电商运营，通过"社交+电商"的模式，让更多的用户带着乐趣分享实惠，享受全新的共享式购物体验。

拼多多 App 的 6.50.0 版本具有以下特色。①多多买菜：依托拼多多全新的农产品上行物流体系，一键直达全国超过 1 000 个农产品产区；百亿补贴加专项补贴，买菜更划算；手机变成菜篮子，精选全国及海外农产区产地优质好货，覆盖各类生活必需品；足不出户为家庭轻松选购次日生鲜，拿起手机选购，带着蔬果回家。②分享乐趣，购物不孤单：发现好物，与好友共同分享，体验发现低价好货的乐趣；和志同道合的好友拼单，或参与万人团，与 8 亿拼多多用户一起拼。拼团享受更低价，组团购物不孤单；和朋友玩转小游戏。好朋友，就要一起栽种，一起收获；为好友呈现顾客的真实点评，为真朋友说出真体验。③产地直播，商家陪你看海：看数百万真实商家产地直播。看红薯从地里挖出，看波罗的海，看一双鞋如何从生产线走到顾客面前；市长、县长代言各产业带好货。市长、县长精选本地产业带尖货，化身拼多多主播为顾客在线答疑。

5. 闲鱼移动客户端

闲鱼 App 是阿里巴巴旗下的一个类似跳蚤市场的 App，提供了一个二手货物交易平台，用户可以使用该软件快速出售不需要的闲置物品，只需随手拍照上架商品，即可轻松转卖，支持支付宝担保交易。

闲鱼 App 的 v7.9.60 版本具有以下特色。①支付宝担保的个人交易平台：更诚信，更安全。②淘宝已买到宝贝，随时随地一键转卖，立即变现。③淘宝上亿买家都可以看到用户发布的转卖商品，商品更容易卖出。④卖家发布商品更简单，语音描述，扫条码更轻松。

（三）专业移动交易平台的优劣势

1. 专业移动交易平台的优势

（1）具有规模优势，其成本费用相对企业独自开发费用低。

（2）资源优势，交易平台会为平台内的虚拟企业提供多种互动营销工具，如抽奖、问答和多人拼团等，且可以整合平台所有虚拟企业资源做大型促销活动。

（3）数字化服务优势，专业移动交易平台的后台服务可以协助企业收集 ERP 和 CRM 数据，并进行数据挖掘，剖析全方位运营情况，指导企业运营管理。

2. 专业移动交易平台的劣势

专业移动交易平台会导致企业在一定程度上失去渠道自主管理能力。企业生产和经营将受制于网络中间商的数据反馈，财务运作将受制于网络中间商的支付管理，这将不利于企业塑造其自身的竞争优势。

三、基于社交的微商

（一）微商概述

1. 微商的定义

微商起源于微信朋友圈的个人代购，发展于微信，因此称为微商。这里将企业或个人通过微信、微博等移动互联网社交平台进行分销的商业活动统称为微商。

微商的商业逻辑是基于社交平台将社交圈的社会资本通过社交渠道分享和变现。艾瑞咨询机构调查发现，随着传统电商流量红利渐失，移动与社交相结合的微商市场成为各电商企业及品牌竞相布局的渠道之一。2013 年中国微商行业市场交易规模仅 224.9 亿元。2022 年，中国微商行业市场交易规模激增为两万亿元，从业人数达 0.6 亿人。

2. 微商与直销的区别

直销是指生产企业不通过中间商，直接销售产品给消费者。直销分为两种情况：一种是直销商直接将产品销售给消费者，消费者不会成为销售人员，赚取销售差价；另一种是产品销售给消费者之后，消费者被开发为下级销售代表，形成层次结构，上级直销商可以从下级销售代表的销售活动中获得提成。微商与直销的界限模糊主要是由于第二种模式，其实质都是对于社交圈的社会资本的分享和变现。区别在于微商需要卖方囤货，且基于移动互联网进行交易；而直销由直销平台直接发货，没有囤货压力，只有业绩压力，且主要采用线下交易模式。

（二）微商的模式

按照渠道主体性质的不同，微商可分为以下 3 种模式。

1. 品牌微商

品牌微商可按照品牌的成熟情况细分为两种：第一种是新创品牌，成立分销团队，层层代理，最终通过微信等社交平台进行营销并实现销售，如思埠等；第二种是固有品牌，通过微商渠道发展起来，获得知名度，如韩束等。

思埠为品牌微商的代表企业，2013 年成立，旗下拥有华药、黛莱美、5100、植美村、天使之惑、纾雅、雅顺、CMM、白芸豆等品牌，主营护肤品、私护、日化品类。思埠作为品牌微商，自主研发产品，自组代理团队进行商品分销，是第一批品牌微商的从业者，思埠拥有自己的销售平台 App 系统，如图 11-1 所示。

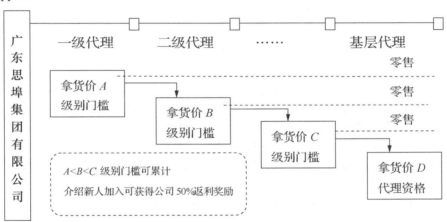

图 11-1 思埠集团微商渠道模式示意图
（注：图片来源于艾瑞咨询）

2. 平台微商

平台微商是指企业成立一个专门的平台，连接上游生产企业、品牌商和下游小微商户、个人，下游参与者通过平台可以实现手机开店，并通过社交分享实现对上游商品的分销。例如，微店、盟店、有赞微小店等。

（1）微店。微店是平台微商的领先者，由北京口袋时尚科技有限公司开发，分为卖家版和买家版。用户通过手机号码即可开通自己的店铺，形成店铺的二维码或链接，通过一键分享微店将这些二维码和链接分享至微信群或朋友圈。消费者通过点击链接进入微店，浏览商品并下单购买。微店为平台微商最大玩家，卖家版月独立设备数近 500 万台。

微店的优势在于：①门槛低，微店降低了开店的门槛和复杂手续；②零手续费，微店完全免费，对所有交易（除信用卡）不收取任何手续费；③账期极短，微店每天会自动将前一天货款全部提现至商家银行卡，帮助商家及时回款（一般 1～2 个工作日到账）。

微店的主要功能如下。①商品管理。轻松添加、编辑商品，并能一键分享至微信好友、微信朋友圈、新浪微博、QQ 空间。②微信收款。无须客户事先在购物车中添加商品，与客户谈妥价钱后，即可快速向客户发起收款，促成交易。③订单管理。新订单自动推送、免费短信通知，扫描条形码输入快递单号，以方便管理订单。④销售管理。支持查看 30 天的销售数据，包括每日订单统计、每日成交额统计、每日访客统计。⑤客户管理。支持查看客户的收货信息、历史购买数据等，帮助商家分析客户喜好，有针对性地进行营销。⑥我的收入。支持查看每一笔收入和提现记录。⑦促销管理。设置私密优惠活动，吸引客户，商品价格设置更加灵活。⑧自主推广。多种推广方式，给店铺带来更多的流量，提高销售额。⑨卖家市场。通过批发市场等功能全面提升商家的店铺等级。微店渠道模式如图 11-2 所示。

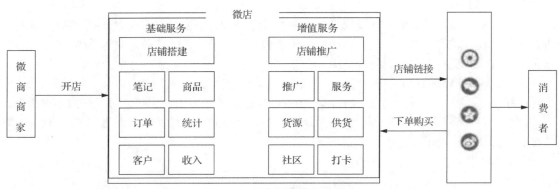

图 11-2　微店渠道模式示意图
（注：图片来源于艾瑞咨询）

（2）阿里巴巴微商。阿里巴巴于 2016 年年底上线微供和采源宝，进入微商领域。用户通过微供选择供货商和商品，成为其代理，在采源宝中形成商品链接并分享至朋友圈和微博等社交平台，消费者通过链接购买商品，供货商直接发货，代理无须囤货。阿里巴巴采用双 App 的商业逻辑，一是严控微供商品的质量和私密性，阿里巴巴在生产基地对供应商的商品进行筛选，进入微供渠道的商品质量由阿里巴巴提供保证，而微商渠道的价格优势仅采源宝代理可以享受；二是把控社交环节，用户仅可查看分享至朋友圈等社交平台的商品描述和商品图片，无法查看商品链接和价格等内容。阿里巴巴微商渠道模式示意图如图 11-3 所示。

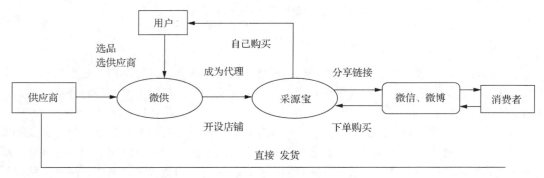

图 11-3　阿里巴巴微商渠道模式示意图
（注：图片来源于艾瑞咨询）

3. 个人微商

个人微商是指个人基于朋友圈销售商品的渠道模式。以微店为例的个人卖家的操作流程如下。

（1）下载平台软件。使用手机下载微店或者拍拍微店等微商类软件。

（2）注册个人微店。下载平台软件后，打开微店，点击注册按钮，在出现的页面中输入手机号码，绑定手机号码，通过手机验证码设置微店密码。

（3）商品销售。注册成功后，通过从手机相册中选取图片或者拍照设置店铺图片，再输入店铺介绍，创建微店。然后上传商品图片，输入商品描述、价格、数量，创建店铺售卖的商品。

（4）营销推广。在微店界面通过一键分享，选择微信、朋友圈、QQ、新浪微博、易信、易信朋友圈、Pinterest 等社交平台直接分享整个店铺或某一具体商品，朋友或者陌生人即可在社交平台上通过链接直接在微店或者商品销售页面中进行交易。

（5）分销代理。如果店铺中没有自有商品，可选择分销功能，选择准备售卖的商品或店铺信息进行推广。当买方通过店铺的中转链接交易成功后，系统会直接从卖方处结算提成。

（三）微商的优劣势

1. 微商的优势

（1）实现了分散的线上线下流量的完全聚合。微商以社交为基础，微信、微博等社交平台不仅是一个客户汇聚的平台，更是一个绝佳的客户管理平台，管理平台自动收集消费者信息，方便企业更精准地找到用户群，并在公众号上与客户建立无障碍的直接接触，实现个性推荐和精准营销。

（2）沟通成本低。基于社交的微商可以提供详尽的偏好描述，且微信、QQ 等社交平台为用户和微商的沟通提供了极为便利的实时沟通途径，因此基于社交的微商沟通成本相对较低。

2. 微商的劣势

（1）渠道成员的监管难以控制。目前，微商过于分散，导致其不易控制。特别是个人微商缺乏有效的监管机制，一方面，个人微商的零散性导致其无法受到企业的全面监管；另一方面，个人微商无法受到来自第三方移动交易平台的有效监督。

（2）价格问题。微商的参与者众多，采取代购及个人微店等营销方式的微商参与者可以自由定价，这会影响品牌价格的统一管理。

四、团购类移动交易平台

（一）团购类移动交易平台的概念

团购类移动交易平台是从客户的角度出发，借助移动互联网"网聚客户群体"、聚集资金、增强客户议价权的一种移动营销渠道。团购类移动交易平台的目标市场群体具有三大特性：一是对商品具有选择障碍的客户；二是对价格比较敏感、想要获取规模购买价格优势的客户；三是对个体消费的消费保障存在担忧的客户。团购类移动交易平台的企业用户出于两个目的：一是进行营销推广，获取口碑宣传效益；二是降低商品库存。

（二）团购类移动交易平台的种类

按照交易平台的属性不同，团购类移动交易平台可分为以下两大类。

1. 专业团购移动交易平台

随着移动互联网的发展，团购网站延伸至移动客户端。常用的专业团购移动交易平台如下。

（1）美团 App：为综合性团购平台，有两亿多用户、海量商家，每天都有红包福利，还有美团跑腿协助同城购物取送物品。

（2）大众点评 App：有快速定位周边的吃喝玩乐功能，实时看到用户评价真实打分，提供多种优惠团购模式。

（3）聚美 App：专注美妆的特卖商场提供优惠的价格，帮助顾客实现足不出户也能够在任何专柜购物。

（4）团购宝 App：能够帮助顾客快速领到各种大牌平台的优惠券，一键跳转的模式帮助顾客轻松找到所需产品，以比平台更低的价格购物，有更好的购物体验。

（5）考拉海购 App：适合平时比较喜欢海外购物的用户，全球直采的模式保证货物的正品安全，还支持和朋友一起下单，以团购的形式为用户提供更多优惠。

（6）猫眼 App：专注电影票团购，同步各大影院最新上映电影，春节期间更是推出了各种优惠票券，海量的活动以及影评剧评应有尽有。

（7）返利 App：帮助顾客实现一边购物一边挣钱，除了获取海量的外卖红包之外，顾客还能够和其他用户拼团购买商品，通过团购形式省钱。

（8）1 号店 App：专注网上超市团购模式，帮用户把心仪的货品直接送到家门口，筛选各种低价产品限时回馈，购物形式超简单。

2. 社区团购平台

社区团购平台也是基于社交的一种移动互联网渠道，这种平台没有独立的 App，一般是社区内具有一定社会资源的发起者作为团长，使用微信、QQ 等社交平台将社区内与团长有社交关联的居民组成一个组群，实现生鲜商品流通的新零售方式，这个社区微信群或 QQ 群就成为一个社区团购平台节点。社区发起者作为节点的经营管理者，根据身处相同社区内的消费趋同的特性，将收集到的组群消费需求信息对接社区团购平台，再将多多买菜、美团优选、淘菜菜、兴盛优选等社区团购平台规模采购配送到的商品进行分发。商品质量由社区团购平台负责，节点经营管理者保障。社区团购平台盈利模式来源于商品的差价。中研网发布的行业分析中提到，2021 年全国社区团购市场交易规模达到 1 205.1 亿元，2022 年全国社区团购市场交易规模突破 2 000 亿元。

社区团购平台最大的特点就是以社区为单位进行团购，销售的是服务本地生活的商品，因此销售量大且交易频繁。同时，由于社区团购平台一般不会配送到每个买方手中，而是集中配送到社区的固定物流集散点，社区团购平台的物流成本相对其他平台更低。但是由于社区微信群或 QQ 群只针对微信、QQ 好友可见，与淘宝、天猫等专业电商网站相比，大大稀释了社区团购平台的潜在客户；并且，一旦社区微信群或 QQ 群信息被其他信息淹没，就不会再自动占有醒目位置，因此为了保持一定的商品曝光度，社区团购平台的节点管理者需要将同样的商品信息重复发布到社区微信群或 QQ 群。其他不便如因为包含违禁词汇不能用文字砍价、微信没有评价体系等都为社区团购平台的顺利发展带来了很大的阻力。

第三节　线上渠道设计与管理

一、线上渠道设计

（一）影响线上渠道设计的因素

1. 商品

（1）商品价值。一般而言，商品单个价值越高，渠道路径宜越短，宜选择互联网渠道直销或者自营旗舰店模式，互联网渠道和线下渠道并行的模式则更具优势，可以提高消费者的信心，降低由互联网中间商带来的不确定性。商品单价越低，互联网渠道的类型选择度越大。

（2）商品技术性和售后服务。商品技术性越强，售后服务要求越高，渠道路径宜越短，采用互联网直销或者自营旗舰店模式可以提高消费者的体验感。同时，生产企业还需根据顾客的需求，优化线上的技术服务能力和线下技术服务部门的分布，以快速响应顾客需要。

（3）商品物流特性。商品的保鲜保质期越短，渠道路径宜越短，采用互联网直销或者自营旗舰店模式可以保证商品的品质。同时，互联网渠道运营商需加强与物流配送系统的合作，提高商品的物流效率。

2. 目标顾客

（1）目标顾客的规模。如果潜在的目标顾客规模大，市场范围大，则可以采用渠道长、混合型程度高的互联网渠道，以便实时服务目标顾客。

（2）目标顾客的偏好。不同的顾客具有不同的目标商品品类购买偏好、价格敏感性、物流配送偏好、技术服务支持偏好等。对于快消品，顾客更倾向于在综合性的互联网平台上购买，以实现多品类目标商品的购买，享受多品类的关联交易优惠等。因此，快消品生产企业更宜采用互联网间接渠道。若目标顾客大多为价格敏感型，则生产企业宜选择拼多多、美团等团购平台。若目标顾客对物流配送要求严格，则生产企业宜选择搭配良好物流配送渠道的互联网渠道，如京东等平台，或者建立搭配自有快速物流配送体系的互联网直销店铺等。如果目标顾客对技术服务支持要求较高，则生产企业宜采取互联网直销。

3. 企业自身

（1）战略目标需要。如果企业以实现市场份额提高或实现品牌认知度快速提高为战略目标，则不宜选择单纯的互联网直销，可选择互联网间接分销或混合型互联网渠道。如果企业以实现差异化为战略目标，则应根据差异化优势选择相应的互联网渠道模式和互联网平台。如果企业以控制渠道为战略，以便稳定价格和适时促销，则宜选择互联网直销。

（2）资金实力。虽然互联网直销有助于企业实现渠道自管自控，但企业需要自建功能完善的互联网平台，或者囤积足量的商品，这都需要大量资金的支持。中小企业适宜选择第三方自营渠道或互联网间接渠道。

（3）组织管理能力。如果企业拟采用互联网直销，则需要将组织扁平化，以便信息以最快的速度在企业的各个管理层次和各部门间传递和交流，快速响应目标顾客的需求变化。另外，企业市场部门需具有较高的渠道管理协调能力。

4. 互联网中间商

（1）分销能力。互联网中间商的活跃用户数量是反映其市场分销能力的关键要素之一，互联网中间商的线上客服能力是反映其市场分销能力的另一个关键要素。生产企业应选择活跃用户数量多、线上客户能力强的互联网中间商。并且，生产企业应选择具有与目标顾客偏好相适应的分销优势的互联网中间商。

（2）企业信誉。由于互联网渠道基于虚拟市场进行交易，因此互联网中间商的信誉至关重要。生产企业只有选择诚实、有信用、守法的互联网中间商合作，才能保证中间商按约定销售商品，避免发生网络虚假宣传、恶意窜货、恶意低价等损害生产企业利益的事件。

（3）财务状况。互联网中间商的财务状况决定了其是否能按时结算货款或预付货款，以免占用生产企业的流动资金。因此生产企业应选择财务状况良好的互联网中间商。同时，生产企业还需要关注互联网中间商使用的网络金融机构的财务状况和财务政策，以免发生财务风险。

（4）专业知识。互联网中间商应掌握有关商品、目标顾客、竞争者、行业特点等方面的知识，更好地为目标顾客提供服务，为生产企业的商品设计和营销策略提供信息支持，因此生产企业应选择具有一定专业知识的互联网中间商。

（5）供应链合作意愿与能力。线下中间商对一定时空范围内的顾客进行实时交付式销售，而互联网中间商分销的目标顾客规模较大且分散、市场信息多且传播快，但是商品交付需要物流配送企业的支撑。因此，生产企业选择供应链合作意愿强的互联网中间商，可从中间商处及时得到市场信息的反馈，有利于其营销策略的实施与调整。生产企业选择供应链合作能力强的互联网中间商，可实现商品设计—生产—网上销售—物流配送—售后反馈—设计的良性循环。

5. 环境因素

设计互联网渠道还应考虑环境因素，当经济周期进入衰退阶段时，目标顾客的价格敏感性更强，生产企业应选择较短的互联网渠道或者专业从事低价销售的互联网平台。从事跨境业务的生产企业在选择互联网渠道时，应关注国际贸易形势和国际政治形势，选择信誉良好、政治立场明确的互联网渠道商，避免出现因为贸易摩擦和政治争端导致的渠道关闭或者支付系统关闭风险。

（二）确定线上渠道模式

生产企业可在综合考虑各种线上渠道设计的影响因素后，确定线上渠道模式。图 11-4 所示是常用的线上渠道选择模型。

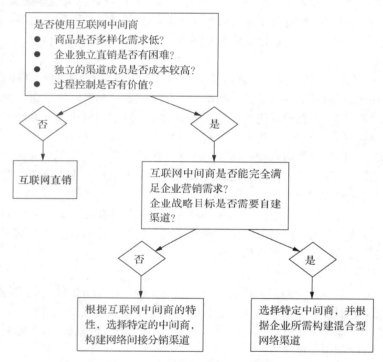

图 11-4 常用的线上渠道选择模型

二、线上渠道管理

由于网络存在虚拟性、科技密集性等特性，除了需要控制各个组织的渠道权利分配以外，生产企业还应加强线上订货系统、物流配送系统和支付系统的管理。

（一）线上渠道订货管理

1. 网络订单系统

（1）个性化商品详情页。商品详情页应根据目标顾客的评价和反馈，提供目标顾客关注的商品性能、价格、库存量、月销量、好评率、物流配送、评价信息、在线顾客自问答、同类商品比较以及使用视频介绍等相关信息。同时，商品详情页还应具备信息检索功能和咨询反馈功能，以便目标顾客查询商品及关联产品信息，与在线客服交流反馈。

（2）智能化"购物车"。模拟线下实体店为顾客提供购物车服务，可方便顾客选购和结算。同时，"购物车"发生变化时，应实时将数据反馈给在线客服，如购物车内商品在较长时间内没有实际提交订单。在线客服接到数据反馈后，可根据目标顾客的购物习惯，采取针对性的策略，个性化、定制化服务目标顾客，提高消费体验感和满意度。

（3）线上订单退货自动化审批系统。在顾客按照退货要求提交退货请求后，信息将被直接发送到售后客服处，售后人员确认后，将退货受理信息推送给顾客，同时根据顾客的收货地址，安排物流人员联系顾客上门取件。

2. 订单信息管理

订单信息包括用户信息、订单基础信息、收货信息、商品信息、优惠信息、支付信息、物流信息等。企业可利用订单信息简化、优化企业运营。

（1）订单信息的初步管理。企业可根据订单信息直接将商品分配至不同仓库进行物流配送，查询库存信息，对订单进行跟踪和管理。企业将订单信息转化为贴附于商品上的物流订单时，应对顾客信息做必要的脱敏处理，以保护顾客权益。

（2）订单信息的数据挖掘管理。企业通过挖掘订单信息中的顾客信息和支付信息等，对顾客进行 RFM 分类管理，尤其是针对活跃顾客和回流顾客进行管理，以提高顾客的保留率；通过挖掘订单基础信息、优惠信息，分析优惠券转化率等，以评价和优化促销策略；通过挖掘收货信息、商品信息和物流信息等，优化企业的仓储体系，做好补货和采购计划。

（二）线上渠道物流配送管理

物流配送体系是互联网渠道不可或缺的支撑，只有高效高速的物流配送才能实现互联网渠道的实物商品交割。

1. 物流配送

（1）商品包装。互联网渠道中的商品不是直接交付给顾客，而是需要进行运输包装，尽量避免在运输、搬运等过程中产生损耗，尤其是生鲜类、易碎类商品需要特殊运输包装。随着人们生态意识的加强以及材料科学的发展，包装材料逐渐向环保、轻便、可循环利用等方向发展。

（2）商品运输。商品经过运输包装后，由物流配送企业承担运输职能。物流配送企业或者是互联网渠道自有的物流配送，如京东平台的京东快递；或者是第三方物流企业，如顺丰速递、圆通速递等。

（3）存储交付。商品到达顾客所在地后，物流配送企业会将商品运送到顾客所在地附近的仓库，以利于商品快速交付到顾客手中。最后交付商品的方式有 3 种：一是物流配送企业直接送货上门；二是物流配送企业将商品送至顾客所在区域的快递驿站，顾客接到物流通知信息后到驿站自取；三是物流配送企业将商品放入顾客所在小区的快递柜，顾客接到物流通知后到快递柜自取。

2. 物流配送管理

（1）物流配送成本管理。据快递 100 的调查，61%的顾客会因为另收运费而放弃购买，故物流配送成本通常由生产企业或者互联网渠道商承担。为提高顾客的体验感和满意度，一般生产企业或者互联网渠道商还会为顾客购买运费险，以免除顾客退换货时需支付的运费。

（2）物流配送企业管理。鉴于物流配送的重要性，生产企业和互联网渠道商需谨慎选择物流配送企业，并与其达成合作伙伴关系。生产企业和互联网渠道商在选择物流配送企业时主要考虑以下几个方面：一是物流配送的能力和效率；二是物流配送的费用；三是物流配送企业的信誉；四是物流配送企业的数字信息技术能力，如能否为商品订单提供物流跟踪，能否及时提供物流状态更新等。

3. 物流配送发展趋势

（1）运营智能化。在人工智能技术的支持下，商品入库、出库、运输、仓储及交付等全过程实现无人化运营。

（2）服务多元化。基于运营智能化，物流配载平台与互联网渠道深度融合，为企业和顾客提供物流、商品交易、融资等一站式服务。

（3）共享物流集约化。基于运营智能化，物流配送企业可将仓储容量共享给其他企业，实现集约化的共享智能仓储，提高收益。

（4）物流前置化。生产企业可通过预定系统和大数据挖掘提前预判物流需求量，并与物流配送企业及时共享信息，协助物流配送企业及时安排物流配送。

（三）线上渠道支付管理

准确、安全的支付管理是线上渠道发展的基础和保障。

1. 线上渠道支付

企业需要根据自身的特点以及顾客的便利性，选择恰当的线上渠道支付模式。线上渠道支付模式主要有以下3类。

（1）网关支付系统模式。该模式即利用连接银行自身支付系统与互联网的接口，即没有账户属性的支付网关，完成支付的业务模式。

（2）网上银行支付模式。该模式即利用企业和顾客在各大银行的互联网平台设立的账户，完成网上支付的业务模式。

（3）第三方支付模式。该模式即基于支付宝、财付通等第三方互联网金融机构的账户，完成支付的业务模式。

2. 线上渠道支付安全管理

网络的开放性、虚拟性使得线上渠道支付信息存在被截获、篡改等风险，故企业需加强线上渠道支付安全管理。

（1）信息保密。生产企业及其选用的线上渠道商应避免泄露用户信息、支付记录、交易记录，不向和不变相地向顾客索取支付验证信息。企业和顾客也应主动保护企业或者个人的账户信息，尤其是支付密码和支付验证码，开设大额线上支付信息确认。

（2）信息加密保护。企业通过架设防火墙，或者使用数据加密技术、数字签名技术、数字时间戳技术、SSL 和 SET 等电子商务信息安全协议、PKI 系统等电子支付安全认证平台等方法确保在互联网渠道交易过程中，交易双方的支付信息得到安全有效的传输。

基本概念

互联网渠道　移动互联网渠道　微商　品牌微商　平台微商　个人微商

思考题

1. 线上渠道的优势和劣势是什么？

2. 线上渠道的类型有哪些？
3. 互联网渠道需要进行怎样的管理？

 案例分析

东方甄选黑龙江行，带动黑龙江好物"破圈"

东方甄选是新东方旗下农产品直播电商平台，2021 年 12 月 28 日在抖音开启直播。2022 年 8 月，主打自营产品的"东方甄选企业店"销售额位列抖音店铺排行榜第一，销售额达到 2.2 亿元。

2022 年 7 月 26 日，东方甄选启动"东方甄选黑龙江行"直播专场活动。伴随"一条大河波浪宽，风吹稻花香两岸"的歌声，东方甄选使用无人机航拍，带领观众穿梭在牡丹江的山野河间，展现翠绿翻滚、绿意盎然的农业风光。在直播环节，东方甄选首次采用"稻田直播"的独特方式，让主播站在稻田中，实地讲解稻米生长过程，现场"干饭"试吃。主播们站在满目青绿、水车转动的农田风光之中，美到让东方甄选直播间的观众惊叹"难以置信"。"东方甄选稻田背景是假的吗"话题甚至冲上抖音热榜。"阳光正好，微风不燥，朋友们回家吧，回到最初的美好。"东方甄选主播董宇辉讲起黑土地的温暖情怀。擅长唱歌的主播小七站在稻田里唱起《稻香》，勾起众多网友对家乡的怀念。主播大琪站在稻田中打伞吃雪糕的有趣场景，让直播间观众们在线喊话东北大板再次补货。除了稻田风光，东方甄选结合产品特色，全方位、多角度展现牡丹江的独特风景。在主播们讲解山珍特产、地方旅游时，无人机镜头切换到了牡丹岭的巍峨森林、镜泊湖的壮丽瀑布。傍晚时分，东方甄选主播齐聚东北特色的农家小院，围坐畅谈家乡故事。直播间的网友们感慨："三餐四季、大江大河、人间烟火，这次都在东方甄选直播间亲眼看到了！"

"东方甄选黑龙江行"由东方甄选与黑龙江当地人民政府共同促成。东方甄选通过发挥自身独特优势，深度挖掘地方文化、甄选优质地方特产，助力黑龙江产品在全国范围内提高销量、品牌影响力。在牡丹江，东方甄选在午间、傍晚共直播 5 个半小时，同时在线观看人数一度超过 40 万，多款产品显示"已售空"，引发观看、消费的双重热潮。哈尔滨直播间上架黑龙江生产的一款玉米糊后，空降现场的俞老师开玩笑说："这是我的本家，我的外号就是玉米糊，让我给大家讲解带货。"结果一分钟之内，数千单玉米糊卖空，俞老师不禁感叹："太快了，还没讲够就卖空了！"

问题：

请结合案例分析移动互联网渠道的运营特点。

第十二章　全渠道模式

学习目标

在互联网时代，许多企业同时采用互联网渠道、移动互联网渠道与传统营销渠道的全渠道模式，全渠道模式既有优势又有劣势。因此，我们应了解和熟悉全渠道的典型模式，深入理解全渠道模式的冲突管理，掌握全渠道融合策略，从而帮助企业整合全渠道，塑造企业渠道竞争优势。

通过本章的学习，读者可以掌握以下知识。

- 了解全渠道的概念；
- 理解全渠道的经典模式；
- 了解全渠道的互补优势；
- 理解全渠道冲突管理；
- 掌握全渠道的融合策略。

导学视频

能力目标

- 能分析具体企业全渠道冲突的表现和原因；
- 能为具体企业的全渠道管理提供整合思路。

知识导图

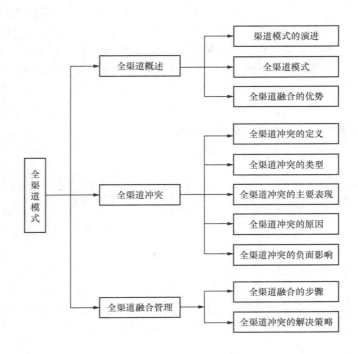

 **育人目标**

融入点	展示形式	目标
（1）全渠道模式对于生产者的重要性 （2）生产者如何处理与全渠道的关系，减少多渠道冲突	（1）对建设高质量现代流通体系进行讨论 （2）案例讨论：良品铺子全渠道融合管理	善于处理与全渠道合作伙伴的利益关系，共同发展进步

第一节 全渠道概述

随着互联网成为消费者生活方式的重要组成部分，移动网络和大数据分析等技术革命，使得渠道不再是单纯的联通产品和消费者的通道，而是具有连接和推动的作用，因此渠道设计需要关注消费者在消费过程中的体验。整合各种渠道和资源为消费者提供无缝衔接购物体验的全渠道时代已经到来。2018年10月31日，京东、沃尔玛、腾讯联合发布我国首部聚焦全渠道发展的《中国零售商超全渠道融合发展年度报告》。报告显示，消费者更注重"一站式"服务，消费者已经不再单纯地采用单一的线上或者线下模式来进行消费，而是根据自己的需求，选择当前最合适的方式，79%的消费者购物时会通过线上线下结合的方式。

一、渠道模式的演进

（一）渠道模式的演进路径

这里把渠道模式的演进划分为以下4个阶段。

1. 单渠道模式

单渠道模式即企业选择单一的渠道，将产品和服务从生产者手中转移到消费者手中。单渠道模式以实现企业自身目的为中心，主要以传统的实体店为主，故单渠道模式又称为砖头模式。但需要注意的是，早期有一小部分互联网企业选择纯互联网渠道，如韩都衣舍。

2. 双渠道模式

双渠道模式又称为"砖头+鼠标"模式，即企业同时采用传统渠道和互联网渠道，将产品和服务从生产者手中转移到消费者手中。双渠道模式仍以实现企业自身目的为中心，线下传统渠道和互联网渠道各自为战，对同一产品有不同价格、不同服务，屡屡产生冲突，使企业渠道管理成本急剧上升，渠道效率快速下降。

3. 多渠道模式

多渠道模式又称为"砖头+鼠标+移动"模式，即企业同时采用传统渠道、互联网渠道和移动互联网渠道，将产品和服务从生产者手中转移到消费者手中。多渠道模式是在双渠道模式上的移动升级，出现了以传统渠道实体店为主、网络渠道店铺为辅的部分融合，但由于缺乏统筹的有机融合，渠道整体仍然是割裂状态，大多仍各自为营。

4. 全渠道模式

随着越来越多渠道的涌入，渠道间的边界变得模糊，消费者的体验愈加受到重视，各渠道以消费者为中心，依托数据共享系统融合，为消费者提供无缝链接的最佳消费体验。在此阶段，传统实体店渠道地位下降，移动互联网渠道地位上升，尤其是短视频、直播等屏幕化场景营销渠道地位快速上升。

（二）全渠道的定义

"全渠道"一词最先出现在 2009 年美国 IDG 数据咨询公司的零售研究报告中。报告指出，全渠道购买者（Omni-Channel Shopper）是多渠道购买者（Multi-Channel Consumer）动态演进的结果。达雷尔·里格比 2011 年在《购物的未来》一文中首次定义了全渠道是零售商通过网站、实体店、服务终端、社交媒体、移动设备等多种渠道与顾客互动。2013 年，我国学者定义全渠道为企业综合运用尽可能多的零售渠道类型进行有效整合销售的行为，进而满足消费者对于购物、娱乐和社交的综合体验需求。Verhoef et al.在 2015 年提出全渠道是企业通过系统管理现有的各类渠道和客户触点以优化顾客体验的途径。Saghiri et al.（2017）通过构建"三维框架"解释了全渠道是多渠道成员协同合作为消费者在购买过程中提供适宜服务的策略。

综合国内外学者对全渠道的定义，我们认为全渠道是指利用消费者消费过程中的所有接触点将各种渠道融合，为消费者提供无缝衔接购物体验的路径。全渠道覆盖包括实体渠道、互联网渠道、移动互联网渠道的线上与线下的有机融合，即 OAO，通过"人、货、场"线上网店和线下实体店信息联通，实现线上和线下的融合、资源共享。

 知识贴士

（1）O2O：Online to Offline 模式，即线上交易到线下消费体验产品或服务；或者 Offline to Online 模式，即线下营销到线上完成商品交易。

（2）O2O2O：Offline to Online to Offline 模式，即线下促销到线上商品交易，然后再到线下消费体验产品或服务；或者 Online to Offline to Online 模式，即线上交易或促销，到线下消费体验产品或服务，再到线上交易或促销。

（3）OAO：Online and Offline 模式，即线上和线下的有机融合。

二、全渠道模式

线上和线下有机融合的全渠道有以下几种模式。

（一）BOPS 模式

1. BOPS 模式的定义

BOPS（Buy Online and Pickup in Store）是线上购买实体店自取模式，即消费者通过互联网渠道或移动互联网渠道下单支付后，自行到线下实体店检视商品，完成取货的模式。例如，宝岛眼镜以线下门店为依托，结合线上网络平台，使消费者可先在线上购买，而后到就近门店取货，同时可享受线下专业验光、配镜指导等服务。

2. BOPS 模式的优缺点

BOPS 模式的优点：①线上引流，可以为线下门店带来原订单之外的二次消费，二次消费商品通常是体验性强、易触发消费者"冲动消费"的商品；②通过线下的专业服务、便利性和体验性，丰富消费者的价值感知，稳固用户黏性；③每一个渠道都对其他渠道形成支持和补充，能够有效缓解渠道间的冲突。

BOPS 模式的缺点：①不适用于实体店的畅销产品，因为实体店在履行在线畅销产品订单时有可能面临较大的缺货风险；②对实体店的服务水平有要求，实体店服务水平会同时影响线上和线下多渠道的消费积极性；③需要多渠道之间良好的配合及协作。

（二）ROPS 模式

1. ROPS 模式的定义

ROPS（Reserve Online Pick Up and Pay in Store）是线上下单实体店自取模式，即消费者通过互联网渠道或移动互联网渠道下单后不支付，后自行到线下实体店检视商品，支付后完成取货的模式。

2. ROPS 模式与 BOPS 模式的异同

ROPS 模式和 BOPS 模式相似，二者的区别在于 ROPS 模式不需要消费者在线支付，如果消费者在实体店发现商品与预期不符，可随时取消订单而无须担心退款的相关问题；而 BOPS 模式需要消费者线上支付，如果在实体店检视商品时发现与预期不符，取消订单时一般无法立即获得退款，需要等待互联网支付系统退款。

（三）SFS 模式

1. SFS 模式的定义

SFS（Ship From Store）是线上购买实体店配送模式，即消费者通过互联网渠道或移动互联网渠道下单后，由附近门店配送到家，配送时间通常不超过 1 小时。

2. SFS 模式的优缺点

SFS 模式的优点：渠道效率高，SFS 是去中心化分散履行方式，采用的是非对称库存集中技术，配送效率高。

SFS 模式的缺点：①对门店的网络管理能力有要求，需要综合考虑在线订单需求和配送成本确定履单服务的具体门店，且网络中的每个门店需要具备高效的履单能力；②无法为实体店引流，使消费者发生二次消费。

三、全渠道融合的优势

（一）利用不同渠道优势互补

传统渠道和线上渠道（包括互联网渠道和移动互联网渠道）存在不同的优势和劣势，如表 12-1 所示。传统渠道的一个主要特点是可体验性，即消费者能够亲身体验商品或服务并能够与企业进行面对面的服务交流，购买行为与商品获得基本同步。传统渠道受制于时间、地点，以及较高的搜索成本；而线上渠道则能够突破时间与地点的限制，使消费者能够随时随地获得更多商品的信息和购买更多的商品，随时随地交易的方便性成为线上渠道的主要特征。但线上渠道无法为消费者提供现场消费体验，且存在一定的交易安全风险。传统渠道和线上渠道之间存在高度的优势互补，全渠道可利用传统渠道和线上渠道的互补优势，从而更有效地满足消费者的差异化需求。

表 12-1　渠道属性对比

渠道类型	优势	劣势
线上渠道	（1）交易信息易查询且快捷 （2）交易不受时空限制 （3）依托互联网技术高效地分配渠道资源，提高了渠道效率 （4）拓展了流通渠道，降低了渠道成本 （5）提高了渠道透明度	（1）交易产品受物流配送技术的影响 （2）渠道成员管理复杂

渠道类型	优势	劣势
传统渠道	（1）具有较好的体验优势 （2）拥有成熟物流配送渠道的优势 （3）能较好地协调渠道成员间的关系	（1）建设和运用成本高 （2）交易信息查询相对困难，且费时 （3）交易受时间和地点的限制 （4）渠道较长，渠道效率相对较低 （5）渠道透明性差

（二）创造更好的消费体验

无论是传统渠道、线上渠道，还是采用传统渠道和线上渠道简单叠加的多渠道模式，上述模式的主要关注对象都是商品，渠道的主要作用是将商品推送给目标消费者，提高其商品认知水平，帮助消费者找到他们想要的商品，增加该推送渠道的影响力。多渠道中各个渠道独立向目标消费者发送商品信息，商品信息可能是相同的也可能是不相关的。全渠道则更关注消费者，通过对消费者在各渠道的全部接触点的分析，基于多个渠道的互动，统筹向目标消费者发送定制化的商品信息内容，综合利用不同渠道的功能为消费者创造新的消费体验，推进消费者的消费进程，使消费者在消费过程中不仅获得商品本身的效用，还能获得 24 小时的购物服务、综合社交体验服务和商品全生命周期的售后服务，激发目标消费者的自营销。

（三）降低成本提高渠道效率

全渠道可以共享消费者、库存、物流、数据等信息，在物流方面可通过订单路由，以最低的成本、最便捷的方式将商品送达消费者手中；在仓储方面可通过云仓统筹调货，减少库存调配和多地存储等方面的成本。由于不同的渠道在完成销售任务中所占用的企业资源不同，因此生产企业可以为针对不同市场的销售过程配备适当的渠道或为不同的销售任务配备适当的渠道，提高渠道的配置效率。全渠道模式能比较便捷地通过网络营销渠道获取各类信息，通过归纳、对比、分析，从中得出有效信息，避免单一渠道或多渠道中割裂渠道的信息片面性。

（四）更容易实现市场拓展

传统渠道的市场通常受限于时间和空间，且市场的拓展需要大量经营成本，如新渠道的建设费用、运营费用和推广费用。因此，多数企业的市场仅限于本地商圈范围，市场空间有限。而增加线上渠道，无须建造额外的实体店铺，可以大大降低经营成本，扩大销售范围，有利于企业迅速扩大市场区域。因此，全渠道有利于企业实现市场拓展。另外，全渠道可以帮助渠道成员共享消费者数据库，通过大数据挖掘，分析消费者偏好，更有效地开拓目标市场。

第二节　全渠道冲突

全渠道模式能使企业更好地适应消费者的需求与购买方式的变化，满足不同细分市场消费者的需求，以增加市场份额并降低成本，提高整体竞争力。全渠道中各个渠道的职能、认知、目标等存在差异，但不可避免的是，渠道所覆盖的市场区域仍有重合，渠道内的资源仍然是有限的，因此全渠道内部也仍然存在发生冲突的风险。

一、全渠道冲突的定义和类型

（一）全渠道冲突的定义

全渠道冲突，是指企业全渠道内部发生了渠道成员为争夺资源、地位和价值等从事了不利于或妨碍其他成员实现目标的活动。

（二）全渠道冲突的类型

全渠道冲突与传统渠道冲突类似，按发展阶段可分为潜在冲突和现实冲突，按冲突性质可分为竞争性冲突和非竞争性冲突，按冲突后果可分为良性冲突和恶性冲突。全渠道冲突与传统渠道冲突的不同之处在于冲突的主体不同。故本节主要分析以冲突主体划分的全渠道冲突类型。

1. 传统渠道成员与线上渠道成员之间的冲突

由于线上渠道时空无限制的特性，消费者在全渠道中更容易与线上渠道发生消费接触，而消费者的消费能力是有限的，因此传统渠道的销售份额必然遭受线上渠道的侵占。另外，许多消费者会自行选择在传统渠道进行体验后，再通过价格更便宜的线上渠道购买，传统渠道成员不能获得来自企业在 BOPS、ROPS 和 SFS 模式中的均衡利益分配，也不能获得消费收入，却不得不承担人工服务的成本和商品折损的成本。同时，原有传统渠道成员可能迫于经营压力，试图在线上开展未经企业授权的店铺，以低价争抢市场，引发同款商品的"价格战"，从而加剧传统渠道成员与线上渠道成员之间的冲突。

2. 线上渠道成员之间的冲突

线上渠道成员之间的冲突表现为以下两个方面。一方面表现为互联网渠道与移动互联网渠道之间的冲突。随着移动互联网技术的发展，移动互联网渠道与消费者的接触点也越来越多，尤其是基于移动社交的移动互联网渠道与消费者接触点更多，一般的互联网渠道的销售份额不可避免地受到了影响。另一方面表现为网络直销渠道与网络中间商渠道之间的冲突。网络直销部门是企业的内部组织，拥有更大的渠道权力和控制力，能同时控制价格以及分销规则等，而网络中间商只能按照合约进行销售。网络直销部门为获得本部门的利益，可能会做出伤害网络中间商的举动。例如，东北农嫂踩踏合作伙伴新东方，在直播间中说"东方甄选卖 6 元一根的玉米，在东北农嫂只卖 3.6 元"，并且，东北农嫂的直播零售价低于其给传统渠道商胖东来供货的价格 4.6 元，最终东方甄选和胖东来都下架了该款玉米，停止了与东北农嫂的合作。

二、全渠道冲突的主要表现

（一）渠道之间的资源争夺

渠道之间的资源争夺，主要体现在以下几个方面。

1. 对于消费者的争夺

不论何种渠道，生产企业都希望争取获得更多的新顾客，同时保留尽可能多的老顾客。因此，虽然全渠道设计中不同渠道出现在消费者消费进程的不同节点，但各个渠道都期望消费者能在自己所在的节点实现交易。

2. 对于资金、技术、人才等资源的争夺

对于生产企业而言，资金、技术、人才等资源都是有限的。为了实现企业利益的最大化，生产企业会将资金、技术、人才等资源分配到热门渠道，如此其他渠道必然要继续进行争夺，从而产生不必要的内耗。

（二）"搭便车"行为

全渠道中任一渠道成员的促销活动成果可能由全渠道成员共享。可能一个渠道成员付出了多种销售努力，如零售展示、零售广告等，而消费者最终可能在另一个渠道接触点进行购买，这使得实施促销的渠道成员在付出巨大的促销推广及服务等努力后却没有得到相应的回报，收支比严重失调。在这种渠道冲突中，"搭便车"会降低售前服务、消费者商品知识传授、销售人员培训等的零售服务水平。

（三）价格失控

许多企业的中间商奖励政策是销售返点奖励，销量越大，返利越多。全渠道成员众多，服务水平良莠不齐，一些渠道成员为了提高销量，以低价大量出售商品，将所得返点奖励作为经营利润。在互联网这样一个信息透明的商业平台上，销售商的价格折扣对于其他同类商品的销售商的冲击是显而易见的，这会影响中间商的经营，迫使其降价销售，从而造成商品或服务的价格混乱。

三、全渠道冲突的原因

（一）领域重叠

众所周知，领域重叠是导致渠道冲突的首要原因。全渠道为消费者提供了无缝衔接的购物体验路径，使渠道内的各个成员面对共同的消费者。由于消费者的消费需求和支付能力都是有限的，渠道成员之间容易因抢夺相同的消费者而产生冲突。

（二）目标不一致

虽然全渠道中的各渠道有共同的目标，但是全渠道中各个成员都有自身相对独立的目标，会通过各种经营手段来实现这些独立的目标。在资源申请、市场目标划分等方面，渠道成员自身的目标难免与整体目标不一致甚至出现矛盾，这时就会发生全渠道冲突。例如，线上渠道中间商的主要目标是与终端消费者互动，获得第一手市场信息，并在第一时间设计、生产出满足市场需求的个性化产品，增加市场占有率和销售额，设计降低渠道整体经营成本以及缩短经营周期；而传统渠道中间商的主要营销目的是获得更多的消费者，提高客返率、投资回报率，降低单位销售成本等。显然，两者的目标是不一致的。

（三）认知差异

认知差异是渠道冲突的一个潜在来源。认知差异主要是因环境不同而导致的渠道成员之间对现实产生不同的理解或期望，差异的大小会对渠道成员之间的冲突程度产生直接影响。因为认知差异，在应对同样的情形时，渠道各方会有不同的行为准则，如产品或服务的属性、其归属的细分市场、应当做的营销准备、每个渠道成员对产品的价值增值所做的贡献等。渠道成员对于对方抱有错误的期望，使得其选择错误的策略，从而加剧冲突。

（四）沟通不畅

全渠道要通过线上网店和线下实体店实现"人、货、场"信息联通，实现线上和线下的融合、资源共享，就必须使渠道成员之间有良好的沟通。当渠道中的重要信息不能及时传递和反馈，或者渠道成员在传递信息时出现偏差时，渠道资源分配和利润分配会产生偏差，因此更容易发生渠道冲突。

四、全渠道冲突的负面影响

对渠道冲突发展阶段的研究表明，全渠道冲突在渠道成员间的冲突水平处于低水平，即渠道冲突由潜在冲突阶段上升到知觉冲突阶段时，对渠道效率的影响甚微，当冲突层级从知觉冲突阶段上升到感觉冲突阶段时，适度的关系紧张可以促进竞争的良性发展。正如经济学理论中的"鲶鱼效应"，适当的竞争机制对团队运营效率具有促进作用，然而当从感觉冲突阶段上升到明显冲突阶段时，由负面情绪激起的恶性竞争将最终损害渠道绩效。全渠道冲突的负面影响主要表现在以下 3 个方面。

（一）中间商的满意度及忠诚度降低

全渠道冲突会降低中间商的满意度。全渠道使得渠道的权力向两端转移，消费者可以越过中间商直接与企业取得联系，获得更加实惠的产品；企业也可以直接向消费者出售自己的产品，省去中间商环节抽取的利润提成，获得更多的利润。相对而言，渠道中间商的渠道权力被无形弱化，并因此对企业产生不满情绪，在这种情况下，渠道中间商的信任感和忠诚度也会随之降低。

（二）企业品牌形象受损

一方面，全渠道冲突可能会导致传统渠道中间商在跨品牌经营过程中向消费者推荐企业的竞争品牌，影响企业品牌在消费者心目中的形象；另一方面，全渠道冲突造成的价格混乱等问题可能使消费者在购买时感到困惑或不满，特别是当消费者在购买到假冒产品时，其会降低对品牌的信任度。如此品牌在消费者心目中的形象将受到损坏。

（三）管理成本上升

全渠道冲突使双方采取一系列的行动，使企业认为不仅需要投入更多资源以满足渠道成员的需求，而且需要在其营销组合中增加广告的力度吸引更多的消费者，以促使渠道中间商经营自己的产品，即企业必须以更大的投入（销售以及广告）来实现自己的目标。同时，各类型渠道成员的加入，或多或少会增加整体营销渠道的复杂程度，导致企业不得不将管理重心转移到与渠道成员的沟通与协调上来，消耗其极大的精力和巨额的资金。

第三节　全渠道融合管理

全渠道的优势能够使企业渠道利益最大化，因此企业应整合全渠道，避免全渠道冲突，充分发挥渠道间的互补性，引导渠道各环节的协同和合作。

一、全渠道融合的步骤

Saghiri et al.（2017）基于三维框架模型，提出了全渠道融合的 3 个步骤。

（一）实现各阶段的有效融合

消费者的购买过程包括购前信息检索、购中产品选择、购后产品物流、退货和售后等阶段，消费者在每一阶段接触的都是不尽相同的渠道商。因此，全渠道融合首先要实现各阶段的渠道融合，上下阶段的渠道商需共享消费者接触数据，按照统一的服务宗旨和服务标准为消费者提供顺畅的消费体验。例如，支付阶段和物流阶段要进行流畅的衔接，防止出现消费者购买产品后却无法了解物流进度的情况。

（二）实现各类型的有效融合

移动互联网时代，渠道类型众多，除了线下实体店、线上店铺，还有各种类型的手机 App、小程序、社交团购群、直播带货等。消费者在购买过程中不仅在不同阶段会接触到不同类型的渠道，还可能在同一阶段接触到不同类型的渠道。因此，全渠道融合要实现不同渠道类型的融合，工作的中心和重心都是以消费者为本，不同类型渠道之间是协同工作的，且不同类型的渠道应进行统一的设计、规划，以保证消费者在购买过程中可以自由切换不同类型的渠道，并获得一致的消费体验。例如，消费者在实体店选购产品发现所选产品缺货时，能在实体店的支持下获得线上渠道或其他门店的产品信息，并能通过其他渠道得到相同的优质服务体验。

（三）实现渠道代理之间的融合

渠道代理包括生产企业、实体中间商、平台中间商、第三方（物流配送公司、支付公司、信息支持公司）等，全渠道融合要实现渠道代理之间的融合，确保不同的渠道代理传递给同一个消费者的产品、服务和信息是一致的，防止出现不同渠道提供的服务或者信息存在差别，引起消费者的困惑和不满。[①]

图 12-1 显示了包含供应商在内的全渠道融合模式。儿童用品品牌孩子王以"无界、精准、融合"重构零售体验场景、服务内容及用户关系，打造围绕会员的全渠道全场景数字化新零售智慧门店，通过扫码签到、App、微信小程序、触屏终端、"扫码购"自助下单、"店配速达"等数字化服务，为消费者从进店到离店提供便捷、流畅的消费体验，开启家庭无界智慧购物体验。截至 2023 年 4 月，孩子王已在全国 17 个省 3 个直辖市、累计超 180 个城市开设超 500 家大型数字化门店，门店全部开设在 10 万平方米及以上的 Shopping Mall 内，店平均面积达 3 000 m²，

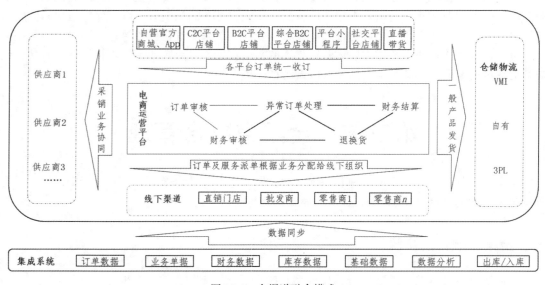

图 12-1　全渠道融合模式

---

① 李飞，李达军，孙亚程. 全渠道零售理论研究的发展进程[J].北京工商大学学报（社会科学版），2018，33(5):33-40.

最大店面积超 7 000 m²。线上还构建了 App、小程序、社群、直播等多种购物渠道，其中，App 位列 TrustData 大数据移动互联网全行业排行榜母婴电商类第一名，小程序成功获得阿拉丁第三届小程序「神灯奖」"年度最佳电商奖"。孩子王在全国拥有近 6 000 名持有国家育婴师资质的育儿顾问，随时随地解决会员的各种育儿难题，全渠道服务超 5 000 万亲子家庭。

二、全渠道冲突的解决策略

（一）建立统一的信息共享平台

生产企业可主导，建立统一的信息共享平台，融合传统渠道、互联网渠道和移动互联网渠道，充分利用线上线下消费者接触点，实现订单数据、业务单据、财务数据、库存数据、基础数据、数据分析等信息共享。采取并购或加盟的方式把传统的营销渠道转化为独立的物流配送体系，实现外部资源向内部资源的转化，以更好地提升自身的竞争力，而利用线上渠道更快更多地完成订单的处理和资金与信息的传播，可最终达到共同盈利的目的。例如，良品铺子运用阿里的大数据，上线智慧门店系统，利用 ERP 管理系统，进行线上线下全方位融合的"智能店铺"升级项目，可以随时查看线下任何一家实体商店的销售情况和库存状况，当实体店缺货时可以及时备货，同样，当线上店铺缺货时，线下渠道可以共享库存。这样在线上顾客下单后，系统会自动通知仓库进行备货。

（二）渠道间的差异化策略

1. 目标市场的差异化

企业可对目标市场进行划分，根据不同客户群的特性，为不同的客户群匹配不同的渠道。例如，按区域进行细分。企业需考虑线上渠道的重点在城市，而传统渠道则侧重于城镇和农村市场。再如，按照消费者的需求偏好进行细分。在细分市场上，对于偏好通过线上渠道购买商品的消费者（如在校大学生），提供线上渠道服务；对于偏好体验购物的目标消费者（如老年人），侧重发展传统渠道。

2. 产品的差异化

企业可根据目标市场的不同，在不同类型的渠道中配置不同价值的产品系列。例如，通过互联网渠道和移动互联网渠道销售价格敏感性高的标准化商品，通过传统渠道销售体验感诉求高或价值高的商品。同时，企业还可运用一些创造性的方法来区分不同类型渠道销售的产品。一种方法是对不同类型的渠道销售不同品牌的商品，减少终端消费者的直接比较；另一种方法是考虑线上渠道产品的生命周期，在投入期和成长期，通过网络来实现产品的销售。当产品进入成熟期和衰退期后，将渠道重点转向传统渠道。

（三）完善双渠道价格策略

1. 在正常营销过程中全渠道同品同价

对不同类型、不同代理的渠道售卖的同一商品制定同样的价格，消除价格差异引起的消费者"搭便车"行为。在这方面走在前列的是家电零售巨头苏宁，苏宁云商的商品价格与线下卖场价格一致，不仅减少了消费者购买决策前的线上线下比价而产生的"搭便车"行为，而且防止了因比价而导致心理疲劳进而购买意愿下降，增加了全渠道的整体销售业绩。

2. 营销推广中的差异化价格选择

体验定价可作为传统渠道价格差异化的一种做法。传统渠道能够提供线上渠道所不能触及的体验服务。传统渠道可通过提供专有的体验服务，明码标价地将附加服务费附加于线上渠道的同品价格上，从而增加由于服务成本导致的冲击。

（四）健全渠道运营利润分配机制

实现全渠道融合不仅需要克服诸多技术瓶颈，更需要渠道代理商之间良好的配合及协作。实现渠道代理商的良好协同，需要形成公平公正的利润分配机制。例如，在 BOPS 模式下，选择线上购买线下取货的消费者，与直接去线下购买的消费者一样能享受到实体店的销售服务，花费实体店一定的服务成本，但 BOPS 模式下的订单是通过线上渠道结算，而线下购买的订单是在实体店结算，故企业需对提供销售服务的线下实体店提供一定形式的补偿以提高其服务积极性，最常见的是单位补偿或销量转移这两种补偿策略①。单位补偿是指企业按照商品服务比例对线下零售商给予一定额度的单位补偿，如天猫超市与实体便利店进行合作时，便采取这一策略；而销量转移即企业将线上订单全数计入线下零售商销售业绩，如优衣库在渠道整合进程中将 BOPS 类订单计入其门店销量。

（五）优化渠道结构激励机制

针对全渠道中不同类型渠道和渠道代理商的特性，企业应该实行分渠道处理，加强考核，认真考核各个部门的计划完成、工作流程与销售记录，不但要考核传统渠道中实体店日常销售，还要考核其为线上渠道提供的服务效率与质量；不但要考核线上渠道中的日常销售，还要考核其为实体店引流的能力；同时集中过程化管理考核，如规范经营、工作流程、价格管理、品牌培育、库存管理和客户服务；并建立一定的激励机制。不管是采用线上渠道还是传统渠道，企业一定要做到公平，出现问题时将责任落到实处。对表现优秀的渠道成员给予一定的奖励，以提高渠道成员的积极性。

 **基本概念**

全渠道　全渠道冲突　全渠道融合管理

 **思考题**

1. 全渠道的定义是什么？
2. 全渠道的主要模式有哪些？
3. 全渠道冲突的主要原因是什么？
4. 全渠道融合的策略有哪些？
5. 全渠道冲突的解决策略有哪些？

 **案例分析**

良品铺子全渠道营销破圈之路

2006 年良品铺子成立于武汉，主打高端零食，其产品品类丰富，包括坚果炒货、肉类熟食、

① 刘咏梅，周笛，陈晓红. 考虑线下零售商服务成本差异的 BOPS 渠道整合[J]. 系统工程学报，2018,33(01)：90-102.

果脯蜜饯、甜品糕点、膨化饼干、糖果布丁、山珍素食、海味河鲜等。

良品铺子的渠道策略发展经历了 3 个阶段。第一阶段：单渠道策略阶段（2006—2011 年）。良品铺子在该阶段主要通过线下门店销售，2006—2010 年是直营门店销售，2011 年良品铺子开放加盟体系，由直营门店销售变为直营和加盟门店共同销售。第二阶段：双渠道策略阶段（2012—2014 年）。即线下门店和线上平台同时销售，但两条销售线相互独立。2012 年，良品铺子成立电子商务有限公司，在京东、天猫、1 号店、当当等电商平台成立购物商城，开展线上业务。2013 年良品铺子成立电商物流部门，先后在全国各地设立仓库，更好地实现线上订单在全国范围内 48 小时完成配送。第三阶段：全渠道销售阶段（2015 年至今）。2015 年，良品铺子与华为、IBM、SAP 等达成战略合作协议，投资 8 000 万元共同开发 OAO 全渠道业务平台。由此，良品铺子开启了全渠道营销模式，使消费者的个性化购买偏好都能得到满足，实现全网链接，享受真正的会员服务。2017 年，良品铺子与阿里巴巴合作上线了智慧门店体系，构建了门店多维度触达消费者的路径。良品铺子的消费者可以通过任何一个渠道入口找到商品，下单的时候可以选择到店自提、同城配送或者快递到家，也可以到门店寻找自己需要的商品，重新更改、下单、退货。整个流程可以把不同的渠道进行交叉和关联。在一些实体门店不能辐射的偏远区域，消费者可以依靠传统电商和社交电商，在 1～4 天内收到良品铺子的产品。全渠道可以更好地满足消费者的购买需求，因此企业可以把工作重心放在产品的研发、生产和品牌推广方面。

良品铺子 2022 年持续优化各渠道业务以提升经营质量和销售利润。2022 年公司线上主营业务收入 46.98 亿元，线下主营业务收入 46.20 亿元。

在线下方面，其门店全国化布局稳步推进，2022 年内公司新开店 661 家，其中直营门店 166 家，加盟门店 495 家。同时，为进一步提升门店效益，公司围绕单店深挖用户精细化运营，通过外卖、私域、团购等围绕单店的离店业务，促进增长。外卖业务通过下午茶与周末家庭聚会等场景方案拉动销售增长 20% 以上；通过精准营销有效激活私域用户，聚焦顾客高频消费场景，转化率同比增长 40%；针对中小企业主进行店圈周边拓客，全年店圈团购销售额同比增长 40%。值得注意的是，在线下方面，良品铺子聚焦单店增长，深耕用户关系，通过社区行销、城市影响力等系列营销活动，提升高质量服务和体验。2022 年 12 月，"良品食课"首场进社区活动在江西九江畔湖社区落地。后期其陆续在湖南、湖北、四川、广州等地展开健康饮食科普知识宣传活动，将健康食品理念和高端产品体验融合，提升消费者在线下场景的品牌认知与信任黏度。

在线上方面，公司直面市场竞争，多策略保持规模化拓展，同时优化产品结构，提升经营质量。2022 年年末，良品铺子的京东自营店、拼多多店铺、即时零售朴朴超市销售规模行业领先。此外，其社交电商渠道持续扩张，聚焦平台营销节点实现高爆发，公司在抖音 6·18 大促、8 月抖音超品日活动中销售达行业领先。团购渠道加速渗透，全国区域渠道深度布局，进一步扩张服务城市数量。其在优化商业合作模式、提升服务质量的同时优化产品结构，多场景多产品多价格带阵容，满足客户差异化需求，提升市场占有率，成功实现销售、利润双增长。

问题：

请结合案例分析良品铺子如何进行全渠道融合管理，以及全渠道融合的优势有哪些。

英汉名词对照表

分销渠道　Channel of Distribution

经济环境　Economic Environment

渠道战略　Channel Strategy

密集分销　Intensive Distribution

独家分销　Exclusive Distribution

选择分销　Selective Distribution

一体化分销　Integrated Distribution

单一渠道　Single Channel

双重渠道　Dual Channel

渠道长度　The Length of Channel

渠道宽度　The Channel Width

渠道广度　The Channel Breadth

直接分销　Direct Distribution

间接分销　Indirect Distribution

需求识别　Requirement Identification

垂直渠道　Vertical Channels

经销商　Agency

代理商　Commission Agent

连锁经营　Chain-Store Operations

特色经营　Characteristic Management

网络直销　Network Direct Sales

生产企业　Manufacturer

批发商　Wholesaler

零售商　Retailer

商品经纪人　Commodity Broker

销售网络　Sales Network

财务能力　Financial Capability

店铺零售商　Store Retailers

连锁经营　Chain Operation

物流　Chain Operation

库存管理　Inventory Management

第三方物流　Third Party Logistics

消费者购买行为　Consumer Buying Behavior

渠道冲突　Channel Conflict

水平渠道冲突　Horizontal Channel Conflict

垂直渠道冲突　Vertical Channel Conflict

渠道一体化　Channel Integration

渠道扁平化　Channel Flattening

利益分配机制　Benefit Distribution Mechanism

窜货　Fleeing Goods

渠道激励　Channel Incentive

工作设计　Work Design

价格策略　Price Strategy

战略联盟　Strategic Alliances

折扣　Discount

返利　Rebate

渠道控制　Channel Control

规模经济　Scale Economy

市场份额　Market Share

顾客忠诚度　Customer Loyalty

渠道评估　Channel Evaluation

渠道绩效　Channel Performance

作业成本法　Activity-Based Costing

直接产品利润法　Direct Product Profit

互联网渠道　Internet Channel

移动互联网渠道　Mobile Internet Channel

微商　Wechat Business

互联网直销　Internet Direct Marketing

电子拍卖市场　Electronic Auction Market

搜索引擎商　Search Engine Dealer

参考文献

[1] 熊伟. 分销渠道管理研究[D]. 武汉：武汉理工大学，2003.

[2] 李凤媛. 分销渠道现状与发展趋势研究[D]. 广州：广东工业大学，2000.

[3] 蒋益. 营销渠道战略联盟的内部机会主义治理[J]. 商业经济研究，2016（20）：59-60.

[4] 李学军，逯明. 信息民主化下中小企业的营销创新[J]. 中国商贸，2012（2）：329.

[5] 李珺. 企业渠道战略的制定[J]. 经营管理者，2011（4）：102.

[6] 徐晓冰. 企业分销渠道战略管理研究[D]. 西安：长安大学，2008.

[7] 赵礼强，郭亚军. 制造商分销渠道战略选择的博弈分析[A]. 中国自动化学会控制理论专业委员会（Technical Committee on Control Theory，Chinese Association of Automation）. 第二十六届中国控制会议论文集[C]. 中国自动化学会控制理论专业委员会（Technical Committee on Control Theory，Chinese Association of Automation），2007：5.

[8] 刘芳芳. 研发/广告与渠道结构互动研究——基于产品相关性视角[D]. 太原：山西大学，2016.

[9] 黄伟华. BX 公司营销渠道结构及其控制研究[D]. 成都：电子科技大学，2016.

[10] 王芬芬. 双渠道供应链分销结构及定价研究[D]. 天津：天津理工大学，2015.

[11] 王鹏，马爱霞. 药品营销渠道的结构分析——以扬子江药业为例[J]. 现代商贸工业，2012（11）：73-74.

[12] 王磊，张昕竹，易江南. 基于结构计量模型分析渠道结构变动的影响——以中国移动定制机分销模式的变动为例[J]. 中国工业经济，2012（2）：108-118.

[13] 周欣. 汉德车桥有限公司营销渠道结构及其优化研究[D]. 西安：西安电子科技大学，2011.

[14] 李培勤. 混合分销渠道结构下的供应链库存策略优化[J]. 管理工程学报，2010（3）：109-116.

[15] 彭国红. 分销渠道结构理论演进及其分析[J]. 统计与决策，2009（15）：133-135.

[16] 侯素美. 家电产品渠道结构分析与发展对策[D]. 济南：山东大学，2009.

[17] 吴江云. 浅析农机企业市场营销渠道设计的影响因素——以美国爱科农业机械有限公司为例[J]. 知识经济，2016（1）：82-83.

[18] 李君实. 中小企业分销渠道设计研究[J]. 现代经济信息，2015（20）：107.

[19] 林学涛，刘珊. 论企业渠道的设计与管理[J]. 经营管理者，2014（28）：269.

[20] 乔学剑. 娃哈哈渠道设计及运行策略研究[D]. 哈尔滨：哈尔滨理工大学，2012.

[21] 谷润池. 企业营销渠道的设计及管理研究[D]. 沈阳：沈阳工业大学，2004.

[22] 王崇，王祥翠. 互联网下分销模式变化对制造商和零售商销售利润影响研究[J]. 软科学，2017（5）：103-107.

[23] 王珂. 新型渠道模式"引导型渠道"形成原因探究[J]. 科技资讯，2017（1）：103，105.

[24] 佟世丹. 电子商务环境下分销渠道模式探讨[J]. 辽宁经济，2016（10）：48-49.

[25] 郭俊利. 基于汽车售后配件分销渠道模式的分析[J]. 商，2014（5）：73.

[26] 刘建军. 我国家电企业国际分销渠道模式研究[J]. 长春大学学报，2013（3）：285-287.

[27] 李德俊，陶芸. 国外成熟乘用车市场分销渠道模式的启示[J]. 合作经济与科技，2012（21）：66-68.

[28] 王淑云，陈静. 生产商—分销商—零售商一体化冷链库存模型[J]. 公路交通科技，2013（4）：132-140.

[29] 朱立龙，姚昌. 竞争生产商分销渠道产品质量策略 Stackelberg 博弈分析[J]. 科研管理，2013（9）：139-150.

[30] 王先甲，周亚平，钱桂生. 生产商规模不经济的双渠道供应链协调策略选择[J]. 管理科学学报，2017（1）：17-31.

[31] 晏维龙. 生产商主导还是流通商主导——关于流通渠道控制的产业组织分析[J]. 财贸经济，2004（5）：11-17，95.

[32] 曹静，方名山. 关于流通渠道中生产商与零售商关系的博弈分析[J]. 商业经济与管理，2007（9）：10-16.

[33] 李连英，郑鹏. 蔬菜营销渠道合作博弈研究——基于批发商和零售商视角[J]. 农业技术经济，2012（7）：77-86.

[34] 刘威延，苏秦，张鹏伟. 考虑生产商加工过程的供应链契约设计[J]. 运筹与管理，2012（5）：35-40.

[35] 郭燕，王凯，陈国华. 基于线上线下融合的传统零售商转型升级研究[J]. 中国管理科学，2015（S1）：726-731.

[36] 周驷华，万国华，汪素南. 生产商—零售商供应链博弈研究——基于全量折扣和营销费用视角[J]. 软科学，2016（7）：99-103.

[37] 庄贵军，周筱莲，周南. 零售商与供应商之间依赖关系的实证研究[J]. 商业经济与管理，2006（6）：20-25.

[38] 郭燕，周梅华. 基于共赢理念的双渠道冲突管理研究[J]. 中国流通经济，2012（4）：81-85.

[39] 付晓蓉，曾常发，谢庆红. 长期关系中渠道冲突对企业创新能力的影响研究[J]. 科研管理，2016（3）：59-67.

[40] 文晓庆. 渠道冲突的博弈分析与渠道信任机制的构建[J]. 甘肃社会科学，2010（3）：196-198.

[41] 谢家平，陈婉雪，梁玲，等. 基于广告投入的闭环供应链渠道冲突下契约协调优化[J]. 统计与决策，2017（2）：37-42.

[42] 龚雪. 渠道冲突问题研究述评与展望[J]. 管理现代化，2017（1）：115-120.

[43] 赵礼强，徐家旺，王建明. B2C 电子商务模式下供应链双渠道冲突与协调的契约设计[J]. 工业工程，2013（6）：113-120.

[44] 张海霞. 博弈视角下的分销渠道冲突管理探讨[J]. 商业时代，2013（10）：32-33.

[45] 张一涵，袁勤俭. 数字书报刊的网络分销渠道类型及其激励机制研究[J]. 科技与出版，2014（5）：101-105.

[46] 蒋侃，张子刚. 多渠道零售商非价格策略对在线购买行为的影响研究[J]. 华东经济管理，2011（1）：122-125.

[47] 李平，周玉瑶，刘翠华. 汽车行业渠道激励、满意、绩效关系的实证研究[J]. 湖南大学学报（社会科学版），2011（1）：66-70.

[48] 岳中刚，刘志彪. 基于渠道控制的国内价值链构建模式分析：以苏宁电器为例[J]. 商业经济与管理，2011（6）：5-12.

[49] 靳洲，任建标. 基于多渠道供应链博弈的零售价格策略[J]. 统计与决策，2015（11）：43-47.

[50] 钱丽萍，罗小康，杨翩翩. 渠道控制机制如何抑制关系退出倾向——兼论竞争强度的调节作用[J]. 外国经济与管理，2015（6）：83-96.

[51] 李永强. 市场分割、渠道控制与药品市场价格形成机制[J]. 卫生经济研究，2017（3）：12-14.

[52] 黄建军. 渠道控制的经济分析及其政策含义[J]. 财经问题研究，2012（1）：24-30.

[53] 杨丽，王成林，兰卫国，等. 基于价格歧视策略的分销渠道控制机制研究[J]. 统计与决策，2012（24）：50-53.

[54] 杨丽，兰卫国，李帮义. 基于渠道控制模式的差异化分销渠道中价格形成机制[J]. 系统管理学报，2010（3）：323-328.

[55] 丁宁. 零售商渠道控制的价值链创新绩效分析[J]. 商业时代，2010（16）：12-13.

[56] 韩斌，蒋青云. 关系学习对渠道绩效的影响：基于连续谈判模型[J]. 管理科学，2014（1）：55-64.

[57] 韩顺平，徐波. 渠道权力的来源、使用与渠道绩效——关于我国汽车营销渠道的实证研究[J]. 经济管理，2007（2）：37-41.

[58] 钱丽萍. 战略信息共享与渠道绩效的关系研究[J]. 情报杂志，2010（4）：93-97.

[59] 胡保玲. 供应商权力使用对渠道绩效的影响[J]. 世界标准化与质量管理，2008（2）：24-26.

[60] 邓琳. 农产品合作组织流通渠道模式对渠道绩效的影响效应及机制[J]. 商业经济研究，2015（20）：69-70.

[61] 曹晔. 探讨农产品营销渠道绩效评价指标体系的构建[J]. 黑龙江畜牧兽医，2016（24）：40-42.

[62] 李明芳. 竞争环境下制造商网络渠道选择演化博弈分析[J]. 软科学，2016（8）：113-118.

[63] 魏子秋，李明芳. 网络渠道决策关键影响因素的 DEMATEL-ISM 识别研究[J]. 河北科技大学学报（社会科学版），2016（2）：31-38.

[64] 李明芳，薛景梅. 供应链企业网络渠道选择的关键影响因素识别[J]. 商业经济研究，2016（12）：41-43.

[65] 王正方，杜碧升，屈佳英. 基于感知价值的消费者网络购物渠道选择研究——产品涉入度的调节作用[J]. 消费经济，2016（4）：91-97.

[66] 石平，颜波，石松. 不确定环境下网络渠道开通最优时机选择[J]. 系统工程理论与实践，2015（4）：872-881.

[67] 杜春晶. 企业网络营销渠道整合策略研究[J]. 现代营销（下旬刊），2014（10）：2-3.

[68] 李霞，刘立. 移动互联网场景下渠道转移驱动机制研究[J]. 南京邮电大学学报（社会科学版），2017（1）：88-99.

[69] 李春发，郭艳霞，张振超. 移动互联网背景下全渠道零售策略分析[J]. 商业经济研究，2016（3）：58-60.

[70] 王琳，盛钟，彭培培. 基于移动互联网的渠道管理系统解决方案[J]. 产业与科技论坛，2016（1）：41-42.

[71] 陈娟. 移动互联网时代运营商电子渠道的电商化转型[J]. 信息通信，2014（8）：250-251.

[72] 武婉莹. 互联网时代商品销售渠道浅析——以微信营销为例[J]. 经营管理者，2015（1）：294-295.

[73] 高凤荣. 网络营销渠道与传统营销渠道整合策略[J]. 现代商业，2017（1）：52-53.

[74] 马晓倩. 电子商务下 O2O 网络营销模式的渠道冲突和管理策略[J]. 赤峰学院学报（自然科学版），2016（21）：91-92.

[75] 韩燕玲. 传统营销渠道与网络营销渠道的整合策略研究[J]. 现代营销（下旬刊），2016（7）：68.

[76] 刘畅，安实，谢秉磊. 基于顾客选择行为的 O2O 实体渠道与网络渠道竞争[J]. 上海管理科学，2015（2）：30-37.

[77] 留施展. 手机销售的网络渠道与实体渠道的冲突[J]. 中外企业家，2015（22）：247.

[78] 张闯，张涛，庄贵军. 渠道权力应用、冲突与合作：营销渠道网络结构嵌入的影响[J]. 商业经济与管理，2015（2）：57-67.

[79] 徐红. 传统营销渠道与网络营销渠道冲突的化解对策[J]. 当代经济，2015（2）：27-29.

[80] 秦勇，李东进. 营销渠道管理[M]. 北京：中国发展出版社，2015.

[81] 朱岩，李树玲. 营销渠道管理理论与实务[M]. 北京：机械工业出版社，2017.

[82] 庄贵军. 营销渠道管理（第 2 版）[M]. 北京：北京大学出版社，2012.